高等教育学前教育专业实践应用型系列教材

学前教育政策与法规

(第2版)

主　编：李广海　马焕灵　陈　亮
副主编：刘晓红　李世奇　李辉辉
　　　　王亚男　张姝娜　陆　莹

东南大学出版社
SOUTHEAST UNIVERSITY PRESS
·南京·

图书在版编目(CIP)数据

学前教育政策与法规 / 李广海，马焕灵，陈亮主编
. — 2 版. — 南京：东南大学出版社，2024.1
　　ISBN 978-7-5766-1349-0

Ⅰ.①学… Ⅱ.①李… ②马… ③陈… Ⅲ.①学前教育—教育政策—中国 ②学前教育—教育法—中国　Ⅳ.①G619.20 ②D922.16

中国国家版本馆 CIP 数据核字(2024)第 022398 号

策划编辑：张丽萍　责任编辑：陈　佳　责任校对：子雪莲　封面设计：毕　真　责任印制：周荣虎

学前教育政策与法规（第 2 版）

Xueqian Jiaoyu Zhengce Yu Fagui(Di 2 Ban)

主　　编	李广海　马焕灵　陈　亮
出版发行	东南大学出版社
出 版 人	白云飞
社　　址	南京市四牌楼 2 号（邮编：210096　电话：025-83793330）
经　　销	全国各地新华书店
印　　刷	南京玉河印刷厂
开　　本	787 mm×1092 mm　1/16
印　　张	14.75
字　　数	451 千字
版 印 次	2024 年 1 月第 2 版第 1 次印刷
书　　号	ISBN 978-7-5766-1349-0
定　　价	49.00 元

本社图书若有印装质量问题，请直接与营销部联系，电话：025-83791830。

修订前言

本教材由广西师范大学李广海教授任第一主编,广西师范大学马焕灵教授任第二主编,陕西师范大学陈亮教授任第三主编。广西师范大学张姝娜教授、贵州师范学院刘晓红副教授、广西师范大学王亚男副教授、信阳师范大学李辉辉老师、广西科技师范学院陆莹老师、北京大学教育学院博士后李世奇担任副主编。编写分工如下:李广海、马焕灵负责教材整体框架设计、统稿和定稿;李世奇负责第一章和第二章的编写;刘晓红负责第三章和第四章的编写;李辉辉负责第五章和第六章的编写;陈亮负责第七章和第八章的编写。全书由李广海和马焕灵负责前期统稿和后期总纂修改定稿,张姝娜、王亚男和陆莹负责全书的文字校对。

本教材立足于理论与实践的统一,除了具有系统性、时代性和灵活性等特点之外,最突出的特点是具有较强的实践性,主要体现在以下几个方面:

1. 在设计理念上,以提高学习者运用学前教育政策与法规的能力为出发点。学前教育政策与法规,从微观上属于教育法的范畴,从宏观上属于法的范畴,因此,《学前教育政策与法规》与其他学前教育专业的课程相比,应该更加体现"学法、知法、守法、用法"这一法学课程的实践性要求。本教材在编写伊始,便已明确以"提高学习者运用学前教育政策与法规的能力"为宗旨。

2. 在编写体例上,体现了启发式教学的特征。本教材在每章的开篇部分设置了"学习目标"以及本章知识概要,再利用"案例导入",激发学生学习兴趣,引发其思考,带着目标和问题去学习,旨在提高学习效率;在每章的结尾部分设置了"本章政策研究""本章检测",前者撷取与本章紧密相关的政策法规,通过扫描二维码,既方便学生学习研读,也是对教材内容的必要补充;后者包括"判断题""简答题"以及"案例分析",旨在巩固本章所学知识的同时,提高学生运用知识的能力。

3.在内容选择上,凸显了实践性的特征。本教材做到了理论与实践的紧密结合,每节内容中都运用了大量的"案例",并通过对"案例"的分析,使学生能够对抽象的知识加深理解,同时又提高了其分析问题和解决问题的能力;每节的结尾部分设置了"知识拓展"栏目,选择了一些与每节重点知识密切相关的内容,不仅起到对重点知识的补充说明作用,而且能够开阔学生的知识视野,加深对相关术语、具体法律法规等知识的进一步认知。

本教材具有较强的普适性,适合各级各类学前教育专业,也可作为幼儿教育工作者接受继续教育的教材或参考书。

本教材在编写过程中参阅、借鉴和引用了国内外许多同行的观点与成果,参考了大量的相关法律法规以及资料,在此一并表示衷心感谢!

由于编者水平有限,本教材中难免存在不足之处,敬请各教学单位和广大读者在使用过程中给予批评指正。

编者

2023年6月

目　录

第一章　学前教育政策与法规的基本理论 ··· 001
 第一节　学前教育政策的相关概念 ··· 002
  一、学前教育 ··· 002
  二、教育政策 ··· 003
  三、学前教育政策 ··· 004
 第二节　学前教育法规的相关概念 ··· 007
  一、教育法规 ··· 007
  二、学前教育法规 ··· 008
 第三节　学前教育政策与法规的区别与联系 ································· 015
  一、学前教育政策与法规的联系 ··· 015
  二、学前教育政策与法规的区别 ··· 015

第二章　学前教育的实施机构——幼儿园 ··· 020
 第一节　幼儿园的产生及其分类 ·· 021
 第二节　幼儿园的设置与管理 ··· 024
  一、幼儿园的设置 ··· 025
  二、幼儿园的管理 ··· 027
 第三节　幼儿园法律地位 ·· 029
  一、幼儿园法律地位的含义 ··· 030
  二、幼儿园法律地位的特点 ··· 031
 第四节　幼儿园的权利 ··· 033
  一、幼儿园的基本权利 ··· 034
  二、幼儿教育机构的权利特征 ·· 040
 第五节　幼儿园的基本义务与法律责任 ······································· 041
  一、幼儿园的基本义务 ··· 042
  二、幼儿园的法律责任 ··· 048

第三章 学前教育的教师······053
第一节 学前教育教师的职业特征与资格获得······054
一、学前教育教师的含义······054
二、学前教育教师资格的获取······054
第二节 学前教育教师的法律地位······058
一、学前教育教师具有特定的权利和义务······059
二、学前教育教师工作的机构和使命特征······060
第三节 学前教育教师的权利与义务······061
一、学前教育教师的权利······061
二、学前教育教师的义务······068
第四节 学前教育教师的法律责任······074

第四章 学前教育的受教育者······080
第一节 学前教育受教育者的身心发展特征······081
一、幼儿期是孩子心理发展的敏感期······082
二、幼儿期是孩子言语发展的重要时期······082
三、幼儿期是孩子个性开始形成的时期······082
第二节 学前教育受教育者的法律地位······083
一、学前教育受教育者法律地位的含义······084
二、学前教育受教育者法律地位的来源······085
三、学前教育受教育者法律地位的体现······085
第三节 学前教育受教育者的权利······086
一、学前教育受教育者的一般权利······087
二、学前教育受教育者的特殊权利······091
第四节 学前教育受教育者权利的保护······093
一、家庭保护学前教育受教育者合法权利的举措······094
二、幼儿园保护学前教育受教育者合法权利的举措······094
三、社会保护学前教育受教育者合法权利的举措······095
四、政府保护学前教育受教育者合法权利的举措······095
第五节 学前教育受教育者权利侵害的法律追责······098
一、学前教育受教育者权利侵犯的类型······099
二、学前教育受教育者侵权纠纷的解决途径······100

第五章 学前教育政策与法规的实施······107
第一节 学前教育政策与法规的实施机构······108

  一、学前教育政策与法规实施的含义 …………………………………… 108
  二、学前教育政策与法规实施机构的分类及其职责 …………………… 108
 第二节 学前教育政策与法规的实施手段 ………………………………… 112
  一、学前教育政策与法规的适用 …………………………………………… 112
  二、学前教育政策与法规的遵守 …………………………………………… 113
  三、学前教育政策与法规的实施原则 ……………………………………… 115
 第三节 学前教育政策与法规的实施途径 ………………………………… 118
  一、执法 ………………………………………………………………………… 118
  二、司法 ………………………………………………………………………… 119
  三、守法 ………………………………………………………………………… 120
  四、监督 ………………………………………………………………………… 122
  五、违法制裁 …………………………………………………………………… 123
 第四节 学前教育政策与法规的实施效果 ………………………………… 125
  一、学前教育政策与法规实施取得的成绩与存在的不足 ……………… 125
  二、提升我国学前教育政策法规实施效果的举措 ……………………… 129

第六章 国外学前教育政策与法规 …………………………………………… 134
 第一节 美国的学前教育政策与法规 …………………………………… 135
  一、20世纪60年代之前的学前教育政策法规回顾 …………………… 135
  二、20世纪60年代之后"开端计划"(Project Head Start)的发展 …… 136
  三、美国学前教育政策法规发展的特点 ………………………………… 138
 第二节 英国的学前教育政策与法规 …………………………………… 141
  一、"确保开端"项目(1998)的开展 ……………………………………… 141
  二、《每个儿童都重要》(2003)的颁布 …………………………………… 143
  三、《儿童保育十年战略》(2004)的实施 ………………………………… 145
  四、《早期奠基阶段规划》(2005)的出台 ………………………………… 148
  五、《2006儿童保育法》(2006)的出台 …………………………………… 148
  六、《儿童计划》(2007)的出台 …………………………………………… 149
 第三节 德国的学前教育政策与法规 …………………………………… 151
  一、德国学前教育政策的发展历程 ……………………………………… 151
  二、德国学前教育政策与法规的具体内容 ……………………………… 152
 第四节 日本的学前教育政策与法规 …………………………………… 155
  一、日本的学前教育体制 ………………………………………………… 155
  二、日本两部重要的学前教育法规简介 ………………………………… 156

第七章　对我国主要学前教育政策与法规的解读　162
第一节　《国务院关于当前发展学前教育的若干意见》的解读　163
　　一、《国务院关于当前发展学前教育的若干意见》制定的背景　163
　　二、《国务院关于当前发展学前教育的若干意见》的主要内容　165
　　三、《国务院关于当前发展学前教育的若干意见》的主要目标　168
第二节　《幼儿园管理条例》的解读　170
　　一、《幼儿园管理条例》制定的背景　170
　　二、《幼儿园管理条例》的主要内容　171
　　三、《幼儿园管理条例》的主要目标　174
第三节　《幼儿园工作规程》的解读　175
　　一、《幼儿园工作规程》制定的背景与意义　175
　　二、《幼儿园工作规程》的主要内容　176
　　三、《幼儿园工作规程》在主要法律条款中的体现　178
第四节　《幼儿园教育指导纲要(试行)》的解读　179
　　一、《幼儿园教育指导纲要(试行)》的特点与意义　179
　　二、《幼儿园教育指导纲要(试行)》的主要内容　182
第五节　《托儿所幼儿园卫生保健管理办法》的解读　185
　　一、《托儿所幼儿园卫生保健管理办法》制定的背景　185
　　二、《托儿所幼儿园卫生保健管理办法》的主要内容　186
　　三、《托儿所幼儿园卫生保健管理办法》的主要目标　190
第六节　《学前教育督导评估暂行办法》的解读　191
　　一、《学前教育督导评估暂行办法》制定的背景与意义　191
　　二、《学前教育督导评估暂行办法》的内容　192
第七节　《关于加强幼儿园教师队伍建设的意见》的解读　194
　　一、《关于加强幼儿园教师队伍建设的意见》制定的背景与意义　194
　　二、《关于加强幼儿园教师队伍建设的意见》的主要内容　196
　　三、《关于加强幼儿园教师队伍建设的意见》的主要特点　198
第八节　《3～6岁儿童学习与发展指南》的解读　199
　　一、《3～6岁儿童学习与发展指南》制定的背景和意义　199
　　二、《3～6岁儿童学习与发展指南》的内容　201

第八章　我国学前教育政策与法规的未来发展趋势　206
第一节　学前教育政策法规愈受重视　207
　　一、依法治教为学前教育政策法规的建设提供了政策背景　207

  二、学前教育政策法规建设受到重视的表现 ………………………… 209
第二节 学前教育政策法规体系不断完善 ……………………………… 211
  一、学前教育政策法规需不断完善的内在动因 …………………… 211
  二、未来学前教育政策法规重点完善的内容 ……………………… 212
第三节 学前教育政策法规国际化 ………………………………………… 215
  一、学前教育政策法规国际化的内在动因 ………………………… 215
  二、学前教育政策法规国际化的具体表现 ………………………… 215
第四节 学前教育立法成为必然 …………………………………………… 219
  一、我国现行学前教育政策法规存在的问题 ……………………… 219
  二、学前教育立法是国际趋势 ……………………………………… 220
  三、学前教育立法的重点 …………………………………………… 220

第一章

学前教育政策与法规的基本理论

- 掌握学前教育政策的相关概念
- 掌握学前教育法规的相关概念
- 理解学前教育政策与学前教育法规的区别和联系
- 建立对学前教育政策与法规概念的基本认识

本章共分三个小节。第一节阐释学前教育政策的相关概念,包括学前教育、教育政策、学前教育政策。第二节阐释学前教育法规的相关概念,目的是对照第一节的相关概念说明,勾勒出学前教育政策与法规的概念轮廓。第三节着重阐明学前教育政策与学前教育法规的区别与联系,使学习者在初步把握学前教育政策与法规概念的基础上,逐步培养自己的学习兴趣,深化自我的学科理论素养,加深对本课程的学习。通过本章的学习,要求学习者必须掌握学前教育政策与法规概念的内涵和外延,并结合我国相关的学前教育政策与法规理论概要,了解学前教育政策与法规对学前教育发展的重要作用。

《国家中长期教育改革和发展规划纲要(2010—2020 年)》中的学前教育政策①

《国家中长期教育改革和发展规划纲要(2010—2020 年)》作为国家纲领性的政策法规文件,不仅对我国高等教育、职业教育、基础教育未来十年的发展进行了规划,也对我国学前教育的未来发展做出了顶层制度设计:

- 积极发展学前教育,把发展学前教育纳入城镇、社会主义新农村建设规划。
- 建立政府主导、社会参与、公办民办并举的办园体制。
- 加大政府投入,完善成本合理分担机制,对家庭经济困难的幼儿入园给予补助。

---

① 编辑部.国家中长期教育改革和发展规划纲要(2010—2020 年)[J].中国德育,2010(8):15.

- 完善幼儿园收费管理办法。
- 加强学前教育管理,规范办园行为。制定学前教育办园标准,建立幼儿园准入制度。
- 严格执行幼儿教师资格标准,切实加强幼儿教师培养培训,提高幼儿教师队伍整体素质,依法落实幼儿教师地位和待遇。
- 基本普及学前教育。学前教育对幼儿身心健康、习惯养成、智力发展具有重要意义。遵循幼儿身心发展规律,坚持科学保教方法,保障幼儿快乐健康成长。积极发展学前教育,到2020年,普及学前一年教育,基本普及学前两年教育,有条件的地区普及学前三年教育。重视0~3岁婴幼儿教育。
- 明确政府职责。教育行政部门加强对学前教育的宏观指导和管理,相关部门履行各自职责,充分调动各方面力量发展学前教育。
- 重点发展农村学前教育。努力提高农村学前教育普及程度。着力保证留守儿童入园。采取多种形式扩大农村学前教育资源,改扩建、新建幼儿园,充分利用中小学布局调整的富余校舍和教师举办幼儿园(班)。支持贫困地区发展学前教育。

思考:《国家中长期教育改革和发展规划纲要(2010—2020年)》作为一项宏观教育政策对我国教育事业的未来发展起着重要的指导作用是毋庸置疑的,那么除此之外,你对我国的其他教育政策有多少了解呢?这些教育政策对我国的教育事业产生了怎样的影响呢?你对学前教育政策的内容和作用有所了解吗?为了弄清楚以上问题,我们首先需要对学前教育政策的相关概念加以学习。

第一节 学前教育政策的相关概念

无论是对学前教育政策,还是对学前教育法规进行了解,我们首先需要对学前教育的内涵和外延进行了解。

一、学前教育

学前教育指的是对入学前的儿童实施的启蒙教育。它是促进儿童良好发展、造就一代新人的重要基础,是人接受教育的第一阶段,是整个教育过程中不可缺少的重要阶段。学前教育的定义:教养机构根据一定的培养目标和学前幼儿的身心特点,对小学前的学前幼儿所进行的有目的、有计划的教育。学前教育是基础教育的有机组成部分,是学校教育制度的基础阶段。我国学前教育的任务是:实行保育和教育相结合的原则,对学前幼儿实施体、智、德、美诸方面发展的教育,促进其身心和谐发展。目前,世界各国所规定的学前教育的年龄阶段各不相同。中国、朝鲜、日本、德国等均为3~6岁,英国为3~5岁,法国为2~6岁。实施学前教育的重要机构为幼儿园。我国于1996年6月1日起施行《幼儿园工作规程》,其中明确指出,"我国对3~7岁幼儿实施保育和教育的机构是幼儿园。"①20世纪60年代之后,科学技术不断发展,特别是脑科学、儿童心理学、社会经济研究不断发展,各个领域的专家学者开始着手进行相关的研究,并从不同方面论证了学前教育的重要性,至此,学前教育的重要性才开始逐渐被大家所认识。如发展心理学的研究证明,0~6岁的儿童拥有适当的发展环境,得到良好的教育,会对他们将来的身心发展产生十分积极的作用。这个年龄阶段受到的影响有些甚至是不可逆的。经济学家的研究也可以证明,对学前教育的投资是所有教育阶段中回报率最高的。

学前教育是我国教育事业的重要组成部分,我国的学前教育在"文革"期间基本停滞发展,随着十一届三中全会的召开,政府对学前教育进行了调整,学前教育得到了恢复与发展。随着市场经济体制的改革,学前教育也在这一大潮中发生了翻天覆地的变化,取得了一些成绩,但也出现了诸如入学难、入学贵、学前教师待遇不高、财政投入不足、农村学前教育不受重视等问题。

现如今,国家提出要大力发展学前教育,使其成为举国上下关注的焦点,成为广大人民群众普遍关注的话题之一。国家要大力发展学前教育,就必须重视学前教育政策的制定与实施。学前教育政策是实现学前教育培养目标、贯彻落实学前教育的基本方针。2010年,国务院发布了《国务院关于当前发展学前教育的若干意见》,以及《国家中长期教育改革和发展规划纲要(2010—2020年)》,其中关于发展学前教育的具体规定,是政府以法律条文的形式来保障学前教育事业发展的体现。

二、教育政策

对教育政策的定义,仁者见仁,智者见智。通常来说,学者们会在不同的情况下,对教育政策做出不同的定义。

孙绵涛认为:"教育政策是一种有目的、有组织的动态发展过程,是政党、政府等政治实体在一定历史时期,为实现一定的教育目标和任务而协调教育内外关系所规定的行动依据和准则。"②

张乐天将教育政策定义为:"教育政策是一个政党和国家为实现一定历史时期的教育发展目标和任务,依据党和国家在一定历史时期的教育任务,而制定的关于教育的行动准则。"③

黄明东认为:"教育政策应该是动态的,应该是一个过程。一个不断解决在教育实践活动中出现的问题的过程,一个不断对已运行的政策进行补充和修正的过程,一个不断在特定时期为实现特定的教育发展目标和任务,而做出的关于教育决策的过程。"④

---

① 国家教委.幼儿园工作规程[EB/OL].[2023-04-11].http://www.moe.gov.cn/srcsite/A02/s5911/moe.621/199603/t19960309_81893.html.
② 孙绵涛.教育政策学[M].武汉:武汉工业大学出版社,1997:23.
③ 张乐天.教育政策法规的理论与实践[M].上海:华东师范大学出版社,2002:16.
④ 黄明东.教育政策与法律[M].武汉:武汉大学出版社,2007:65.

教育政策可以有不同的分类。根据教育政策制定者不同,可以分为某个政党的教育政策、中央政府的教育政策、地方政府的教育政策等。根据政策涉及的范围不同,可分为基本的教育政策和具体的教育政策。其中,基本的教育政策有普遍的指导意义,例如1993年颁发的《中国教育改革和发展纲要》,它对我国教育的战略地位、教育发展的总目标、教育体制改革的原则、各类教育的办学体制等,都做了基本的政策规定;具体的教育政策,是针对教育工作的某一方面而制定的,是基本教育政策的具体化,譬如说,基础教育政策、职业教育政策、民办教育政策等。

教育政策的表现形式多样,在我国,教育政策多为有关机关发布的决议、决定、命令、指示、通知、意见,以及党和国家领导人的报告、谈话、讲话等,有时还通过党报党刊传达党和国家的教育政策。它包括:①党的有关教育的政策文件。②全国人民代表大会所指定和批准的有关教育的政策文件。③党的领导机关和国家机关联合发布的有关教育的各种决议、文件、通知等。④国家行政机关制定、发布的有关教育的政策文件。⑤党和国家领导人在某个场合所作的有关教育的报告、讲话等[①]。

我们认为,教育政策是党的有关教育的政策文件,是全国人民代表大会所制定和批准的有关教育的政策文件,是党的领导机关和国家机关联合发布的有关教育的各种决议、文件、通知等,是国家行政机关制定、发布的有关教育的政策文件,是党和国家领导人在某个场合所作的有关教育的报告、讲话,等等。

三、学前教育政策

学前教育政策指党和政府为完成一定历史时期的学前教育任务,实现学前教育培养目标而做出的兼具战略性、现实针对性和可操作性的规定,是党和政府为实施和发展学前教育事业而制定的行动准则。依据这一概念,学前教育政策是国家所制定和颁发的关于学前教育的方针、法律、纲要、决定、通知、规划、规定、意见、办法、条例、规程、细则、纪要等各种文件的总称。需要特别说明的是,方针、制度和法律在一定程度上是区别于政策的,但本教材一律将其纳入学前教育政策的范畴之内。综上所述,我们认为学前教育政策是指国家所制定和颁发的关于学前教育的方针、法律、纲要、决定、通知、规划、规定、意见、办法、条例、规程、细则、纪要等各种文件的总称。

综上,学前教育政策的内容既涵盖了学前教育发展的目标,又规定了学前教育发展的促进手段,因而比较充分地体现了国家发展学前教育的意志和行动。国家往往通过制定和实施各种学前教育政策来为学前教育改革和发展服务。根据学前教育政策的内涵和外延,可以看出我国学前教育政策具有如下三个特征:

---

① 黄明东.教育政策与法律[M].武汉:武汉大学出版社,2007:11.

(一)明确的目的性

学前教育政策是依据发展学前教育的现实需要制定出来的,具有明确的目的性。同时,学前教育政策作为教育政策的有机组成部分,也充分体现着国家的价值倾向性。国家制定学前教育政策,并就学前教育行动做出具体设计和规划,通过制度规范和行为指导,从而达到促进学前教育事业发展的目的。因此,明确的目的性是学前教育政策的基本特征之一。

(二)鲜明的系统性

学前教育政策是党和政府教育政策体系中的有机组成部分之一,它自身又是一个相对独立的体系。从横向看,学前教育政策包含了多方面的内容,体现在党和政府的规划、决定、意见中,它们之间互相配合,组成了一个学前教育政策整体,形成一个结构严谨的政策体系。从纵向看,学前教育政策的系统性表现在两个方面:一是中央与地方学前教育政策的相互关联性;二是学前教育政策的历史继承性,连接着过去、现在和未来。

(三)相对的灵活性

学前教育政策的相对灵活性体现在两个方面:一方面,学前教育政策会随着社会的发展变化而及时做出调整;另一方面,依据学前教育政策的内容相对原则,各地、各单位在理解和贯彻学前教育政策时,可以而且应当根据本地、本单位的实际做出灵活处理并提出实施意见。作为一种社会规范,学前教育政策一经制定公布,应保持一定的稳定性,在一定时期内不能随意变动,从而确保人们开展具体行动的规范性和对行为结构的可预测性。但学前教育政策的稳定性是相对的,随着外部环境的变化以及学前教育自身因素的变化,学前教育政策需要做出相应的调整和改革,因而具有很强的时代感和应变性。

 知识拓展 1-1 >>>

广东省、河南省和贵州省的学前教育发展目标

一、广东省发展目标

到 2013 年,初步建立起覆盖城乡、布局合理的学前教育公共服务体系,初步实现办园条件规范化、保教工作科学化。学前教育学位基本能满足适龄儿童入园需求,全省学前教育毛入园率达 86% 以上,规范化幼儿园比例逐年提高。

到 2015 年,基本建立起覆盖城乡、布局合理的学前教育公共服务体系,能满足大部分群众对有质量学前教育的需求。全省学前教育毛入园率达到 90%,其中珠江三角洲各县(市、区)达 95%,其余地区各县(市、区)达 85% 以上。全省大部分幼儿园达到规范化要求。

到 2020 年,形成较为完善的覆盖城乡、布局合理的学前教育公共服务体系,能满足群众对有质量学前教育的需求。全省实现高质量高水平普及学前教育,学前教育毛入园

率达90%以上。

——《广东省人民政府关于加快我省学前教育发展的实施意见》2013年3月20日

二、河南省发展目标

提高学前教育普及水平和保教质量,努力构建覆盖城乡、布局合理、办园条件达标的学前教育网络,逐步形成以公办幼儿园和普惠性民办幼儿园为主体,多形式、多渠道发展学前教育的格局。

到2013年年底,学前三年毛入园率达到61%以上,学前一年毛入园率达到87%以上,有效缓解"入园难"问题;推进幼儿园标准化建设,70%以上的幼儿园基本达到办园标准;学前教育教师全部具备教师资格并达到规定学历标准,具有专科学历的比例达到70%以上。

到2015年,全省基本普及学前一年教育,经济发达地方基本普及学前三年教育,学前三年毛入园率达到67%以上,学前一年毛入园率达到92%以上;80%以上的幼儿园达到办园标准,学前教育教师中具有专科学历的比例达到80%以上。

到2020年,全省基本普及学前三年教育,经济发达地方高质量普及学前三年教育,学前三年毛入园率达到90%以上;所有幼儿园全部达标,学前教育教师中具有专科学历的比例达到95%以上。

——《河南省人民政府关于大力发展学前教育的意见》2011年6月30日

三、贵州省发展目标

按照"广覆盖、保基本"的要求,着力构建以省级示范幼儿园为龙头、县级示范幼儿园为骨干、乡镇幼儿园为基础的学前教育网络。坚持公益性和普惠性,按照《贵州省乡镇、街道办事处中心幼儿园建设规范指导原则(试行)》的要求,新建和改扩建一批幼儿园,加快形成布局合理、公办民办并举、城市农村共同推进、质量达标的学前教育公共服务体系。到2020年,省级财政支持新建成1 000余所乡镇、街道办事处公办幼儿园,实现全省所有乡镇、街道办事处至少有1所以上公办幼儿园的目标。

2011年至2013年,实施学前教育三年行动计划。在没有公办幼儿园的乡镇、街道办事处,省级财政扶持新建500所乡镇、街道办事处公办幼儿园,其中2011年300所、2012年和2013年200所。到2013年底,全省三分之二左右的乡镇、街道办事处建有公办幼儿园。

2014年至2015年,在没有公办幼儿园的乡镇、街道办事处,省级财政扶持新建公办幼儿园200所。到2015年底,全省学前三年入园率达到60%。

2016年至2020年,在没有公办幼儿园的乡镇、街道办事处,省级财政扶持新建公办幼儿园300所。到2020年底,全省学前三年入园率达到70%以上,全省所有乡镇、街道办事处至少有1所以上公办幼儿园,基本解决"入园难"问题。

——《贵州省人民政府关于加快发展学前教育的实施意见》2011年3月30日

第二节 学前教育法规的相关概念

1988年国务院办公厅转发了国家教委等部门《关于加强幼儿教育工作的意见》(简称《意见》),该《意见》将我国学前教育事业发展方针明确表述为:"动员和依靠社会各方面力量,通过多种渠道、多种形式发展幼儿教育事业。"以后,又将这一方针写入《幼儿园管理条例》作为指导和管理幼教机构的行政法规。

2020年9月7日,教育部公布《中华人民共和国学前教育法草案(征求意见稿)》(简称《征求意见稿》),并面向社会公开征求意见。此后,教育部根据公开征求意见情况对《征求意见稿》进行了修改完善,并于2021年4月12日形成《中华人民共和国学前教育法草案(送审稿)》报送国务院审议。广州和上海发布有关学前教育的相关条例,《广州市幼儿园条例》于2020年11月27日经广州市第十五届人民代表大会常务委员会第四十三次会议通过,2021年3月18日广东省十三届人大常委会第三十次会议批准,2021年4月14日广州市第十五届人民代表大会常务委员会第76号公告,自2021年6月1日起施行。上海市十五届人大常委会第四十六次会议于2022年11月23日表决通过《上海市学前教育与托育服务条例》,自2023年1月1日起施行。学习学前教育法规,要从掌握教育法规的概念入手,它是学习具体法规知识的起点。那么究竟什么是教育法规、学前教育法规?学前教育法规的发展历史是什么?这些问题是本节要掌握的核心内容。

学前教育法规作为教育法规的一部分,在对它学习之前,首先要明晰教育法规的概念。

一、教育法规

教育法规是统治阶级根据自己在教育方面的意志,通过一定的国家机关依照法定程序制定的,调整有关的法律主体在教育活动过程中所发生的社会关系的法律规范体系的总和。教育法规是阶级社会上层建筑的重要组成部分。从本质上看,教育法规是统治阶级在教育方面的意志的体现;从形式上看,教育法规是以国家意志的形式出现,并具有普遍的约束力的行为规范。自1949年中华人民共和国成立以来,我国政府在教育立法方面做了许多工作,取得一定的成绩。例如1951年我国政务院颁布的《关于改革学制的规定》,对旧的学制进行了改革,建立了社会主义新学制。1953年政务院颁布《关于整顿和改进小学教育的指示》、1963年颁布《全日制小学暂行工作条例(草案)》《全日制中学暂行工作条例(草案)》等一系列的规定,对我国教育事业的发展均起了很重要的作用。

1980年颁布了《中华人民共和国学位条例》,1986年颁布了《中华人民共和国义务教育法》,1993年颁布了《中华人民共和国教师法》,1995年又颁布了我国教育根本大法即《中华人民共和国教育法》(简称《教育法》),1996年颁布了《中华人民共和国职业教育法》,1998年颁布了《中华人民共和国高等教育法》。这些重要的法律的颁布实施,结束了我国教育工作无法可依的局面,初步形成了我国教育法律的基本体系。除了以上为人熟知的上位法之外,还有依据这些上位法制定的微观层面的法规,如《中学班主任工作暂行规定》《幼儿园管理条例》等,无论是国务院颁布的上位法,还是教育部等教育主管部门或地方政府出台的下位法,都属于我国教育法规的范畴,都是我国教育法规体系的组成部分。

二、学前教育法规

学前教育法规是国家教育行政机关所制定的关于学前教育规范性文件的总称。学前教育法规就其基本性质而言是行使教育管理权的一种手段,是规范学前教育活动、调整学前教育关系的法律法规的总称。学前教育法规是教育法的组成部分,学前教育法律法规的贯彻实施对于促进社会主义教育事业的发展,尤其是基础教育事业的发展,提高全民的素质,培养社会主义现代化建设合格人才,具有重要的意义。

我国在新中国成立之后,相继颁布了《幼儿园管理条例》《幼儿园工作规程》《幼儿园教育指导纲要(试行)》等法规,除此之外还包括地方政府依据以上法规和管理条例制定的相关管理办法等文件,这些法规的颁布和实施使我国的学前教育不断走向法制化和规范化的轨道[①]。

(一) 学前教育法规的特点

事物的特征都是相比较而言的,具体对象不同,对其特点的概括也会有所不同。如果将学前教育法规作为法律整体的一部分而与其他社会规范相比较,它便具有法律的一般特征,即它是一种特殊的社会规范,由国家制定或认可,具有国家意志性;它通过规定人们的权利和义务来调整社会关系;它是由国家强制力保证实施的,具有普遍的约束力。如果将学前教育法规作为一个学前教育层次法而与其他层次法相比较,对其教育特征的概括又会有所不同。我们认为,学前教育法的特征主要有以下几个方面:

第一,学前教育法规有其特定的调整对象,即调整学前教育法律关系。学前教育法规调整的主要是对6周岁以下儿童的教育行为而产生的社会关系。

第二,学前教育法规有独立的调整原则。学前教育法的调整原则主要有学前教育与社会经济发展相适应、遵循学前教育客观规律、坚持培养全面发展的合格人才、坚持民主办园等。

第三,学前教育法规所调整的教育社会关系主体地位不是单一的,既有处于平等地位的,也有处于非平等地位的。这是学前教育法不同于民法和行政法的重要特征。

---

① 孙葆森,刘德容,王悦群.幼儿教育法规与政策概论[M].北京:北京师范大学出版社,1998:88-89.

(二) 学前教育法规的演变历程

教育法规的历史沿革与社会历史的发展历程息息相关,在不同的历史发展阶段展现出不同的内容。了解学前教育法的历史进程也有助于帮助更好的理解学前教育法规。

我国学前教育法规起源于 1904 年《奏定蒙养院章程及家庭教育法章程》的颁布,至今已有一百多年的历史。自 1904 年学前教育法规发展至今,我们可将我国学前教育政策法规的发展历史划分为三个阶段:新中国成立前(1904—1949)、新中国成立初至"文革"前(1950—1965)和改革开放至今(1978—至今)。

1. 新中国成立前(1904—1949)

20 世纪初,西方的坚船利炮打开了中国的大门,西方的资本主义思想和制度相继涌入中国,清末的学前教育法规正是西方资本主义冲击的产物。而这一时期的教育法规也透露出"中体西用"的指导思想及"家庭教育"的取向。清末的《奏定蒙养院章程及家庭教育法章程》正是在这种思想的指导下出台的。

民国时期的学前教育法规随着国家形式的变化呈现出不同的特点,主要有:在自主创造和本土化实验的基础上,尝试制定适合中国国情的学前教育政策法规;学习欧美经验,受杜威实用主义思想的影响较大;受时局影响变化大,相关的规定开始趋于细致化和系统化。

新中国成立前的老解放区学前教育法规则体现了一切为战争服务的指导思想以及注重对妇女及儿童的保护,体现出社会福利的倾向。在这一时期,先后出台了《陕甘宁边区政府关于保育儿童的决定》《关于第二届边区参议会有关保育儿童问题之各种规定》《陕甘宁边区妇女第二届代表大会关于保育工作的提案》。

2. 新中国成立初至"文革"前(1950—1965)

这一时期的学前法规主要以强调老解放区的经验作为基础,逐步向社会主义过渡、全面学习苏联为特点。在这一时期中国的学前教育法规体系基本成型。

3. 改革开放初至今(1978—至今)

"文革"期间我国各类教育事业的发展基本处于停滞状态,直至 1978 年消灭"四人帮"之后,学前教育又恢复了发展,为了保障学前儿童的安全和健康,1980 年 10 月 15 日,卫生部、教育部颁发了《托儿所、幼儿园卫生保健制度(草案)》。

1989 年 8 月 20 日经国务院批准,我国政府颁发了《幼儿园管理条例》,1989 年 9 月 11 日中华人民共和国国家教育委员会令第 4 号发布,1990 年 2 月 1 日起施行。长期以来,我国学前教育法规呈缺失状态,《幼儿园管理条例》是新中国成立以来第一个经国务院批准颁发的有关学前教育的行政法规,这标志着我国学前教育向法制化建设迈进了重要一步[1],开启了学前教育立法的先河。《幼儿园管理条例》关注点由 3~6 岁延伸到 3 岁前及小学后,由关注学前幼儿园的教育教学行为延展到关注学前家园的成长,由总体关

---

[1] 孙葆森,刘德容,王悦群.幼儿教育法规与政策概论[M].北京:北京师范大学出版社,1998:24.

注学前园的开办及教育拓展到关注不同地区的学前教育的发展,学前教育政策法规在其关注范围上有了极大的拓展。1989年国家教委颁布了《幼儿园工作规程(试行)》。

之后,针对我国学前教育发展过程中出现的问题,我国又制定了相应的政策法规。如1991年针对当时学前班教育和管理存在的问题发布了《关于改进和加强学前班管理的意见》,就学前班的性质、举办学前班的原则、学前班的领导和管理以及学前班保育和教育的要求等方面做出了相应的说明和规定。2001年9月,国家教委根据党的教育方针和1996年实施的《幼儿园工作规程》(简称《规程》)制定了《幼儿园教育指导纲要(试行)》,目的是指导广大学前教师将《规程》的教育思想和观念转化为教育行为。2003年,教育部、国家计委等部门联合发出《关于幼儿教育改革与发展的指导意见》[1],针对现实存在的问题提出了学前教育改革与发展的目标和措施。2010年国务院发布了《国务院关于当前发展学前教育的若干意见》,就当前我国学前教育事业的发展提出了十条意见,着力解决当前的"入园难"问题,致力于推进我国学前教育事业的长远科学发展以及和各级各类教育的协调发展。由此可见,自改革开放以来,我国学前教育政策法规制定过程中实时性、敏感性和针对性有了明显的提高。

除了专门性的学前教育法规之外,学前教育发展规划性的法规包括《九十年代中国儿童发展规划纲要》《中国教育改革和发展纲要》《中华人民共和国国民经济和社会发展"九五"计划和2010年远景纲要》《国家中长期教育改革和发展规划纲要(2010—2020年)》《幼儿园教育指导纲要(试行)》《关于幼儿教育改革与发展的指导意见》《3~6岁儿童学习与发展指南》《国务院关于当前发展学前教育的若干意见》《中共中央 国务院关于学前教育深化改革规范发展的若干意见》《中国儿童发展纲要(2021—2030)》以及《幼儿园保育教育质量评估指南》等。

上述学前教育法律法规根据不同时期我国学前教育发展的需要对我国学前教育的发展做出了相应的规范,保障了我国学前教育的健康发展,使我国学前教育走向了法制化进程。

(三) 学前教育法规的原则与作用

教育法规的基本原则是制定一切幼儿教育法规应遵循的原则,是幼儿教育法规制定的依据。了解幼儿教育法规的原则能使大家真正发挥它的作用。

教育法规的基本原则,即全部教育法所应遵循的总原则,它贯穿在一切教育法律规范之中,是教育立法、执法和研究的出发点和基本依据,是教育法规的生命线。

1. 学前教育法规的基本原则

我国学前教育法规的基本原则,总的来说,与我国总体的法律原则是一致的,它包括社会主义原则、民主原则、统一原则、平等原则。我国学前教育法规应以总的法律原则为

---

[1] 童宪明.幼儿教育法规与政策[M].上海:复旦大学出版社,2013:10-11.

指导，不能违背总的法律原则。但是，我们也应该认识到，教育事业具有自身的规律和特点，这是不能用总的法律原则来简单代替的①。

(1) 方向性原则

中国是社会主义国家，学前教育法的社会主义方向性原则具体表现在以下几个方面：

① 由无产阶级掌握教育领导权

无产阶级在推翻旧的剥削阶级社会后，夺取了政权，其中包括了教育的领导权。无产阶级要想推行自己的教育方针、政策，以实现走社会主义道路的宗旨，就必须保证掌握教育领导权，这是实现无产阶级意志的根本保证。

② 坚持进行共产主义思想教育

我国教育事业的一项根本任务是培养社会主义事业所需的人才，而这样的人才必须具有唯物主义世界观、爱国主义精神、全心全意为人民服务的思想、高尚的道德品质，必须坚决反对资产阶级自由化。因此，必须加强共产主义思想教育。同时，我国在建设高度物质文明的同时，还必须努力建设高度的精神文明，而共产主义思想是社会主义精神文明的核心。因此，作为精神文明建设的主要教育内容，必须把共产主义思想教育放在一切教育活动中首要的、中心的地位。所以我国教育法规必须相应地把坚持共产主义思想教育作为一项重要原则。

(2) 公益性原则

教育的公益性是指教育过程和结果符合国家和社会的利益。由于教育具有公益性，因此，一些教育法规的制定也以此作为依据，主要表现在以下几个方面：

① 国家和社会有责任承办教育事业，而不能把教育事业完全交给个人。也就是说，国家是办学的主体。

② 国家和社会有权监督教育事业的运行。由社会团体或私人举办的学校，同样要接受国家和社会的监督，必须按照国家规定的标准举办教育事业。

③ 从整体和根本上讲，举办教育事业不以营利为目的。开展教育工作必须考虑是否有利于学生的身心健康，是否有利于社会的稳定发展。国家对营利性的其他教育机构，实行办学许可制度。

④ 教师从事的是一项神圣的公益性事业。教师是在为社会进行无私的奉献，从这一点讲，教师应当受到全社会的尊重。

⑤ 每个公民都有义务为教育事业的发展贡献自己的力量。要求每个公民缴纳教育税是公共事业的需要，无论有没有子女上学，每个公民都不得拒绝缴纳教育税。

⑥ 教育事业不能受不正当因素的侵扰，也就是说，任何人不得以个人或少数人之利

---

① 张维平.教育法学基础[M].沈阳：辽宁大学出版社，2008：91-92.

益,进行妨碍教育事业的活动。这是教育与宗教相分离的一项重要依据。

⑦ 国家和社会有权采取措施,消除教育工作中的不平衡状况。这里包括性别、种族、地位、出身、年龄方面的歧视,还包括因为贫困、地区差异等造成的差别。

(3) 民主性原则

确认和保障人民的教育民主,是社会主义教育法规的一个重要原则,其主要体现在任何公民享有平等的受教育权利和义务。我国宪法规定:"中华人民共和国公民在法律面前一律平等。"在教育方面的重要表现之一,就是任何公民享有平等的受教育的权利和义务。公民不分民族、种族、性别、年龄、财产状况、社会地位、宗教信仰等,享有受教育的均等机会。此外,国家和社会对家庭经济困难的公民、身心有缺陷的公民接受教育予以扶持和帮助。

(4) 统一性和多样性相结合的原则

国家建立统一性和多样性相结合的教育体系。发展教育事业,以国家举办各级各类学校为主,鼓励企业、事业组织、社会团体及其他社会组织和公民依法举办学校及其他教育机构。各级各类学校有国家举办、集体举办、个人举办、联合举办等形式,学校内部办学形式也日趋多样化。幼儿园的举办也同样有公办和民办等形式。相应的学生结构已由过去单一的公费生变为公费生、自费生、代培生多元并存的局面,这些都符合教育应适应经济发展状况的规律。另外,教育也具有相对独立性,在实现其作用过程中有其自身的特点,所以国家应从各地经济、社会和文化发展不平衡的实际出发,分区规划,分类指导,形成不同地区的教育特色。

此外,我国确立了统一性和多样性相结合的学制系统。学制系统内的基本教育阶段分为学前教育、初等教育、中等教育和高等教育。

(5) 教育与宗教相分离的原则

宗教是人类精神生产中一种十分复杂的社会现象,也是一种社会意识形态,它是现实世界在人脑中的一种虚幻的反映。宗教就其本质来说,是反科学的。

在中国这个社会主义国家里,唯物主义世界观占据了统治地位,宗教失去了存在的基础。我们在宗教与教育的关系上,采取了宗教与教育相分离的态度。我们的教育必须坚持马克思主义,坚持辩证唯物主义,坚决反对宗教,任何人不得利用宗教进行妨碍国家教育制度的活动。

(6) 教育与终生学习相适应的原则

我们的教育目的是培养德、智、体、美全面发展的人才,旨在提高整个民族的科学文化素质,因此必须坚持教育与终生学习相适应的原则,受教育与学习不仅是每个公民的权利,也是一项光荣的任务。

学前教育法规作为教育法规的一部分,具有法律法规的一般作用。概括来说,教育法规的作用是确认、保护和发展有利于统治阶级的教育关系和教育秩序。

2. 学前教育法规的规范作用

法律实际上就是肯定的、明确的、普遍的规范,学前教育法规就是人们在学前教育方面的行为规范。具体来说,学前教育法规的规范作用可以分为五种:

(1) 指引作用

法规调整人们的行为,它规定人们可以怎样行为、应该怎样行为和不应该怎样行为,并且还规定违反者所应承担的法律责任。这样,法规便为人们的行为指出了方向,起指导作用。

案例 1-1

《幼儿园管理条例》的指导作用

《幼儿园管理条例》于 1989 年 8 月 20 日经国务院批准,1989 年 9 月 11 日中华人民共和国国家教育委员会令第 4 号发布,1990 年 2 月 1 日起施行。

分析:《幼儿园管理条例》是一部行政法规,到目前为止,在学前教育的法律法规中,它是效力层次最高的一部专门的法规。《幼儿园管理条例》颁布后,许多省、直辖市都出台了相应的实施办法,对幼儿园的规范办学、规范教育起到了很大的推动作用。《幼儿园管理条例》的宗旨是加强幼儿园的管理,促进幼儿教育事业的发展。它规定幼儿园的招收对象为 3 周岁以上学龄前幼儿,幼儿园的保育和教育工作应该促进幼儿在体、智、德、美诸方面的和谐发展。

《幼儿园管理条例》规定了教育行政部门的相关职责,就是监督、评估和指导幼儿园的保育、教育工作,组织培训幼儿园的师资,审定、考核幼儿园教师的资格,并协助卫生行政部门检查和指导幼儿园的卫生保健工作,会同建设行政部门制定幼儿园园舍、设施的标准。对办园成绩显著的,保育、教育工作成绩显著的,管理工作成绩显著的幼儿园给予奖励,对于违反本条例的幼儿园,教育行政部门要予以相应的惩罚。

(2) 评价作用

法律,作为一种社会规范,具有判断与衡量他人行为是否合法的作用。这种评价作用的对象是指他人的行为,即对他人的行为进行评价。法律是一个重要的普遍的评价标准,即人们可以根据法律来判断某种行为是合法还是违法。

(3) 教育作用

法律的教育作用是指通过法律的实施而对人们的行为所产生的影响。制裁违法行为会对一般人起到教育作用,不仅如此,合法行为对人们的行为也具有示范作用,这种具有教育意义的示范作用,对教育法规来说更为重要。通过教育法的实施,教育人们自觉地遵守法律,可以更有力地推动教育法规的实施和教育事业的发展。

(4) 预测作用

法律规范的预测作用,即根据作为社会规范的法律,人们可以预先估计到他们彼此之间将如何协调行为。法律的这种预测作用,对教育事业的正常运行和健康发展具有重要意义。因为人才培养周期长,而且培养规划涉及培养单位、用人单位等诸多部门,有了相应的法律,彼此可以相互预测对方的行为,这样才能更有效地保障教育规划的实现。

（5）强制作用

对违法犯罪行为的制裁惩罚,是建立法律的重要条件。由于法律规范体现了国家意志,它规定人们在法律上的权利和义务关系,具有以国家强制力所保障的普遍约束力,并赋予人的行为以一定的法律后果,因而它具有极大的权威性、连续性、稳定性、统一性、平等性和高效性。法律固然有着巨大作用,然而,我们也必须清醒地认识到它的局限性。法律是用来调整社会关系的,但它并非调整社会关系的唯一手段。在教育工作中,我们要正确地运用思想、道德、文化、行政、经济以及法律手段,并且使之相互配合,以发挥各种手段应有的作用,达到综合效果。

 知识拓展1-2 >>>

法的概念及特征[①]

法的概念:法是指由国家专门机关创制的、以权利义务为调整机制并通过国家强制力保证的调整行为关系的规范,它是意志与规律的结合,是统治阶级进行社会管理的手段,它是通过利益调整从而实现某种社会目标的工具。

法的特征有:

（1）法是调整行为关系的规范。首先,法律调整的对象是行为关系,通过对行为的作用来调整社会关系。其次,法律具有规范性,它是抽象的、概括的,只要通过法的安排和指引,即规范性调整,它就能对一切同类主体和同类行为起到作用,每个人只需根据法律而行为,不必事先经过任何人的批准。

（2）法由国家专门机关制定、认可和解释。首先,法是由特定的国家机关依照职权制定或者认可,即由国家机关依其职权范围,并按一定程序制定出来的规范性文件。法律的创制方式包括国家机关通过立法活动产生新规范;通过对既存的行为规则予以承认,赋予法律效力;国家专门机关有权依照法定权限和程序,根据一定的标准和原则对法律进行解释。其次,法律以国家的名义创制,适用范围以国家主权为界域,法律具有国家性。最后,法律在一国之内具有普遍适用性。

（3）法以权利义务双向规定为调整机制。第一,法律以权利和义务为基本内容,这种权利和义务具有确定性和可预测性的特点,它明确告诉人们该怎样行为、不该怎样行为以及必须怎样行为。第二,法律具有利导性,通过规定权利义务来分配利益,影响人们的

[①] 张文显.法理学[M].3版.北京:法律出版社,2007:102-110.

动机和行为,进而影响社会关系。

(4) 法通过国家强制力保证实施。法是阶级统治的工具,是以国家强制力保证实施的一种社会规范,法具有不可抗拒性。法的这个特征是其与其他社会规范的主要区别之一,这也是法的特殊性之所在。

 知识拓展 1-3 >>>

学前教育法律责任的归责

学前教育法律责任的归责要件:①有损害事实。违法对社会所造成的损害有两种情况:一种是违法行为造成了实际的损害,如体罚学生使幼儿身体受到伤害;另一种是违法行为虽未造成实际损害,但已存在这种可能性,如有关部门明知幼儿园房屋有倒塌的危险,却拒不拨款维修。②有损害行为。一方面是指行为的违法性;另一方面违法行为造成了损害事实。③行为人有过错。所谓过错是指行为人在实施行为时,具有主观上的故意或过失的心理状态。④违法行为与损害事实之间具有因果关系。

第三节 学前教育政策与法规的区别与联系

一、学前教育政策与法规的联系

学前教育政策与学前教育法规的联系,可以从两个方面去理解。第一,两者本质上一致。学前教育政策和学前教育法规有共同的指导思想,都是党和国家意志的体现,都是党和国家管理教育的重要手段,两者在本质上是一致的。第二,政策指导法规的制定和实施,法规使政策定型和规范。一般而言,学前教育政策是制定学前教育法规的依据,它指导学前教育法规的制定和实施。学前教育法规则集中地反映党和国家学前教育的意志和主张,规定学前教育各项工作的行为准则,是学前教育政策的定型化和规范化,保障学前教育政策的顺利实施。而成熟、稳定的学前教育政策在一定条件下可以转化为学前教育法规。

二、学前教育政策与法规的区别

(一) 二者的制定主体不同

学前教育政策是由执政党和政府部门制定的指导性文件,而学前教育法规则是国家机关按照一定的法定程序,以法的形式和手段固定下来的,因而,学前教育法规具有国家意志的属性,具备较强的稳定性和法律效力。

(二) 二者的约束力不同

学前教育政策具有普遍的指导意义,但不具有国家意志和普遍的约束力。学前教育法规由国家立法机关制定或认可,依其层次级别的不同,在一定的范围内具有普遍约束力。

(三) 二者的表现形式不同

学前教育政策通常是党的领导机关和政府以决议、决定、通知、意见等公文和规划等文件的形式出现,且不一定公开颁布。而教育法律法规则是国家或行政机关以法律、法规等规范性文件形式表现的,必须公开颁布。

学前教育政策内容的表述方式可以多样化,一般不采用法律法规的表述范式。学前教育法规采用法、条例、规定、规范、办法等法规性文体,明确规定相关单位或个人必须做什么、可以做什么、不得做什么,以及违反者必须承担的相应后果。

(四) 二者的执行方式不同

教育政策的指导性作用主要是靠组织和宣传,启发人们自觉遵循,其强制力有一定限度,同时,学前教育政策的具体落实往往需要借助其他更为具体的制度和措施。学前教育法规的作用主要是国家的强制性作用,学前教育法规的执行以国家强制力为后盾,要求社会成员必须遵照执行。它不是可做可不做的,而是必须做的行为;也不是可以这样做、可以那样做的,而是必须这样做的行为,否则就必须承担相应的法律责任。

(五) 二者的稳定程度不同

学前教育政策的灵活性强,而学前教育法规的稳定程度高。学前教育政策随着社会发展、教育工作形式和任务的变化可以适时做出调整,而且必须不断完善,具有较强的指导性和灵活性。学前教育法规是在总结贯彻党和国家的学前教育政策实践经验的基础上,通过集中人民群众的智慧,经过严格的制定和修改程序确定下来的,因而比较成熟和定型化,具有较强的稳定性。

(六) 二者的调整范围不同

学前教育政策的灵活性和及时性,决定了其调整的范围要更广泛,它可以及时渗透到教育领域的各个方面,发挥其调节性、导向性作用。学前教育法规一般就教育活动的根本方面和教育的节本关系加以约束和规范,其调整的范围比学前教育政策更为具体,更具针对性。

学前教育政策和法规是学前教育专业的一门必修课程和专业基础课程,是幼儿园园长任职资格培训、提高培训以及高级研修的必训课程。学习本门课程不仅可以对我国基本的教育方针、教育政策和教育法规有正确的认识,还可以在熟练掌握学前教育政策和保育的基本规律的基础上,掌握学习学前教育政策和法规的正确方法。学前教育政策与法规是一门新兴的应用型课程,涉及学前教育的方方面面,但主要是从政策、法律和法治的视角去阐述和分析,并不是从学前教育学的角度进行讨论,对学前教育工作中的具体问题,以现行政策、法律的规范为准绳,不是进行学术探讨,更不是学术争鸣。学好本门教程的关键是转变观念,从学前教育政策和法规的视角对学前教育进行理解。

学习本门课程要特别注意理论联系实际的原则。掌握各章节的内容,都需要尽可能地联系我国现行教育政策和法规,联系身边的教育政策和法律现象,这样可以帮助我们真正理解和掌握所介绍的知识点,并能达到学以致用。具体来说,在学习本门课程中要注意处理好以下三个方面的关系:

第一,注意处理好学习学前教育政策和法规的专门知识与学习一般的法律知识的关系。学前教育政策和法规的基本知识同一般的法律知识有着密不可分的关系。前者是后者的有机组成部分,后者是前者的上位概念,不能与前者相抵触。在学习过程中,既要了解一般的政策和法规知识,也要掌握具有特殊性的学前教育政策和法规知识。在学习学前教育政策和法规基本知识的同时,可以根据具体实际情况和可能,有针对性地选读一本政策和法律知识的书籍,掌握基本的政策和法律概念,这些对理解和掌握学前教育政策和法规的基本知识是十分有益的。

第二,注意处理好学习学前教育政策和法规基本知识和研究教育政策和法规的关系。学习学前教育政策和法规基本知识,是为了给人们一把打开法律之门的钥匙,也可以加强和提高学前教育领域工作从业人员的法律修养,以便帮助他们更好地理解法律规范,正确地运用教育法律规范,学会运用教育法律规范处理实际问题。因此,在学习过程中,要把阅读本教材同阅读有关教育政策和法规结合起来,准确地理解和掌握教育政策和法律规范的精神实质。

第三,注意处理好学习学前教育政策和法规基本知识与有关案例的关系。学前教育政策和法规的基本知识相对来说比较抽象,有较强的专业性。如果仅仅从概念到概念,理解起来有一定难度。而教育政策和法规实施中的各种案例则生动、直观,也有很强的可比性,对于我们理解学前教育政策和法规的基本概念、基本原理和实际运用很有帮助。因此,在学习过程中,要注意结合一些典型案例来加深对学前教育政策和法规基本知识与教育法律规范的理解,从理论和实践的结合上提高学习本课程的效率。

 知识拓展 1-4

我国教育法律和法规体系的构成

目前我国涉及教育法律、法规渊源的规范性文件主要有宪法、教育法律、教育行政法规、地方性教育法规、自治性教育法规、教育行政规章、教育法律解释和国际教育条约。

我国现有的教育法律、法规体系由纵向五个层次和横向六个部门构成。我国教育法律、法规体系中纵向层次主要有教育法、教育部门法、教育行政法规、地方性教育法规、教育规章。我国教育法律、法规体系中横向层次主要有义务教育法、职业教育法、高等教育法、教师法、成人教育法、民办教育促进法六大部门法律。

本章政策研读

《幼儿园管理条例》

本章检测

一、判断题

1. 教育政策分为基本教育政策和具体教育政策。基本教育政策有基础教育政策、职业教育政策、民办教育政策等。（   ）

2. 学前教育政策的制定和实施关系到每个学前儿童受教育的机会和质量。（   ）

3. 纠集他人结伙滋事。扰乱治安是《中华人民共和国预防未成年人犯罪法》所称的"严重不良行为"。（   ）

4. 《国家中长期教育改革和发展规划纲要（2010—2020年）》关于战略主题提出：坚持以人为本、全面实施素质教育是教育改革发展的战略主题，是贯彻党的教育方针的时代要求，其核心是解决好培养什么人、怎样培养人的重大问题，重点是面向全体学生、促进学生全面发展，着力提高学生服务国家服务人民的社会责任感、勇于探索的创新精神和善于解决问题的实践能力。（   ）

5. 对违法犯罪的未成年人，实行教育、感化、挽救的方针，坚持教育为主、惩罚为辅的原则。对违法犯罪的未成年人，应当依法从轻、减轻或者免除处罚。（   ）

6. 《中华人民共和国教师法》规定教师有故意不完成教育教学任务给教育教学工作造成损失的，由所在学校、其他教育机构或者教育行政部门给予行政处分或者解聘。（   ）

7. 有的班主任教师用考试分数给学生排名次，并把它作为安排、调整座位和评先推优的唯一标准，这违反了《中小学教师职业道德规范》。（   ）

8. 组织本班学生自行制定和实施班规、负责收缴学生违规罚款、决定班费开支违反了《中小学班主任工作规定》。（   ）

9. 基础教育是国家统一实施的所有适龄儿童、少年必须接受的教育，是国家必须予以保障的公益性事业。（   ）

10. 教书育人是教师职业的本质要求。（   ）

二、简答题

1. 学前教育政策与学前教育法规的异同点。
2. 学前教育政策的功能。
3. 请简要列举出 3~5 份学前教育政策法规文本。

三、案例分析

六龄童摔成骨折　幼儿园管理不力赔 10 万元

在六一儿童节前夕,上海市静安区人民法院对一起幼儿与幼儿园之间的赔偿纠纷及时作出了判决,保护了幼儿的合法权益。

现年 6 岁的晓房(化名)入托本市某幼儿园,他在上活动课后,应老师要求搬垫子返回操场途中,却与同行小伙伴发生碰撞,导致晓房的右肱骨外髁骨折,该损伤后遗症相当道路交通事故十级。为此,晓房把该幼儿园告上法院要求赔偿医疗费、监护人误工费、营养费、护理费、残疾赔偿金和律师代理费等总计达 12.6 万余元。近日,静安法院一审判决由该幼儿园赔偿晓房各项损失计 10.3 万余元。

晓房是该幼儿园大三班的学生。2010 年 9 月 15 日晨,该班幼儿在一老师的带领下,在操场上活动课。之后,晓房及其他 4 名幼儿应老师要求,协助将活动用的垫子搬回存放处。随后,5 名幼儿在无老师陪同情况下一起返回操场,途中晓房与同行的幼儿发生碰撞倒地受伤,后经医院诊治为右肱骨外髁骨折,遂住院手术。在本案诉前调解阶段,经司法鉴定中心认定,晓房这一损伤的后遗症相当道路交通事故十级伤残,同时,司法鉴定中心也对该损伤的护理期、营养期作出了认定。

2011 年 4 月上旬,晓房以原告身份起诉到法院,称幼儿园未尽管理责任,应对自己的伤害事故承担赔偿责任,提出 12.6 万余元的各类赔偿。法庭上,幼儿园对幼儿晓房受伤经过无异议,但认为部分诉求的赔偿项目及金额没有法律及事实依据,要求法院依法判决。法院认为,晓房系未满 10 周岁的未成年人,尚不具备民事行为能力,作为幼儿园应当履行教育、管理职责。其中管理职责即指为保护未满 10 周岁的儿童安全,依法履行安全保障和保护义务。现幼儿园老师在安排晓房等幼儿协助搬运活动用垫后,让这些幼儿自行返回操场,老师未陪伴在旁边对幼儿的行为进行适当的管束,以致幼儿晓房受伤,幼儿园未尽法定管理职责具有过错,依法应承担相应的赔偿责任。除去双方没有异议的损失赔偿款部分,法院对住院伙食补助费、营养费、护理费、误工费和精神损害抚慰金等予以适当的认定,遂做出由幼儿园予以赔偿的判决。

分析:请你根据上述法院的判定,分析其判定的学前教育政策法规文本依据。

第二章

学前教育的实施机构——幼儿园

- 掌握幼儿园的概念含义
- 了解幼儿园的设立与管理
- 明确幼儿园的法律地位
- 明确幼儿园的权利
- 明确幼儿园的法律责任与义务

幼儿园是组织保育和教育活动的实体。幼儿园园长明确幼儿园的法律地位,是规范办园行为,处理好幼儿园与社会的关系,以及维护幼儿园自主管理、自我约束、正常运行的前提。本章由五节构成,第一节对我国幼儿园的产生和发展进行了简介;其余四节明确了幼儿园在法律关系中所处的地位,幼儿园设置的条件、程序,幼儿园的权利与义务,特别强调了幼儿园管理体制的规范性问题,以及如何运用法律规范学前教育活动并协调处理各教育关系主体间的纠纷问题。通过对本章内容的学习,学习者应明确幼儿园设置与运行的相关法律知识。

朵朵上幼儿园的第一天

朵朵已经4岁了,到了上幼儿园的年龄,这天早晨,朵朵的妈妈带朵朵来到了幼儿园。"呀,你来得真早呀!宝宝叫什么名字?"老师询问着朵朵。朵朵看了看老师,咧嘴笑了笑却不说话,"告诉老师你叫什么名字"?在妈妈的鼓励下,他才不好意思地哼了一句"我叫朵朵"。然后拉着妈妈在教室里很好奇地溜了一圈,最后坐到了娃娃区角,开心地玩了起来。

本案例中,朵朵已经有4岁了,正是该上幼儿园的年纪。适龄上幼儿园可以培养幼儿的动手动脑能力,促进幼儿的发育,使幼儿健康成长。幼儿园,旧时称为蒙养园、幼稚园,为一种学前教育机构,用于对幼儿集中进行保育和教育,通常接纳3周岁以下幼儿的为托儿所,而接纳3~6周岁幼儿的为幼儿园。

思考:是不是所有的学前教育机构都是幼儿园呢?幼儿园的主要任务有哪些?

第一节 幼儿园的产生及其分类

随着社会的发展,幼儿园已经成为教育机构中的一种。本节主要向大家阐述什么是幼儿园,旨在使学习者对幼儿园有一定的认识。

幼儿园的任务是解除家庭在幼儿培养过程中受到时间、空间、环境的限制,创造更为优越的教育环境使幼儿身心得以健康发展。幼儿园是小朋友的快乐天地,可以帮助孩子健康快乐地度过童年时光,不仅学到知识,而且培养他们适应集体生活的能力。幼儿园教育作为整个教育体系基础的基础,是对儿童进行预备教育,其教育课程没有明显的区分,大概由健康、人际关系、环境、语言、表达等几个领域以及各种活动构成,各个领域相互融合,决定教学内容。

世界上最有影响力的幼儿园是由德国的教育家福禄培尔创办的。1837年,福禄贝尔在德国勃兰根堡大胆招收了一批儿童,成立了世界上第一个教育学龄前儿童的组织。在这个组织中,福禄培尔既不对孩子们进行单调的操练,更不体罚。孩子们经常被带到大自然中去,有时他们一起在花园或室内劳动,他注重培养孩子们的动手劳作技能和集体活动的能力。在多年的试验后,福禄培尔提出,这样的学园应该叫"幼儿园",从此幼儿园就被传播开来了。

中国最早的学前教育思想出现在维新运动领导人康有为的《大同书》中。后来清政府颁布了带有资产阶级性质的中国第一个学前教育系统学制。学制规定了蒙养院对2~6岁儿童进行教育,最早出现的蒙养院是武昌模范小学蒙养院(1903年)。除了政府办的蒙养院外,外国传教士和中国私人创办的幼儿园也陆续出现了。到了1910年,中国幼儿园的学生已达152万多人[1]。

幼儿园从经营的经济性质上大体有两种:一种是政府的教育系统所办的幼儿园、特殊行业办园、公办高校附属幼儿园、企事业单位办园等多种形式的公办园即公立幼儿园;另一种是个体经营者办的民办园即私立幼儿园。

在公办园中,共同的特点是拥有丰富的教育资源,且政府或企事业单位的资金投入占运营成本的主要部分。因此,在园舍环境、硬件设施、师资培训、资金调入、经营历史、社会口碑、经营压力、政策扶持等各方面都处于相对优势,教师队伍稳定,受教育程度较

---

[1] 张繁,王雨露.国外学前教育改革与发展探析[J].教育与教学研究,2010(5):24.

高,家长认同,因而经营状况相对较好。

在农村学校或一些企事业单位的承包园,由于资金、生源、口碑等原因,出现逐渐走向颓势的迹象。在农村的学校,造成这个现象的主要原因是,有关的学校负责人对幼儿教育工作管理不善、认识不足、重视不到位。即便园舍整体环境较好,但因幼儿活动设施破旧、教师队伍呈现老龄化趋势、教师的教学水平及组织幼儿活动的能力较弱等原因,加之学校因经费紧张减少添置幼儿活动设施,于是许多幼儿园老师就只好将幼儿关在教室中,出现幼儿活动"小学化"的教育活动倾向,导致幼儿园在社会上的口碑较差。而企事业单位幼儿园的承包者,其经营管理与民办园没有太大的区别,甚至由于承包期限等原因,造成经营管理上的"缩手缩脚",阻碍了幼儿园的更好发展。

在个体经营的民办园中,一种是经营者资金雄厚、园舍环境优美、教师年轻且素质高、教学能力强、在社会上有较好的影响、收费较高的幼儿园。这一类幼儿园是为了适应家长和市场的需要而产生,随着家庭收入的增多,家长们抱着"不能让孩子输在教育的起跑线上"的观念,争相把孩子送到这些收费较高的民办幼儿园,与此同时,家长对幼儿园的各种要求也会提高。再者,民办幼儿园的场地费、办园硬件、各种特长班的艺术器具、教师工资等费用也随之增加,这就从根本上决定了民办幼儿园要比公办幼儿园收费高。由于教师大都受过一定的专业训练,熟悉幼儿特点及认知规律,所以教学效果较好,同时,经营者为了自己的幼儿园能多吸收幼儿和增加收入,精心购置了一些幼儿活动器材,在软硬件的配备上使得家长满意,所以仍然能良性运作,甚至较公办园更有竞争力。

另一种幼儿园由于资金投入较少、管理能力较弱、社会宣传和口碑影响较差、家长认同低等诸方面的原因,个体经营者往往只能把幼儿园设在城市的偏僻地方、街道或乡镇,这类幼儿园硬件设施较差,聘用的教师素质不高,收费较低,盈利空间也有限。但是这一类民办幼儿园数目较多,在民办园中所占比例较高,在撤点并校工作深入后,这类幼儿园在乡镇街道出现得更多了,即使是在深圳或西安等大城市中,也有不少这类幼儿园在惨淡经营。而在西部地区的小县城、乡镇还存在一些没有长远打算的、办园规模较小的"家庭保姆"型幼儿园,这类幼儿园一般是农村妇女在自己的院子里,腾出一间或两间房当教室,既招收一些幼儿以增加收入,又能操持家务。这类幼儿园的老师基本上没有受过专业训练,招收的幼儿数量也不多,教室内的桌凳参差不齐,幼儿活动器材更是很少购置,大都是看看电视动画、听听儿歌,办园条件相当落后。

幼儿园应以游戏为主要活动,逐步进行有组织的作业,如语言、手工、音乐等,注重养成良好生活习惯。各国对幼儿园的定义中都非常明确地指出,游戏是幼儿园里幼儿教育与生活的最主要内容。如英国把幼儿园解释为"用实物教学、玩具、游戏及发展幼儿智力的学校",德国解释为"尚未进行学习的游戏学校"。另外,幼儿园一年中举行的重要活动还有幼儿园的入学典礼、六一儿童节、教师节、中秋节、国庆节等。

幼儿园按照时间可以分为全日制幼儿园和寄宿制幼儿园,按照对象可以分为幼儿园、残疾儿童幼儿园和特殊儿童幼儿园,按照服务可以分为双语幼儿园、音乐幼儿园,按照规模可以分为大型幼儿园(10 个至 12 个班)、中型幼儿园(6 个至 9 个班)和小型幼儿园(5 个班以下)。为了便利教养,一般按照年龄划分为小班、中班和大班,其中小班为 3~4 岁幼儿,每班 20~25 人;中班为 4~5 岁幼儿,每班 25~30 人;大班为 5~6 岁幼儿,每班 31~35 人。

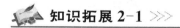

知识拓展 2-1

国内外幼儿园发展历程简介

1770 年,法国新教派的一名牧师奥柏林创办的"编织学校"是近代学前教育的萌芽。1816 年,英国空想主义思想家和教育家欧文创办的"新兰纳克幼儿学校"是英国也是世界上最早的学前教育机构。19 世纪末 20 世纪初,以招收城市贫民和工人阶级的幼儿为对象的教育设施"免费幼儿园"开始诞生。1919 年后,被改称为"保育学校"。1840 年,法国教育部长卡尔诺提出把"托儿所"改称为"母育学校",但直到 1881 年法国才正式开始采用"母育学校"。

19 世纪初德国出现了一些慈善性质的保育机构,19 世纪 20 年代以后受英国学前教育发展的影响,德国开始学习英国幼儿学校的办学经验,发展学前教育。1837 年,德国福禄贝尔在勃兰根堡开办了一所学龄前儿童教育机构——儿童活动学校,并于 1840 年将它正式命名为"幼儿园",它是世界上第一所以"幼儿园"来命名的学前教育机构。

1860 年,美国妇女伊丽莎白·皮博迪在自己的私人住宅里开办了一所私立幼儿园,这是美国的第一所讲英语的幼儿园。1873 年,美国圣路易斯市教育局长威廉·哈里斯在本市建立了美国第一所公立幼儿园。

近代,日本在明治维新时期形成了学前教育制度,它较多地引进和吸收了欧美进步主义的教育思想和经验,特别是福禄培尔学前教育理论的影响。1876 年,日本政府创办了第一所公共学前教育机构,即在东京女子师范学校开办的附属幼儿园,它是日本学前教育史上的第一所国立幼儿园。

随着资本主义工业生产的发展,妇女就业人数增加,简易幼儿园仍不能解决所有孩子的入园要求,于是一种新的学前教育机构——托儿所便应运而生。1890 年,由民间人士赤泽钟美夫妇于新潟市创立了日本学前教育史上的第一所托儿所。19 世纪中期,福禄培尔幼儿园的运动也波及俄国。1860 年前后,在俄国出现了第一批幼儿园。17 世纪捷克教育家夸美纽斯,主张社会上各个阶层的人都有享受教育的权力。教育必须从幼年开始,而且应该按照自然之道进行。他把婴幼儿期相对应的教育机构称为母育学校,母育学校是幼儿园的雏形。1907 年,蒙台梭利在罗马贫民区开办了一所招收 3~6 岁贫民儿童的幼儿学校,并命名为"儿童之家"。

幼儿教育机构不完全叫做幼儿园,各国的幼儿机构类型和名称都有所不同。如英国学前教育机构类型有保育学校和保育班、幼儿学校、日托中心、学前游戏班;法国幼儿教育机构类型有托儿所、母育学校、幼儿班和幼儿园;联邦德国幼儿教育机构类型有幼儿园、学校幼儿园、托儿所、特殊幼儿园、"白天的母亲";苏联幼儿教育机构类型有托儿所、幼儿园、单独的托儿所、单独的幼儿园、集体农庄或国营农场幼儿园、疗养幼儿园、幼儿之家和学前儿童之家、特殊儿童幼儿园;美国幼儿教育机构类型有幼儿家庭教育组织、保育学校、幼儿园、日托中心;日本幼儿教育机构类型有幼儿园、保育所。

 知识拓展 2-2

世界上第一所幼儿园①

福禄贝尔创建的幼儿园是第一所真正意义上的幼儿教育机构,因此他也被誉为"幼儿园之父"。1837年,年已55岁的福禄贝尔在凯尔豪附近的勃兰根堡创办了一所"发展幼儿活动本能和自发活动的机构"即儿童游戏活动机构,招收3~7岁幼儿,并运用自己在数学和建筑学方面的专长,为儿童设计了6套玩具,称为恩物(德语:Spielgabe;英语:Froebel Gifts),以球、立方体和圆柱体为基本形态,供儿童触摸、抓握。1840年,热爱大自然的福禄贝尔为这个机构创造了一个新词——幼儿园(Kindergarten),这也是这个词的来源:幼儿园如同花园,幼儿如同花草,教师犹如园丁,儿童的发展犹如植物的成长。同时,他在欧洲首先给了妇女专业位置——幼儿园教师。

第二节 幼儿园的设置与管理

本节介绍我国教育法律法规规定的幼儿园设置的条件、程序以及幼儿园管理体制,回答在我国境内如何获得幼儿园法律地位,以及举办幼儿园需要哪些条件的问题。

案例 2-1

幼儿在校车内窒息死亡案

2021年9月6日,广西梧州藤县和平镇一幼儿园发生校车闷死幼儿事故,据当地人

---

① 弗里德里希·威廉·奥古斯特·福禄贝尔[EB/OL].[2023-04-08]. https://baike.baidu.com/item/弗里德里希·威廉·奥古斯特·福禄贝尔/10734600.

士称,事发当天室外气温较高,一名4岁左右的幼儿园孩子被校车司机和跟车老师遗忘在校车内。中午,老师发现该幼儿已昏迷在车内,随即将其送往镇卫生院。14时许,该幼儿经抢救无效死亡。藤县公安局以涉嫌过失致人死亡案立案侦查,并依法对相关犯罪嫌疑人采取强制措施,案件正在进一步侦办中。

分析: 对于用校车接送幼儿上下学的幼儿园,保证幼儿在乘车过程中的安全是其法定职责,为此,幼儿园应当谨慎地采取各种安全管理措施,消除幼儿乘车过程中的各种安全隐患。

在该案中,跟车教师在没有确认所有乘车幼儿均已下车的情况下即离开车辆,而后也没有清点下车的幼儿人数,校车司机也在尚未确认乘车幼儿已全部下车的情况下即锁上了车门离去,显然,幼儿园在乘车安全管理上存在重大疏忽,应当对事故的发生承担全部责任。

一、幼儿园的设置

根据《教育法》《幼儿园管理条例》等相关法律规范,在我国境内设立学校及其他教育机构,必须具备下列基本条件:有组织机构和章程;有合格的教师;有符合规定标准的教学场所及设施、设备等;有必备的办学资金和稳定的经费来源①。

(一)必须有组织机构和章程

健全的组织机构和管理人员的合理配置,是幼儿园工作得以运行的保证。幼儿园的组织机构一般包括园长、保教室、办公室、财务室、教职工代表大会等。幼儿园的章程,是指为促进机构正常运行,就办园宗旨、内部管理体制及财务互动等重大的、基本的问题,做出全面规范而形成的自律性的基本文件。它是幼儿园自主管理的基本依据。章程应包括以下内容:幼儿园名称、开办宗旨和办学模式、保教工作的主要任务、内部机构设置和管理机制、园务委员会组成和职责、幼儿园园长的职责以及产生、幼儿教师及其他工作人员的权利和义务、财物管理制度、人事管理制度、章程变更程序、其他需要说明的事项等。幼儿园的章程内容必须符合《幼儿园管理条例》的规定,办园章程自幼儿园被批准开办之日起生效。

(二)必须有合格的园长、教师、保育、医务人员

幼儿园要有合格的园长,在园长负责制中,园长是幼儿园的行政负责人,是幼儿园的法人代表。幼儿园要有合格的教师,教师是幼儿园组织中最重要的成员,是幼儿园实施教育教学活动的"人力"保障。此外,幼儿园还要有合格的保育员、医务人员、事务人员、后勤炊事人员等其他工作人员。保育员主要负责幼儿的卫生保健、社会管理。规模较大的幼儿园和寄宿制幼儿园的医务人员,一般要求是医师、医士和护士,规模较小的幼儿园的医务人员通常是保健员。幼儿园的事务人员一般包括会计、出纳、采购员、炊事员和门卫。慢性传染病、精神病患者不得在幼儿园工作。

---

① 李季湄.幼儿教育学基础[M].北京:北京师范大学出版社,1999:45-46.

(三) 必须有符合规定标准的保育教育场所及设施、设备

《幼儿园管理条例》第八条规定："举办幼儿园必须具有与保育、教育的要求相适应的园舍和设施。幼儿园的园舍和设施必须符合国家的卫生标准和安全标准。"对此,《幼儿园工作规程》也做出了规定。

(1) 园舍方面的要求

《幼儿园工作规程》第三十四条规定:"幼儿园应当按照国家的相关规定设活动室、寝室、卫生间、保健室、综合活动室、厨房和办公用房等,并达到相应的建设标准。有条件的幼儿园应当优先扩大幼儿游戏和活动空间。寄宿制幼儿园应当增设隔离室、浴室和教职工值班室等。"

《幼儿园工作规程》第三十五条规定:"幼儿园应当有与其规模相适应的户外活动场地,配备必要的游戏和体育活动设施,创造条件开辟沙地、水池、种植园地等,并根据幼儿活动的需要绿化、美化园地。"

《幼儿园工作规程》第三十七条规定:"幼儿园的建筑规划面积、建筑设计和功能要求,以及设施设备、玩教具配备,按照国家和地方的相关规定执行。"

(2) 园址环境要求

幼儿园的园址环境对幼儿的健康成长影响很大,所以在幼儿园的设置条件方面,《幼儿园管理条例》第七条规定:"举办幼儿园必须将幼儿园设置在安全区域内。严禁在污染区和危险区内设置幼儿园。"

所谓安全区,一般是指不会出危险、不会出事故、不会使幼儿身心受到威胁的区域。所谓污染区,一般是指由粉尘污染、大气污染,水质污染、噪声污染的区域。所谓危险区,一般是指危及人们健康和生命的区域。

(3) 设施、设备方面的要求

考虑到幼儿的特点,相关法律法规对幼儿园生活用具、玩教具等也作了具体规定。《幼儿园工作规程》第三十六条规定:"幼儿园应当配备适合幼儿特点的桌椅、玩具架、盥洗卫生用具,以及必要的玩教具、图书和乐器等。玩教具应当具有教育意义并符合安全、卫生要求。幼儿园应当因地制宜,就地取材,自制玩教具。"

(四) 必须有必要的办园资金和稳定的经费来源

必备的办园资金和稳定的经费来源是幼儿园进行正常保育教育活动的保证,也是其作为权利主体,进行各种法律活动、独立享受权利和承担义务的物质基础。概括起来,幼儿园的经费来源主要有三个:

(1) 举办者的投入。依据幼儿园举办者的情况,大体有两类:公办幼儿园的经费以财政拨款为主;企事业组织、社会团体、其他社会组织和个人依法举办的幼儿园的经费由举办者负责筹措。

(2) 家长缴纳的保育、教育费。幼儿园教育属非义务教育阶段,可依法收取保育、教

育费。当然,其收费应依法按省、自治区、直辖市或地(市)级教育行政部门会同有关部门制定的收费项目、标准和办法执行。幼儿园的收费应坚持法定的收费项目和收费标准,杜绝乱收费;相关部门还应对各幼儿园进行评估、定级、分类,按类收费,优质优价;幼儿园不得以幼儿作为牟利手段。

(3) 社会捐助。幼儿园接受社会捐助要贯彻自愿、量力、群众受益的原则,捐赠方式、内容必须符合我国法律、法规、政策,不得违反我国的教育方针。

简言之,幼儿园的举办者必须具备章程、人、财、物四个实体要件。法规条例规定了这四个实体要件,有利于促进拟举办的幼儿园健全内部管理,保证办学条件,提高教育质量,防止乱设幼儿园,防止以营利为目的办园;也有利于教育主管部门对幼儿园进行宏观调控,保证本地区幼儿园的合理布局和教育资源的充分有效利用。

二、幼儿园的管理

幼儿园的管理,涉及幼儿园内部的管理体制和民主管理、全员管理的管理原则,在这些方面我国《教育法》和《幼儿园管理条例》都有明确的规定。

幼儿园内部管理体制是幼儿园内部设立的主要管理机构及其职能的总称。幼儿园内部管理体制在幼儿园发展与管理中居于至关重要的位置。为了维护国家和社会的公共利益,保证教育质量,提高办学效益,特别是为了确立学校及包括幼儿园在内的其他教育机构的法人地位,国家已经通过立法,对学校及其他教育机构内部管理体制和管理活动做出明确规定[①]。

《教育法》第三十一条规定:"学校及其他教育机构的举办者按照国家有关规定,确定其所举办的学校或者其他教育机构的管理体制。"学校(幼儿园)的举办者有权利也有责任按照国家有关规定,确定其所举办学校(幼儿园)的内部管理体制。从当前情况看,我国学校(幼儿园)实行的内部管理体制主要有校(园)长负责制、董事会领导下的校(园)长负责制等几种。

《幼儿园管理条例》明确规定我国幼儿园实行园长负责制,园长在举办者和教育行政部门的领导下,依据本条例负责领导全园工作。园长负责制是以园长职责、权利和义务为主要内容的园内管理体制之一。社会力量举办的幼儿园可以实行董事会领导下的园长负责制。

现代学校、幼儿园管理强调的是民主治园、全园管理。《教育法》第三十一条第3款规定:"学校及其他教育机构应当按照国家有关规定,通过以教师为主体的教职工代表大会等组织形式,保障教职工参与民主管理和监督。"幼儿园应建立教职工大会制度,或以教师为主体的教职工代表会议制度,加强民主管理和监督。以教师为主体的教职工代表

---

① 陈迁.幼儿园管理效益探析[J].当代学前教育,2009(12):7-8.

大会是教职工参与幼儿园管理活动、行使民主管理和监督权利的法定组织形式,是幼儿园内部管理体制的重要组成部分。幼儿园应通过多种方式保障教职工参与学校民主管理和监督的权利。这一规定体现了现代教育的民主、科学精神,有利于调动广大教职工的工作积极性,防止幼儿园管理中的随意性和独断专行。

案例 2-2

柳江区:取缔! 坚决关停无证幼儿园!

2022年11月22日,柳江区多部门联合组成执法组,并分成两组深入各镇开展集中整治无证幼儿园专项行动。对无证幼儿园的办园条件、消防安全、食品卫生等方面进行了全面细致的排查,要求无证幼儿园限期停止非法办园,并妥善做好现有在园幼儿的分流安置工作。

当前,无证幼儿园普遍采用自建房办园,其存在办园条件简陋、卫生要求不达标、安全隐患突出、保教质量低等问题,影响着在园幼儿的生命安全和健康成长。

"请出示教师队伍的从业资格证。""请出示办园的各项证件执照。"第二执法组来到成团镇,对无证幼儿园的办园条件、办学资质等方面进行核查,同时还对教室、寝室、厨房等区域的消防设施、安全出口、电器设备线路等情况进行了详细的检查。在六道街,某幼儿园使用民房办学,幼儿没有户外活动场地,且该园未取得办学许可证和消防合格证,存在一定安全隐患,对此,执法组将发现的问题逐一进行记录并现场反馈整改意见,向幼儿园负责人提出整改要求,责令限期关停。

据了解,按照2022年7月7日柳江区召开的2022年集中整治无证幼儿园专项行动工作布置会要求,区教育局于8月31日至9月2日对73所无证幼儿园下达了《责令停办通知书》,责令所有无证幼儿园立即关停,不得边整改边办园。

幼儿的健康成长和安全是关乎民生和社会稳定的大事,牵扯到千家万户。自11月22日起,柳江区将按照整治工作部署并结合经营性自建房治理工作要求,分步开展无证幼儿园清理整治工作。对能分流安置在园幼儿的所有乡镇无证幼儿园(含托管中心和托育服务有限公司)全部立案,启动处罚程序,坚决予以取缔,并妥善分流安置在园幼儿;对暂时无法分流安置在园幼儿的无证幼儿园(含托管中心和托育服务有限公司)按照"准入一批、整改一批、取缔一批"的工作思路进行清理整治。

分析:无证幼儿园存在办园条件简陋、卫生要求不达标、安全隐患突出、保教质量低等问题,影响在园幼儿的生命安全和健康成长。在对无证幼儿园的办园条件、办学资质等方面进行核查后,执法组责令限期关停无证幼儿园,同时按照整治工作部署结合经营性自建房治理工作要求,分步开展无证幼儿园清理整治工作。对能分流安置在园幼儿的所有乡镇无证幼儿园全部立案,启动处罚程序,坚决予以取缔,并妥善分流安置在园幼儿;对暂时无法分流安置在园幼儿的无证幼儿园按照"准入一批、整改一批、取缔一批"的工作思路进行清理整治。这个案例表明,政府对无证幼儿园进行取缔和整治的决心和行动,是为了保障幼儿的健康成长和安全,也是为了维护社会的稳定和秩序。

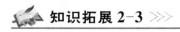

园长的主要职责

幼儿园实行园长负责制,园长全面主持幼儿园工作,其主要职责如下:① 贯彻执行国家的有关法律、法规、方针、政策和上级主管部门的规定。② 领导教育、卫生保健、安全保卫工作。③ 负责建立并组织执行各种规章制度。④ 负责聘任、调配工作人员。指导、检查和评估教师以及其他工作人员的工作,并给予奖惩。⑤ 负责工作人员的思想工作、组织文化、业务学习,并为他们的政治和文化、业务进修创造必要的条件;关心和逐步改善工作人员的生活、工作条件,维护他们的合法权益。⑥ 组织管理园舍、设备和经费。⑦ 组织和指导家长工作。⑧ 负责与社区的联系和合作。

第三节 幼儿园法律地位

随着幼儿教育事业迅速发展,办园体制、管理体制不断变化,幼儿园管理中所涉及的社会关系日益复杂,更需要依靠法律来解决诸多疑难问题。本节主要阐述幼儿园在法律关系中所处的地位,旨在使读者对幼儿园法律地位有一般性的认识。

案例 2-3

幼儿伤害同学案

一日早晨起床后,旦旦随手把爸爸的打火机装进了自己的口袋。随后,在奶奶的护送下来到了幼儿园。看见在门口值班的幼儿园保健医生李阿姨,旦旦快速伸出一双小手让李阿姨看了一眼,便一蹦一跳地进入了自己所在的班级。到了上午户外活动的时候,旦旦趁老师不注意,从兜里拿出打火机玩弄起来,突然间,打火机打着火了,蹿起来的小火苗烧到了另一个小朋友齐齐的脸。齐齐当即疼得大哭起来。老师闻讯赶过来,将齐齐送到保健室,保健医生随即对其进行了简单的处理。下午齐齐妈妈来接齐齐的时候,看见了儿子左脸上不起眼的伤痕,在得知事情的经过后,齐齐妈妈非常气愤,与老师、幼儿园领导大吵起来,并扬言要向媒体曝光。为了防止事态扩大,第二天,幼儿园的园长安排教师带齐齐去医院做进一步的检查,并由园方支付了所有的医疗费用。在幼儿园诚恳道歉并表示今后会采取措施加强安全工作的情况下,齐齐妈妈才消解了胸中的怒火①。

分析: 本案例中我们可以知道,齐齐之所以会被打火机烧伤,其重要原因是由于户外活动课的老师急于履行管理职责,活动前没对孩子的着装及携带物品的情况进行安全检查,且在活动过程中对孩子的行为疏于管理。幼儿自身缺乏安全意识,违反纪律玩弄危险物品,以及家长对家里的危险物品管理不周,对幼儿的安全教育存在不足,也是不可忽视的原因。这一事件还反映了幼儿园在安全制度上存在着一个重大的漏洞——没有严格执行晨检制度,从而给幼儿在园活动留下了不可预知的安全隐患。而幼儿园作为实施保育教育活动的社会组织和机构,在法律上享有权利能力、行为能力和责任能力。该案件中,幼儿园恰恰没有履行好其应有的责任。

一、幼儿园法律地位的含义

从法律上讲,幼儿园是具有法人资格的从事学制系统内保育、教育活动的社会组织。我们所强调的幼儿园的法律地位可以理解为幼儿园在法律上的人格或者称为权利能力,即幼儿园作为从事学制系统内保育、教育活动的社会组织和机构,在法律上享受权利与承担义务的资格与程度。法律规定,学校及其他教育机构在开展活动时,根据条件和性质的不同,可以具有多种主体资格,如行政法律关系主体资格、民事法律关系主体资格、诉讼法律关系主体资格等②,可以从三个方面理解幼儿园的法律地位。

(一) 幼儿园法律地位的实质是其法律人格

"人格"一词很早就被引入法学领域而成为一个法律术语。社会组织体"人格化",即称为"法人"。法律依据幼儿园的性质和条件而赋予幼儿园一种与自然人相似的人格。幼儿园具有法律人格意味着它在民事活动中依法独立享有民事权利,承担民事责任。依照《中华人民共和国民法典》(简称《民法典》)及有关法律法规的规定,幼儿园可以广泛参与保育、教育相关的民事活动,享有诸如法人财产权、知识产权以及名称权、名誉权、荣誉权等民事权利。

(二) 幼儿园法律地位具有特定性

幼儿园法律地位的内容体现其任务、条件和特点,从民法意义上,社会组织的法人权利能力的范围决定于其成立时该法人的宗旨和业务范围,法人无权进行违背它的宗旨和超越其业务范围的民事活动。我国《教育法》规定的学校及其他教育机构的具体权利,体现了培养社会主义建设者和接班人的育人宗旨。而对不同条件和特点的学校和教育机构,如中小学、幼儿园和高等学校,其权利义务的具体内容也不完全相同。

(三) 幼儿园法律地位体现了法定性

幼儿园的法律地位在形式上由法律赋予,幼儿园是相对独立的组织保育教育活动的实体,必须具有相应的法律地位。但在《教育法》颁行前,我国《民法通则》只原则规定了

---

① 雷思明.幼儿安全策略50条[M].上海:华东师范大学出版社,2013:12-13.
② 孙葆森,刘德容,王悦群.幼儿教育法规与政策概论[M].北京:北京师范大学出版社,1998:58.

教育机构作为法人在民事活动中的法律地位。我国学校及其他教育机构成为法人的条件是什么,以及如何取得法人资格,是近年来教育界争议较多的一个问题。为适应社会主义市场经济发展要求,需要对教育机构法律地位给予明确界定。《教育法》第三十二条对此作出了明确的规定,即"学校及其他教育机构具备法人条件的,自批准设立或者登记注册之日起取得法人资格"。

明确幼儿园的法律地位,有利于保障其享有的民事权利,如法人财产权、债权、知识产权以及名称权、名誉权、荣誉权等。同时,促进了幼儿园以独立法人身份广泛参与与其宗旨相关的民事活动。当然,幼儿园相应的也要以独立法人的身份依法承担一切因自己的行为而引起的民事责任,包括违反合同的民事责任、侵犯其他社会组织和公民个人合法权益的民事责任。

应当指出,我国《教育法》所规定的教育机构的法人资格,仅仅是其在民事法律关系中的法律地位。教育机构的法律地位不仅包括它在民事法律关系中的法律地位问题,也包括它在行政法律关系中的法律地位问题。

二、幼儿园法律地位的特点

幼儿园是对幼儿实施保育、教育的社会组织,同其他法人相比,由于宗旨和性质不同,其法律地位具有以下三个特点:

(一) 公共性

教育机构法律地位是依具有行政法性质的《教育法》确立的,幼儿园的设立、变更、终止必须向教育行政部门注册登记。教育机构以提高全民族素质、培养人才、促进物质文明和精神文明建设为目的。各种教育机构的活动都要符合国家和社会公共利益的需要,对国家、人民和社会负责,不得损害国家、人民利益和社会的公共利益。同时,无论是国家举办的幼儿园,还是社会力量举办的幼儿园,都必须接受国家和社会依法进行的管理和监督。教育机构行使的教育权,实质上属于国家教育权的一部分,进入现代社会,教育发展大趋势之一是教育权的社会化和国家化。然而教育活动本身的特有规律决定了国家的教育权不应当也不可能全部由国家直接行使,它必须把教育教学的实施权授予教育机构。对幼儿园来说,这种保育、教育实施权,既是国家授予的权利,又是国家交予的任务,只能正确行使,而不能放弃。

(二) 公益性

根据《民法典》,以法人成立目的的不同为标准,将法人分为营利法人、非营利法人和特别法人。营利法人是指以取得利润并分配给股东等出资人为目的成立的法人,包括有限责任公司、股份有限公司和其他企业法人等。非营利法人是指为公益目的或者其他非营利目的成立,不向出资人、设立人或者会员分配所取得利润的法人,包括事业单位、社会团体、基金会、社会服务机构等。特别法人包括机关法人、农村集体经济组织法人、城镇农村的合作经济组织法人、基层群众性自治组织法人。"公益"的概念见《公益事业捐赠法》,公益事业通常是指非营利的下列事项:救助灾害、救济贫困、扶助残疾人等困难的社会群体和个人的活动;教育、科学、文化、卫生、体育事业;环境保护、社会公共设施建设;促进社会发展和进步的其他社会公共和福利事业。即凡是为了社会公共利益之事业,均为公益事业。把教育机构规定为公益性机构,保证其育人宗旨,限制其广泛参与各种民事活动,是世界各国的惯例。幼儿园不能像企业那样去盈利,不能用其资产进行抵押、担保,幼儿园资产和举办者、捐赠者财产相分离,它的某些民事行为要受到禁止和限制。同时,国家在许多方面规定了对教育机构的优惠政策,如勤工俭学、学校用地、教学仪器设备的生产和供应、图书资料的进口等,体现了其公益性的法律地位。

(三) 多重性

我国教育机构在其活动时,根据条件和性质的不同,可以有多重主体资格。当其参与教育行政法律关系,取得行政法上的权利和承担行政法上的义务时,它就是教育行政法律关系的主体;当其参与教育民事法律关系,取得民事权利和承担民事义务时,它就是教育民事法律关系的主体。这里所说的教育行政法律关系,是指教育机构在实施教育活动中与国家行政机关发生的关系;所谓教育民事法律关系,是教育机构与不具有行政隶属关系的行政关系、企事业组织、集体经济组织、社会团体、个人之间发生的社会关系,这类关系涉及面广,例如财产、人身、土地乃至创收中所涉及的权益,都会产生民事所有和流转上的必然联系。

教育机构在这两类不同的法律关系中的法律地位是不同的。在教育行政法律关系中,教育机构主要是作为行政管理相对人出现,处于被领导和被管理的地位。在教育民事法律关系中,教育机构与其他主体处于平等地位。

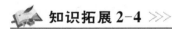

知识拓展2-4

幼儿园登记注册制度

我国对教育机构的设立实行登记注册和审批两种制度。幼儿园实行登记注册制度,其他教育机构实行审批制度。审批制度较登记制度严格,要受到布局、规划、资金等多方面因素的影响。《教育法》第二十八条规定:"学校及其他教育机构的设立、变更和终止,应当按照国家有关规定办理审核、批准、注册或者备案手续。"《幼儿园管理条例》第十一条规定:"国家实行幼儿园登记注册制度,未经登记注册,任何单位和个人不得举办幼儿园。"

第四节 幼儿园的权利

幼儿园作为教育机构中的一种,依法享有其相应的权利。本节依据《教育法》规定,回答作为办学实体的幼儿园依法享有哪些权利的问题。

案例 2-4

幼儿在幼儿园发生骨折案

一天,在幼儿园户外活动时间里,许多幼儿都在各种游戏设施上玩耍。带班老师几次告诉玩转椅的孩子,不要把腿伸到转椅下面,以免发生危险。但幼儿王爽出于好奇,趁老师照顾其他小朋友时,把腿伸到转椅下面玩,致使一条腿骨折。事发后,幼儿园园长和相关老师很快将王爽送到医院治疗,并垫付了医药费。在幼儿住院治疗期间,幼儿园的老师在医院值班,照顾孩子,还买了许多营养品。王爽伤愈后,其家长拿来许多票据让幼儿园报销,其中包括王爽住院期间家长开的营养品、保健药品的票据等,还提出让幼儿园支付其误工费、营养费以及精神损害赔偿金等。幼儿园未满足家长的全部要求,王爽的家长遂多次纠集一些亲属到幼儿园大吵大闹,不但严重扰乱了幼儿园的工作秩序,而且也使得一些在园的幼儿受到惊吓,造成了很坏的影响。

分析: 我们可以采取哪些手段和措施保障幼儿园的有序运行?

幼儿园的运行总会遇到各种问题,从本案中我们知道,当幼儿家长与幼儿园意见不一致时,家长往往用大吵乃至殴打幼儿园工作人员、损坏园舍与设施等方法以达到自己的目的。对此,幼儿园一定要学会以法律手段维护自身的合法权益,不允许任何人破坏幼儿园正常的保教秩序。我国《幼儿园管理条例》第二十八条规定,干扰幼儿园正常工作秩序的单位或者个人,"由教育行政部门对直接责任人员给予警告、罚款的行政处罚,或者由教育行政部门建议有关部门对责任人员给予行政处分""情节严重,构成犯罪的,由司法机关依法追究刑事责任",从而为维护幼儿园正常的保教秩序、维护幼儿园的合法权益提供了法律依据。

本案中,基于王爽家长的行为,幼儿园可以向当地的公安机关寻求法律保护。因为他们的行为已经损害到其他未成年人的合法权益,破坏了幼儿园正常的保教秩序,公安机关可依据《治安管理处罚法》第二十三条第1项的规定,对于扰乱秩序,致使教学工作不能正常进行的,"处5日以上10日以下拘留、500元以下罚款或者警告"。总之,幼儿园应增强依法治教的意识,正确处理发生在保教工作中的各种问题,依法承担应当承担的责任。同时,禁止任何人以幼儿园工作中的疏漏为借口,或因与幼儿园不能达成一致意见,而对幼儿园的正常工作秩序进行破坏,幼儿园对此应当通过正当的法律途径解决问题,以保护自身的合法权益。

幼儿园在活动中具有做出或不做出一定行为的权利,并且具有要求相对人相应地做出或不做出一定行为的许可和保障,这是在教育法律政策中被确认、设定且保护的。

一、幼儿园的基本权利

根据《教育法》和《幼儿园管理条例》等有关法律法规,凡经合法手续设立的幼儿园,都具有以下的基本权利:

(一)按照章程享有自主管理权

幼儿园作为教育机构,与学校同样享有自主权。该权利认为,幼儿园可以按照自己的章程确定办园宗旨、管理体制及各项重大原则,有权制定具体的管理规章和发展规划,自主做出管理决策,并建立、完善自己的管理系统,组织实施管理活动,不必事无巨细地向主管部门或举办者请示,主管部门或举办者对幼儿园的符合其章程规定的管理行为无权干涉。

幼儿园作为法人在依法批准设立时,必须具有符合国家规定的组织章程。作为教育法人,幼儿园本身就是一个组织机构,有权按其依法设立时所确定的章程管理自身内部的活动。

案例 2-5

幼儿园教师自主管理幼儿园事务[①]

在广东省珠海市,某幼儿园开展了一项自主管理的实践活动。该幼儿园的负责人和教职员工共同制定了幼儿园的管理规章制度,并进行了公示。在这个过程中,他们通过集体研讨、制定表决等方式,实现了幼儿园的民主管理。在实践中,幼儿园管理者根据实际情况对规章制度进行了不断完善和调整。同时,他们也鼓励教职员工积极参与幼儿园的管理,鼓励他们提出改进意见,并根据教职员工的意见进行相应的修改。该幼儿园的自主管理措施得到了家长和社会的广泛认可和支持,幼儿园的管理也变得更加规范和高效。

分析: 通过这一案例,我们可以看到,在幼儿园行使自主管理权的过程中,通过民主化的管理方式,可以更好地满足幼儿园的实际需求,提高管理的透明度和民主化程度,同时赋予了每个教师更多的自主权和责任,帮助他们更好地发挥自己的特长和创造力,提高教学效果和幼儿园整体素质,这使该幼儿园的教师更有创造力,教学效果也更好,家长和社会反响非常好。

(二)组织实施保育教育活动权

《幼儿园工作规程》规定:幼儿园有权根据自己的办园宗旨和任务,依据国家教育主管部门的有关规定,自行决定和实施自己的保育教育计划,决定具体的课程模式和教学

---

① 王玲.集团化幼儿园教师团队自主管理与发展策略研究[J].教师,2020(24):119-120.

方法,决定使用何种教材,决定具体的一日活动安排,组织保教活动的评比与检查等。这项权利是教育机构作为以培养人、教育人为宗旨的法人,被《教育法》确定的从事教育活动的权利能力。确定这项权利,既可以保证幼儿园在全面贯彻教育方针、全面实施幼儿教育法规中,享有设计、安排、开展保育教育活动的自主权利,又可以防止外来力量对幼儿园保教活动的冲击、对幼儿园正常的保教秩序的干扰。

案例 2-6

中华女子学院附属实验幼儿园的办学特色

在办学方面,中华女子学院附属实验幼儿园的特色主要表现在课程内容与家园合作上。每天的全英教学活动[Full English Teaching Though Activities (FETA)]——把英语学习渗透到儿童每日的活动中;多元智能创意课程——运用环境创设,帮助儿童发现和发展自我的优势智能,并积极带动弱势智能的发展;原生态美术教育——更多地把美术视为儿童展现个性、发展创造力的手段;开放的大课程——定期带幼儿走进大自然,开展丰富多彩的园外活动;经典诵读——每天的古典诗词指认诵读,帮助儿童感受博大精深的民族文化,在潜移默化中认识常用字词;注重家园合作——以"幼儿成长月记"定期举行面向家长的开放日活动。让家长了解幼儿在园的情况,鼓励家长参与教育教学,促进亲子关系的同时,让幼儿了解更广阔的世界。同时,他们积极推动与实施由联合国儿童基金会(UNICEF)提供的"儿童早期综合发展"(Integrated Early Childhood Development)示范项目,"保障每个儿童都有一个最佳的人生开端!"

分析: 中华女子学院附属实验幼儿园的办学特色体现了幼儿园有序实施保教教育的特点。

首先,该幼儿园注重课程内容的设计和实施,采用了多元智能创意课程、原生态美术教育等方式,帮助幼儿发现和发展自身的优势智能,激发幼儿的学习兴趣和积极性。通过多种教学手段,幼儿得到全方位的教育,这样有利于提高幼儿的学习效果和综合素质。

其次,该幼儿园注重家园合作,以"幼儿成长月记"定期开展面向家长的开放日活动等方式,积极与家长沟通、互动,加强家校联系,让家长更好地了解幼儿在园的情况,促进家校合作,共同为幼儿成长提供良好的环境和条件。家长的积极参与也有助于维护园内的教育秩序和营造和谐的教育氛围。

此外,该幼儿园还开展了丰富多彩的园外活动,带领幼儿走出教室,走进大自然,开阔视野,增强幼儿的身体素质和环保意识,让幼儿在健康、快乐的环境中成长,有助于增强幼儿的自我管理和自我保护能力。

综上所述,中华女子学院附属实验幼儿园的办学特色符合幼儿园有序实施保教教育的特点,营造了和谐、积极向上、有利于幼儿全面发展的教育氛围。

(三)招收新生权

该权利的主要内容为:幼儿园根据自己的办园宗旨、培养目标、任务以及办学条件和能力,根据国家有关"幼儿园每年秋季招生,平时如有缺额,可随时补招"的规定,有权制定本机构具体的招生办法，发布招生广告，决定招生的具体数量和人员，确定招生范围和来源。招生是一种属于教育活动的特殊活动，招生权是教育机构的基本权利。幼儿园一旦被教育法确认为具有进行教育活动的权利能力的法人，那么作为其组织实施教育活动的一部分，招收学生的活动就被认为是其所具有的特殊的法定权利。同时，幼儿园在行使这一权利时，必须遵守国家规定，不要擅自超出国家有关招生、编班的规定，造成学生过多、影响幼儿身心健康、影响管理工作的不良现象。主管部门非法限制或取消幼儿园的自主招生权，实际上是侵权行为，必须得到阻止和纠正。

案例 2-7

泗水一家幼儿园虚假宣传误导学生家长被罚 20 万元

在市场竞争激烈的环境下，一些民办幼儿园通过虚假宣传吸引家长注意，忽视自身健康发展对于诚信规范经营的基本要求。市场监管部门严惩虚假宣传违法行为，保障教育市场公平有序发展。近期，泗水县市场监管局查处了一家此类虚假宣传行为。

泗水县某幼儿园在未征求学生家长意见的情况下，擅自调整班级配额，招生简章的承诺与实际班级和学生人数不符，在社会上造成极坏的影响，其行为违反了《中华人民共和国反不正当竞争法》第八条第一款"经营者不得对其商品的性能、功能、质量、销售状况、用户评价、曾获荣誉等作虚假或者引人误解的商业宣传，欺骗、误导消费者"之规定，构成了虚假宣传的违法行为。泗水县市场监管局责令当事人停止违法行为，并给予当事人罚款 20 万元的行政处罚。

分析： 幼儿园作为教育机构，应该以保障儿童健康成长为首要任务，而不是以招生数量和经济利益为重。幼儿园在制定招生政策时，应该充分考虑教育教学的质量和教学资源的充足程度，不得在未征得家长同意的情况下擅自调整班级配额和承诺，以免给学生和家长带来不必要的困扰。

此外，幼儿园在招生过程中应该遵守诚信原则，不能进行虚假宣传或误导家长。幼儿园的宣传应该真实准确地反映幼儿园的教育教学情况和办学理念，不能夸大教学成果或欺骗、误导家长。幼儿园应该遵守相关法律法规，尊重消费者权益，诚信经营。只有这样，才能有效地维护教育市场的公平有序发展，为学生和家长提供优质的教育服务。

（四）学籍管理权

《幼儿园工作规程》规定：幼儿园有权确定幼儿报名注册的管理办法，并建立幼儿名册。幼儿学籍档案包括幼儿花名册、幼儿登记表、幼儿身心健康发展状况记录等。此项权利是幼儿园实施教育教学活动权利的一部分，是加强对受教育者的教育管理职能、维护教学秩序、保证教育教学质量的需要。幼儿学籍档案的建立，便于幼儿园对各年龄班加强管理，也便于掌握幼儿全面的情况，实施因材施教。

案例 2-8

吉安县永和镇幼儿园召开学前学籍管理培训会议

为进一步推动幼儿园学前学籍信息化管理工作,提高幼儿园学籍信息系统管理和应用水平。2023年3月2日上午,吉安县永和镇幼儿园召开学前学籍管理培训会议。

培训会上,永和镇学前学籍负责人就学籍工作提出了相关要求,解读了做好学籍工作的重要性。随后对学前学籍教育系统信息录入、信息更新以及系统日常维护等事项进行培训。最后,围绕学前学籍管理和系统应用中存在的具体问题进行了答疑,并对各幼儿园近期学籍管理工作进行了详细安排。

此次的学前学籍管理培训会议进一步明确了学籍管理工作的职责范围和操作规程,促进了吉安县永和镇学前学籍管理工作制度化、规范化、精细化发展,为全镇的学籍工作顺利开展奠定了基础。

分析: 幼儿园学籍管理对于幼儿园的发展和孩子的成长至关重要。学前学籍管理培训会议的召开,可以提高幼儿园学籍信息化管理和应用水平,推进学籍工作的制度化、规范化、精细化发展,为幼儿园的管理工作提供了有力支持。

首先,学前学籍管理是幼儿园的基础管理工作之一。幼儿园的学籍管理工作涉及幼儿入园前的报名登记、家庭情况调查、幼儿健康状况、学费管理等重要内容。对学前学籍管理的要求不仅仅是要做到系统化、规范化,还需要保证数据的准确性和完整性,同时保护幼儿和家长的隐私信息。其次,学前学籍管理信息系统可以记录孩子的健康状况、身体特征、接种疫苗等重要信息,及时跟进孩子的健康状况变化。同时,学籍管理信息系统还可以提供孩子的入园资格审核、幼儿园排班安排、学费管理等便捷服务,更好地服务于孩子和家长。最后,学前学籍管理可以提供翔实的幼儿园数据,让幼儿园管理者及时了解幼儿的入园情况、人数分布、学费缴纳情况等信息。

(五) 聘任并管理教师及其他职工权

聘任并管理教师是幼儿园实施教育活动的保证,也是其作为法人被法律所赋予的权利之一。幼儿园根据法规、规章和主管部门的规定,从本园的办园条件、办学能力和实际编制情况出发,有权自主决定聘任、解聘有关教师和其他职工,有权制定本园教师和其他职工的聘任办法,与其签订和解除劳动合同,有权对教师及其他职工实施包括奖励、处分在内的具体管理活动。运用好这项权利,有利于调动教职工的积极性,提高办园质量和效益。

案例 2-9

丹江口一幼儿园为出名 非法聘用"外教"被处罚

2017年春节过后,湖北丹江口市某私立幼儿园为了提高知名度,在春季开学前经人介绍,与一位中文名叫汪涵的巴基斯坦籍男留学生达成口头协议,"聘用"汪涵在幼儿园内教授英语。由于有了"外教"这一名片,幼儿园的春季招生异常火爆,但好景不长,半个月之后园方发现汪涵有酗酒的恶习,不适合在幼儿园工作,于是叫停了"外教"课程,并与汪涵协商解除口头协议。事后,由于在工资结算问题上双方无法达成一致,汪涵被停课后一直到幼儿园讨要工资,为此双方多次发生争执,僵持不下,园方认为汪涵的行为严重影响了幼儿园的声誉和正常秩序,遂向公安机关报警求助。

在先期调查后,民警将掌握的涉案线索报告了市公安局出入境管理大队,经过多次调查取证,出入境民警查实了幼儿园和汪涵涉嫌违法的事实证据。园方在没有核查汪涵是否有外国人就业许可证的情况下聘用汪涵任教,汪涵在华就业未依法获得相关许可,双方均已构成违法。3月29日,丹江口市公安局对这两起违法行为作出了处罚决定,依据《中华人民共和国出境入境管理法》第八十条第一款、第三款的规定,分别对外国人汪涵非法就业的违法行为处五千元罚款的处罚;对幼儿园非法聘用外国人的违法行为处一万元罚款的处罚。

分析: 在我国,外国人在幼儿园或其他教育机构从事教育工作需要符合相关的资格要求和法律规定,必须先获得外国专家证和工作许可证等手续。在这个案例中,幼儿园没有核查汪涵是否具备相关证件就擅自聘用其作为"外教",违反了相关法律规定。汪涵在没有取得外国人就业许可证的情况下在幼儿园工作,同样违反了中国法律。这两起违法行为都给幼儿园带来了严重的法律和声誉风险。

从幼儿园聘任教师的角度来看,幼儿园应该在聘用教师时严格按照国家法律法规和相关规定进行操作。首先,幼儿园应该对应聘教师的相关证件进行仔细核查,确保其符合国家和地方的相关规定。其次,幼儿园应该与应聘教师签订详细的劳动合同,明确教师的工作内容、工作时间、薪酬等条款,避免后续发生劳动纠纷。同时,幼儿园应该保证教师的工作条件和教学环境,提供必要的培训和教学支持,确保教师的专业水平和教学质量。最后,幼儿园应该遵守诚信经营原则,不得通过非法手段获取竞争优势,保障教育市场的公平和有序发展。

(六)对本单位设施和经费的管理和使用权

《幼儿园工作规程》规定:幼儿园对其占有的场地、教室、园舍保教设备等设施、办园经费以及其他有关财产,享有财产管理权和使用权。幼儿园行使此项权利,应当遵守国家有关国有资产管理、教育经费投入及幼儿园财物活动的管理规定,符合国家和社会公共利益,符合办园宗旨,有利于幼儿园发展,有利于合理利用教育资源,不得妨碍保教和管理活动的正常进行。

案例 2-10

幼儿园园长挪用公款案

2019年6月20日至2019年8月12日期间,李某在担任安宁市宁和家园某幼儿园副园长期间,利用职务之便将幼儿园原园长移交的款项118 765.36元挪用并挥霍,同时,李某在担任幼儿园园长期间,收取2019年秋季学生家长缴纳的学费、教材费、学杂费、保险费等费用287 322元,两笔费用共计406 087.36元,全部挪用于支付"快手"而挥霍殆尽,不能归还幼儿园。安宁市法院作出一审判决:李某犯职务侵占罪,判处有期徒刑1年10个月;继续追缴李某职务侵占的406 087.36元,予以返还幼儿园。

分析: 李某利用自己在幼儿园的职务之便,将幼儿园原园长移交的款项挪用并挥霍,收取学生家长缴纳的费用后也用于个人消费。这种行为属于职务侵占,严重违反了职业道德和法律法规,损害了幼儿园的利益和形象,也侵害了学生和家长的权益。

幼儿园是公共机构,其资金来源主要包括政府拨款和家长缴纳的学费等。园长作为幼儿园的管理者,应当严格管理幼儿园的经费,确保经费的使用符合法律法规和幼儿园的管理制度,不得擅自挪用、侵占或挥霍。幼儿园的经费应当合理使用,用于幼儿园的日常运行、师资培训、教育教学设备的更新、教学研究等方面。园长应当根据幼儿园的实际需要制定经费预算和使用计划,并在规定的范围内进行支出,确保经费的合理使用和公开透明。

(七) 拒绝对保教活动的非法干涉权

此项权利根据我国《教育法》的规定,幼儿园有权"拒绝任何组织和个人对教育教学活动的非法干涉"。其主要内容为,幼儿园对来自行政机关(包括教育行政机关)、企事业组织、社会团体、个人等任何方面的非法干涉保教活动的行为,有权拒绝和抵制。而所谓的"非法干涉",则是指行为人违背法律、法规和有关规定,做出的不利于教育活动的行为。如强行占用幼儿活动用房和场地,随意抽调幼儿园教职工他用而延误或停止幼儿园保教活动开展,借口因材施教到幼儿园乱办所谓艺术班、体操班、超常班以牟取经济利益等。当前,社会对幼儿园的乱摊乱派,以及某些教育行政部门业务机构的随意检查、干预过多,已经干扰了正常的保教秩序,对此,幼儿园有权抵制并要求教育行政部门会同当地公安、司法、纪检、监察等部门,及时予以查处。

案例2-11

幼儿园被要求更换教材案

某幼儿园接到一份要求更换教材的通知,发件人是某出版社。该出版社称其发现该幼儿园使用了未经授权的教材,要求幼儿园停止使用该教材并购买其出版社的教材。幼儿园负责人查看了所谓的通知,并未发现该出版社的授权文件,于是决定拒绝要求。

之后,幼儿园接到了一些不明身份人员的电话和威胁信,称幼儿园不听从要求会有麻烦,并威胁要到幼儿园闹事。面对威胁,幼儿园负责人决定及时向相关部门求助。

经过相关部门的介入调查,发现该出版社并未与幼儿园签订任何合作协议,而是未经幼儿园同意就要求其停用教材并购买其新版教材。相关部门要求出版社停止非法干涉幼儿园正常教育活动,同时建议幼儿园增强自我保护意识,遇到类似情况及时向相关部门求助。

分析: 这是一起幼儿园遭受未经授权的出版社干涉正常教育教学活动的案件。根据国家有关法律法规和政策,出版社未经授权干涉幼儿园正常教育活动,是一种违法行为。

幼儿园在拒绝要求之后受到了不明身份人员的威胁和干扰,幼儿园负责人及时向相关部门求助,这是正确的应对措施。相关部门介入调查,确认出版社的行为非法,要求其停止干涉幼儿园的正常教育活动。同时,相关部门建议幼儿园增强自我保护意识,遇到类似情况及时向相关部门求助。幼儿园应该保护自己的合法权益,同时也应该为幼儿的健康成长提供优质教育资源。

(八) 法律法规规定的其他合法权益

法律法规规定的其他合法权益是指除上述的七项权利外,现行法律、行政法规以及地方性法规赋予教育机构的民法中规定的一般法人的权利和其他法律法规规定的权利。同时,还包括将来可能制定的法律法规确立的有关权利。此项规定的制定,有利于将来制定有关教育的法律法规,进一步完善教育机构的办学自主权利。

二、幼儿教育机构的权利特征

(1) 从教育机构自身来说,它是教育机构特有的、基本的教育权,是教育机构成为教育法律关系主体的前提,不享有教育权,也就意味着在法律上不享有实施教育活动的资格和能力,亦即不成为教育机构。

(2) 从教育机构与国家机关的关系以及教育机构所负担培养人才的任务角度来说,教育机构的教育权在许多方面是国家教育权的重要体现,在本质上是一种公共权力。因此,教育机构行使该权利时,必须符合国家和社会的公共利益,必须贯彻国家的教育方针,遵守法律和国家主管机关规定的条件与程序,不得根据自己的主观意志滥用此种权利,也不得自行放弃和转让。

(3) 从教育机构与受教育者的关系角度来看,教育机构的教育权是在教育活动中与教育对象的一种管理、教育、教学的权利,是一种与民事权利既有区别又有联系的权利。区别在于民事主体可以根据自己的独立意志,行使民事权利,甚至可以放弃某些民事权利,而教育机构是不能随意放弃自己的教育权的。联系之处主要表现在,教育机构享有民事权利,特别是享有使用、管理财产和办学经费的民事权利,这本身也是其行使教育权的一个具体体现,是进行正常教育教学活动的保证。[①]

---

① 张利洪.学前儿童受教育权研究[D].重庆:西南大学,2013:53.

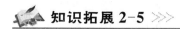
知识拓展 2-5

举办幼儿园的主体资格

（一）国家、企事业组织、社会团体、其他社会组织及公民个人可依法举办幼儿园。

（二）不得举办幼儿园的组织和公民：

1. 不具有法人资格的社会组织；
2. 以营利为目的；
3. 限制民事行为能力或无民事行为能力；
4. 被剥夺政治权利或被判处有期徒刑及以上刑罚正在服刑者。

间歇性精神病人发病时为无民事行为能力人，不发病时为完全行为能力人。精神正常民事行为人，年龄为10周岁以上的未成年人是限制民事行为能力人，可以进行与他的年龄、智力相适应的民事活动，其他民事活动由他的法定代理人代理，或者征得他的法定代理人的同意。不满10周岁的未成年人是无民事行为能力人，由他的法定代理人代理民事活动。18周岁以上的公民是成年人，具有完全民事行为能力，可以独立进行民事活动，是完全民事行为能力人。16周岁以上不满18周岁的公民，以自己的劳动收入为主要生活来源的，视为完全民事行为能力人。

第五节　幼儿园的基本义务与法律责任

明确幼儿园的基本义务是建立现代教育制度的法律上的一个基本要求，也是教育机构法律地位的具体反映。在幼儿园进行的各式各样的教学活动中，由于各种原因而导致幼儿的身体受到伤害之事经常发生，由此引发的法律诉讼往往牵制了幼儿园很大的精力，影响了幼儿园正常的教学秩序。本节根据《教育法》规定，主要阐述幼儿园伤害事故的法律特征及归责原则等方面，回答幼儿园依法应履行哪些义务的问题。

案例 2-12

幼儿在放学后独自回家的途中意外死亡案[①]

四川宜宾县某幼儿园一名5岁男孩小方（化名）放学后，在无亲人来接的情况下自行回家，途中误食枣子，堵塞了呼吸道，导致死亡。该男孩的亲人将幼儿园告上法庭，法院

---

① 全庆果．培养幼儿安全意识和自我保护能力[J]．平安校园，2014(13)：26．

一审判决幼儿园赔偿男孩家人死亡赔偿金、丧葬费、误工费等损失共计6万多元。据了解，家住宜宾县某社区的5岁男孩小方在该县某幼儿园上学。2008年12月的一天下午放学后，小方在未等家人来接的情况下自行离开幼儿园。小方的亲人在路上遇到小方，发现其脸色异常，便将他送到医院检查治疗。当晚小方又被转送到宜宾市另一家大医院进行抢救，23时许，小方因抢救无效死亡。事后，小方的亲人以幼儿园在没有家长来接的情况下就让小方自行离校，没有尽到安全义务作为理由，要求园方对小方的死亡承担赔偿责任。

分析： 幼儿的辨别能力、自我控制能力和自我保护能力都比较弱，他们一旦脱离家长的监护和学校的管理，处于监管的真空状态，就有可能发生意外事故。因此，家庭的监护和学校的保护在时间及空间上应当相互衔接、不留漏洞。建立起幼儿接送的交接制度，可以实现家庭监护和学校保护之间的无缝链接。幼儿园应当按照《幼儿园工作规程》和《中小学幼儿园安全管理办法》的规定，建立严格的幼儿接送的交接制度。交接应当做到"手递手"，上学的时候，家长应当把幼儿送进幼儿园并交到带班教师的手中方可离去；放学的时候，幼儿园应当把幼儿交到家长手中方可允许幼儿离园。在后手"接盘"之前，前手不得以任何理由放松对孩子的管理和保护。该案例中，幼儿园在幼儿的家长未按时来接孩子的情况下，让孩子自行离园，严重违背了交接制度，存在重大过错，应当对由此引发的事故承担主要责任。同时，幼儿的家长没有在规定的时间接孩子，也没有事先与幼儿园联系并说明理由，亦存在一定的过错，同样须承担相应的责任。

一、幼儿园的基本义务

幼儿园的义务是幼儿园在保育教育活动中所必须履行的法定义务，即幼儿园在保育教育活动中必须履行一定行为，或不得做出一定行为的约束。它根据法律产生，并以国家强制力保障履行。

国家以法律的形式对幼儿园的义务进行规定具有重要的意义。第一，是保证教育机构实现育人宗旨、实施教育教学活动的需要；第二，是保障教育机构相对一方特别是儿童受教育权利的需要。国家通过法律法规对幼儿园的义务进行规定的根本目的是保障受教育者受教育权利的实现。

根据我国《教育法》的规定，幼儿园应履行以下基本义务：

（一）遵守法律法规

我国《教育法》第三十条第（一）项规定了幼儿园有遵守法律、法规的义务。幼儿园是育人的社会组织，遵守法律、法规是其必须履行的基本义务。本条法规包括两层的含义，既包括教育机构在一般意义上的守法，不得违背法律、法规的规定，以及不得违背根据法律、法规制定的规章，如幼儿园必须遵守宪法、民法、刑法、经济法等；也包括教育法律、法规、规章中为教育机构规定的特定意义上的义务，这些义务与实施教育活动，实现其办学宗旨有密切联系，即幼儿园要遵守教育方面的法律法规。同时，幼儿园内部规章的制定应遵循两个原则：一是必须符合法律法规等，不得与之抵触；二是不能越权，不能超越本园的职权或授权的范围,把本该由法律法规规定的事项列在规章中。

案例 2-13

桂林灵川一幼儿园非法办学,相关部门联合执法

近日,桂林灵川县的苏女士向《南国早报》反映,称她家隔壁新迁来的灵川县创新幼儿园的办学手续有问题。2021年6月,该幼儿园就已被灵川县教育局责令立即停止在新场地招生办学,但截至9月18日,该幼儿园仍在新场地办学。对此,灵川县教育局表示,鉴于该幼儿园多次无视教育局的行政管理决定,在未取得合法办学资质的情况下违规办学,该局将报请有关部门采取联合执法行动,坚决制止该园的违法办学行为。同时,该局将制定分流方案,对现在该园就读的学生作出合理安排,尽量减少对群众造成不利影响。

分析:针对非法办学问题,可以从以下方面予以采取措施:

一是加大普惠优质学位建设力度。政府各相关部门(教育局、国土规划局、城市更新局)形成合力,尤其在城市更新过程中严格按照幼儿园学位建设标准配足幼儿园数量,确保所有更新地块的学位数能够满足需求数。同时,大力推进公办幼儿园建设力度,实现"公办幼儿园在园儿童数达到50%,公办和普惠性民办幼儿园达到80%"的目标,让家长可以就近选择入读公办园或普惠园。二是加强政策宣传引导。教育部门在幼儿申请入园阶段加大宣传力度,主动向社会公布所有经教育部门审批的正规幼儿园名单和地址,向家长宣讲无证办园存在的危害,引导家长自主到符合申请条件的正规幼儿园申请学位。同时,加强公办幼儿园的管理,充分发挥公办园在规范管理、科学保教等方面的示范辐射作用,向家长和社会宣传科学的育儿观。三是做好社会力量举办幼儿园的审批服务。教育局审批部门在对改造性幼儿园的审批过程中,要做到上门服务,主动帮助,指导个人举办者合格规划幼儿园,规范开办儿园。四是加强部门联动整治。城管部门、教育部门要开展全区范围内的大规模集中整治行动,加强对辖区内无证办园的巡查力度,尤其在招生季更要主动作为,增加巡查频率,发现一起查封一起,把问题消灭在萌芽状态。同时请新闻媒体全程参与,集中报道,对无证幼儿园进行集中曝光。

(二)贯彻国家教育方针,执行国家保育教育标准,保证保育教育质量

该项义务的主要内容是:①幼儿园在整个保育教育活动中,要坚持社会主义办学方向,贯彻《教育法》第五条确立的国家教育方针,按国家规定的保育教育目标,面向全体幼儿,实施全面发展教育;②要执行国家关于幼儿园的保育教育标准,努力改善办园条件,加强育人环节,保证不断提高教育质量。

确立此项义务,有利于保证幼儿园教育的社会主义性质,克服当前出现的迎合少数家长心理需要、忽视幼儿兴趣和健康发展进行"专长培养",以及把学前班当成小学预科班下放小学课程,使得幼儿教育小学化等违背幼儿发展规律、违背全面发展的教育方针的问题。《教育法》施行后,不履行此项义务,出现以上违背国家教育方针的行为,或者不

执行国家教育教学标准的幼儿园,将不再被看作是单纯的教育思想和教学方法的错误,而会被作为违法行为对待,幼儿园及有关直接责任人员要承担相应的法律责任。

案例 2-14

河南一幼儿园因"小学化"倾向被查处

近日,河南安阳一幼儿园,因在大班教授拼音、数学等小学课堂知识,以课堂学习代替游戏,被安阳市教育局查处通报。

2021年11月17日,安阳市殷都区教育局接到群众举报,辖区内安阳电业局幼儿园,存在"小学化"教学的倾向,殷都区教育局随即对这所幼儿园进行了检查。殷都区教育局工作人员介绍,按照教育部今年《关于大力推进幼儿园与小学科学衔接的指导意见》和安阳市教育局《关于进一步纠正幼儿园"小学化"倾向的通知》中有关规定,幼儿园不允许教授汉语拼音、识字、计算、英语等内容,不允许布置小学内容的家庭作业和相关的测试内容,殷都区教育局对该幼儿园进行了查处。

安阳市殷都区教育局工会主席郑启风称对园长进行了约谈,对幼儿园进行通报,让它整改,撤下来。安阳市教育局通报称,责令安阳市电业局幼儿园立即纠正"小学化"倾向行为,树立以游戏为基本活动的科学保教水平,促进幼儿身心健康发展。如果拒不整改或整改不力,实行年审一票否决,直至取消办学许可证。

分析: 该幼儿园在大班教授汉语拼音、识字、计算、英语等小学内容,以课堂学习代替游戏,违反了教育部《关于大力推进幼儿园与小学科学衔接的指导意见》和安阳市教育局《关于进一步纠正幼儿园"小学化"倾向的通知》中的规定。针对此事件,殷都区教育局责令该幼儿园立即纠正"小学化"倾向行为,树立以游戏为基本活动的科学保教水平,促进幼儿身心健康发展。

在幼儿教育中,幼儿期是儿童身心发展的关键时期,游戏是幼儿教育的重要组成部分,也是幼儿学习的主要方式之一。因此,在幼儿园阶段,应该注重幼儿的兴趣、情感、体验和探索等方面的发展,避免小学化教育的倾向,让幼儿在轻松、自然的环境下探索世界、认识自我。

此外,幼儿园作为一所教育机构,必须具备合法的办学资质和教育教学设施,确保幼儿的安全和健康,符合相关的法律法规和标准要求。在教育教学方面,幼儿园应该坚持以游戏为主、以体验为主、以兴趣为主的原则,注重幼儿的身心发展和多元化的需求,避免过度注重学科知识和功利性的培养。

(三)维护受教育者、教师及其他职工的合法权益

此项义务主要有两个含义:①幼儿园自身不得侵犯幼儿、教师及其他职工的合法权益,如不得克扣、拖欠教师工资,不得在与教职工签订合同时收取保证金、押金等;②当幼儿园以外的其他社会组织和个人侵犯了本园师生的合法权益时,幼儿园应当以合法方式,积极协助有关部门查处违法行为的当事人,维护本园师生的合法权益。

这项义务的确立,有助于形成一种幼儿园爱护教师、幼儿,教师关心、爱护幼儿园的

良好教育教学关系,维护幼儿园秩序乃至社会秩序的稳定,也有助于维护幼儿、教师的合法权益。对幼儿园侵犯教师、幼儿合法权益的行为,教师、幼儿家长有权依法提起申诉或诉讼。

案例 2-15

16 所幼儿园拖欠新入职幼师 8 个月工资

河北省邯郸市峰峰矿区新入职教师张女士通过国务院"互联网+督查"平台反映,2022 年 1 月入职以来 8 个月未发工资,影响正常生活。国办督查室收到张女士留言后,经初步核实,转河北省政府核查办理。

据央视网报道,经核查,张女士反映问题属实。2021 年下半年,峰峰矿区为 16 所公办学校(幼儿园)公开招录了 173 名教师,新教师聘期自 2022 年 1 月算起。2022 年 1 月,新入职教师完成培训后正式上岗。峰峰矿区教育体育局和相关单位在申报办理新入职教师入编定岗工作中,由于沟通衔接不畅、审批效率不高、工作作风拖沓,导致新入职教师上岗后 8 个月工资未及时发放。经督促,所有招聘教师 8 月份工资及补发的 1—7 月份工资共 649.54 万元已全部发放到位。

分析:根据《劳动法》的规定可知,幼儿园若克扣或者无故拖欠教师工资,则可由劳动行政部门责令幼儿园支付教师的工资报酬、经济补偿,并可以责令支付赔偿金。幼儿园和教师发生劳动争议,当事人可以依法申请调解、仲裁、提起诉讼,也可以协商解决。

《教师法》规定拖欠教师工资行为应承担法律责任:地方人民政府对违反本法规定,拖欠教师工资或侵犯教师其他合法权益的,应当责令其限期改正。工资、待遇以及地位等是提高教师工作积极性的必备要件,是让教师对工作产生自豪感、荣誉感的重要条件。因此,有关部门和幼儿园应通力合作,彻底解决拖欠教师工作的问题。教师要确定幼儿园是否恶意拖欠而区别对待。如果是恶意拖欠,那尽快向劳动监察大队投诉或申请劳动仲裁委员会进行仲裁,甚至必要时向人民法院提起诉讼。

(四)使幼儿监护人及时了解幼儿的发展状况

这项义务的实质,是幼儿园保障幼儿监护人了解幼儿在园情况的知情权,通过"适当方式"加强幼儿园教育与家庭教育的联系和沟通,进而为监护人了解幼儿"提供便利"。所谓"适当方式",是指幼儿园设立家长接待日、家长会议、家长联系本、家长园地、家庭访问、家长咨询室、幼儿作品展、对家长开放日等合法的、正当的方式。所谓的"监护人",是指未成年人的父母,父母没有监护能力则由所在基层组织担任监护人。所谓"提供便利",一般包括两方面:一是幼儿园不得拒绝幼儿监护人了解幼儿在园表现等情况的请求;二是幼儿园应当提供便利条件,帮助幼儿监护人行使此项知情权。幼儿园在履行此项义务时,要特别注意不得侵犯受教育者的隐私权、名誉权等合法权益。

案例 2-16

家长不知情幼儿园给孩子拍照

陈女士的女儿在小区里的七彩小晓幼儿园上学,半个月前,4岁多的女儿说幼儿园给她拍了很多漂亮的照片。4月29日下午,陈女士到幼儿园接女儿时,发现孩子的照片已被幼儿园制作成卡片,并询问家长是否要买。陈女士很气愤,认为幼儿园在未征得家长同意的情况下,擅自给孩子们拍照,侵犯了孩子的肖像权,同时也存在变相强制购买的嫌疑。不忍心扫了孩子的兴,她花了45元钱将卡片买了回来。

对此,幼儿园的陈园长解释说,幼儿园半个月前确实给孩子们拍了照,目的是一方面给家长做留念,另一方面在以后每学期开学时做招生宣传的资料用,所收的45元是工本费。"这是我们第一次给孩子拍照制作卡片,没想到被家长误解,现在幼儿园已经停止此事。"陈园长表示,幼儿园并不强迫家长购买,如果家长不愿意要,幼儿园也不强求,但园方保证孩子们的照片绝对不会泄露给第三方。

山西民星律师事务所郭律师认为,首先,园方如果未经法定监护人同意就擅自给孩子拍照,侵犯了家长的知情权,法定监护人可以代表孩子进行民事追究;其次,如果园方不经家长同意,将孩子的照片用作招生宣传资料,以经营为目的,就侵犯了孩子的肖像权,家长可以依法追究其法律责任。

分析:幼儿进入教育机构后,并不意味着家长教育责任的转移,家长仍然负有教育子女的责任和义务,有必要了解与幼儿相关的信息。家长是幼儿主要的养护者和教育者,参与教育是家长的基本权利,其中一项权利包括幼儿教育知情权。实现家园合作,需要家长参与教育,而家长参与教育的前提是家长需要了解和获取幼儿教育方面的信息,才能更好地促进幼儿教育的发展,这就需要保障家长的知情权。家长知情权的保障能够使家长对幼儿在园情况有较清楚的了解,增强对幼儿园教育的信任感,从而减少家长和教师间的矛盾。

(五)遵守国家有关规定收取费用并公开收费项目

这项义务的实质,是幼儿园应当按省、自治区、直辖市或地(市)级教育行政部门会同有关部门制定的收费项目和标准,从公益性质出发,按照成本分担原则,公平、合理确定本园收费标准,并向家长、社会及时公布收费的项目。《教育法》确立此项义务,使国家现行有关学校及其他教育机构收费的一系列政策、规章具有法律效力。幼儿园应向社会公开收费项目,包括收费的具体名称和标准,必要时还应公开所收费用的账目,使家长和广大人民群众给予监督。不履行此项义务,不执行各级政府及有关主管部门的规定,巧立名目、乱收费用,甚至把幼儿园变成牟利的工具等都是非法行为,幼儿园及有关直接责任人员须承担相应的法律责任。

案例 2-17

钦州市浦北县某幼儿园重复收费案

2021年秋季学期,钦州市浦北县某幼儿园收取在园就读幼儿体智能费时,违反《国家发展改革委 教育部 财政部关于印发〈幼儿园收费管理暂行办法〉的通知》《浦北县发展和改革局 浦北县教育局关于明确民办幼儿园收费备案有关问题的函》等"幼儿园除收取保教费、住宿费及省级人民政府批准的服务性收费、代收费外,不得再向幼儿家长收取其他费用""幼儿园不得在保教费外以开办实验班、特色班、兴趣班、课后培训班和亲子班等特色教育为名向幼儿家长另行收取费用""多元普惠幼儿园保教费最高收费标准在不超过同辖区同等级公办幼儿园的2倍范围内自行确定具体收费标准,报县教育局、县发展和改革局备案后执行,实行政府指导价"等规定,当事人在正常保教课程规定的保教任务内开展体智能课程,并收取2021年秋季学期在园就读63名幼儿体智能费每人200元,共收取费用12 600元。

该幼儿园的上述行为违反《中华人民共和国价格法》第十二条"经营者进行价格活动,应当遵守法律、法规,执行依法制定的政府指导价、政府定价和法定的价格干预措施、紧急措施"的规定,属于《价格违法行为行政处罚规定》第九条第(六)项"采取分解收费项目、重复收费、扩大收费范围等方式变相提高收费标准的"价格违法行为。综上,对该幼儿园作出没收违法所得12 600元、罚款12 600元的行政处罚。

分析:该案例涉及钦州市浦北县某幼儿园违反相关规定收取幼儿体智能费的行为,该行为违反了《国家发展改革委 教育部 财政部关于印发〈幼儿园收费管理暂行办法〉的通知》《浦北县发展和改革局 浦北县教育局关于明确民办幼儿园收费备案有关问题的函》等规定。根据相关规定,幼儿园在收取费用时应该遵守政府指导价,不得重复收费,采取分解收费项目、扩大收费范围等方式变相提高收费标准。

针对该幼儿园的违法行为,应该进行行政处罚。根据案情,对该幼儿园作出没收违法所得12 600元、罚款12 600元的行政处罚,符合相关规定和法律法规的要求。该行政处罚的目的在于制止幼儿园的违法行为,维护消费者的合法权益,同时也起到了警示作用,对其他幼儿园的行为进行规范和引导。

(六)依法接受监督

《教育法》第三十条第(六)项规定了幼儿园有依法接受监督的义务。这项义务是指幼儿园对各级权力机关、行政机关依法进行的检查、监督,以及社会各界依法进行的监督,应当积极予以配合,不得拒绝,更不得妨碍检查、监督工作的正常进行,这是幼儿园作为行政管理相对人和独立法人应承担的法定义务。特别是符合《教育法》第八条确立的"教育活动必须符合国家和社会公共利益"原则的基本要求,有利于促进幼儿园自觉地把保育、教育和管理活动置于主管部门和社会的监督之下,全面贯彻国家的教育方针,完成办园任务。

案例 2-18

广西一幼儿园无办学资质、消防不合格

2022年4月25日,柳州市城中区消防救援大队在和城中区教育局、城中区住建局等部门的联合检查中发现,位于柳荫路的某幼儿园存在重大安全隐患,检查组现场发出《责令限期整改通知书》。

该幼儿园位于柳州市柳荫路一自建房内,这栋私人民房建于20世纪80年代,一至三楼租用作幼儿园场所,四楼为房东住宅。消防监督员在排查中发现,整栋楼只有一个狭窄陡峭的楼梯及出口,没有设置逃生窗,疏散指示标志不符合消防安全标准。且房内电路老化、电线乱拉乱接,没有配备室内消防栓、灭火器等消防设施,厨房设在一楼楼梯后没有进行防火分隔,抽油烟机长期没有清洗满是油垢。这栋面积不到180平方米的四层老式自建房里,有近50名孩子在里面学习和生活,消防安全形势堪忧。

经教育部门和属地管理部门确认,这所幼儿园没有取得办学资格,属非法办学,在园舍建筑、消防设施、安全管理、卫生保健等方面均达不到办学要求,无法满足幼儿正常的身心发展需要,且存在非常大的管理漏洞和安全隐患。针对排查中出现的问题,检查组现场下发《责令限期整改通知书》,并责令其自行关闭幼儿园,分流幼儿。

分析:这个案例涉及一家位于柳州市的幼儿园存在多方面的安全问题。首先,这家幼儿园没有办学资格,属于非法办学。其次,这家幼儿园的建筑和消防设施不符合安全标准,缺乏逃生窗、疏散指示标志,没有室内消防设施和灭火器等必要的消防设备,厨房没有进行防火分隔,存在火灾隐患。此外,这家幼儿园的卫生保健等方面也未达到办学要求,存在管理漏洞和安全隐患。

针对以上问题,柳州市城中区消防救援大队与教育局、住建局等部门进行了联合检查,并下发了《责令限期整改通知书》。对于这家幼儿园,检查组责令其关闭幼儿园并分流幼儿。这是必要的措施,以确保幼儿的安全和健康。在幼儿教育领域,安全问题非常重要,幼儿园必须符合相关的法律法规和安全标准。任何违规行为都应该受到制裁。同时,政府也应该加强监管,确保幼儿园的安全和质量。

二、幼儿园的法律责任

在幼儿园进行的各式各样的教学活动中,由于各种原因而导致幼儿的身体受到伤害之事经常发生,由此引发的法律诉讼会牵扯幼儿园很大的精力,影响幼儿园正常的教学秩序。法律责任的三种主要承担方式为行政法律责任、民事法律责任和刑事法律责任。幼儿园的法律责任主要是民事法律责任。

(一) 民事责任的定义及其特征

民事责任是民事法律责任的简称,指的是民事主体违反义务所应承担的民事法律后果。作为法律责任的一种,民事责任具有法律责任的共性,但同时也具有自身的特征。

(1) 民事责任是以违反民事义务所应承担的法律后果,故以民事义务的存在为前提,

无义务即无责任,义务人违反义务时才应承担责任。

(2) 民事责任不仅表现为财产责任,也包括某些非财产责任形式,如消除影响、恢复名誉、赔礼道歉等。

(3) 民事责任的范围与损失的范围相一致,一般也不超出损失的范围,只是使受害人恢复到原来的财产或精神状况。

(二) 民事责任的种类

(1) 违约责任

违约责任又称违反合同的民事责任。学生到学校上学,通常是没有专门的合同约定的,学校的义务是相关的法律法规规定的。因此,此类责任引发的诉讼通常不会发生。

(2) 侵权责任

侵权责任全称为侵权的民事责任,指行为人不法侵害他人的人身权、财产权时依法所应承担的民事责任。

(3) 不履行法定义务的民事责任

指当事人不履行法律规定的义务而承担的民事责任。例如,教师原本应该承担保护学生的职责,但没有履行相应的义务,导致学生身体受伤而承担民事责任。

(三) 幼儿园伤害事故的法律特征

幼儿在园期间的活动中,造成身体伤害的原因很多,民事侵权的主体是学校或者教师,侵权的对象是幼儿的人身权。这里人身权主要指生命权、健康权和身体权,它是一种绝对权。

侵权行为所侵害的是幼儿的合法权益,是一种民事违法行为,它违背了法律的强制性规定或禁止性规定。有时侵权行为虽在表面上有阻止违法事由,但因超越了法律允许的范围,仍不得免除责任[①]。

(四) 幼儿园伤害事故的归责原则

根据我国《民法典》的立法思想,民事责任的归责原则是确定行为人民事责任的标准和归责,它直接决定着侵权责任的构成要件、举证责任、责任方式以及赔偿范围等诸多因素,是确定侵权责任的根据之一。我国的归责原则体系是由过错责任原则、无过错责任原则、公平责任原则所构成。

(1) 过错责任原则

过错责任原则,是以行为人过错造成学生身体伤害为承担民事责任要件的归责原则。在过错责任中,以过错为责任构成要件和最终要件,并以过错作为确定责任范围的依据。

从理论上讲,幼儿园伤害事故的归责原则也应该遵循上述的原则,但在司法实践中,

---

① 何彩琳.行政法律责任与刑事法律责任的衔接与协调[J].法制与经济,2008(12):7-8.

主要以过错原则来处理,当然并不排除其他归责原则的适用。其依据之一是《民法典》的司法解释。《民法典》第一千一百九十九条作了明确具体的解释:"无民事行为能力人在幼儿园、学校或者其他教育机构学习、生活期间受到人身损害的,幼儿园、学校或者其他教育机构应当承担侵权责任;但是,能够证明尽到教育、管理职责的,不承担侵权责任。"依据之二是2002年教育部颁布并实施的《学生伤害事故处理办法》,该法第八条规定:"因学校、学生或者其他相关当事人的过错造成的学生伤害事故,相关当事人应当根据其行为过错程度的比例及其与损害后果之间的因果关系承担相应的责任。"就是说,幼儿园在赔偿问题上主要实行的是"过错原则",即有过错应适当赔偿,没有过错就不予赔偿。

(2) 无过错责任原则

无过错责任原则,又指无过失责任原则,指的是在法律规定的情况下,不以过错的存在判断行为人是否承担民事责任的归责原则。《民法典》第一千一百六十六条规定:"行为人造成他人民事权益损害,不论行为人有无过错,法律规定应当承担侵权责任的,依照其规定。"

确定幼儿园有无过错,主要看幼儿园教职工是否履行自己的职责,这要依据现有的法律法规的规定而不是人们的主观臆断。主要的依据有:《中华人民共和国教育法》第二十九条,《中华人民共和国教师法》第八条,《中华人民共和国未成年人保护法》第二十六、二十七条,《幼儿园管理条例》等。如果幼儿园违反了上述法律、法规、规章的规定,则认定幼儿园有过错;反之,则无过错。不履行职责或者错误地履行职责的教职工,无论是以作为的形式还是以不作为的形式,都应承担民事责任。教职工已经履行了自己的相关职责,并没有过错或过失,发生了幼儿伤害事故,幼儿园不应该负民事责任。

(3) 公平责任原则

公平责任原则是指在法律没有规定适用无过错责任原则,而适用过错责任原则又显失公平时,由当事人公平合理地分担损失的归责原则。《民法典》第一千一百八十六条规定:"受害人和行为人对损害的发生都没有过错的,依照法律的规定由双方分担损失。"幼儿园事故伤害中,即使幼儿园一方并无明显的过错,幼儿园也应根据当时的情况,分担相应的民事责任。

无限地扩大幼儿园的管理职责,要求教职工每时每刻都要盯住每一个幼儿的一举一动,这是不现实的,也不利于幼儿教育事业的发展。

由于《学生伤害事故处理办法》仅仅为规章,与《民法典》相比存在着效力等级的差异,不能把该办法看作《民法典》的特别法,司法实践中也不能直接援引该办法。

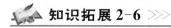

学校的权利和义务

学校的权利,《教育法》第二十九条规定,学校及其他教育机构行使下列权利:(一)按照章程自主管理;(二)组织实施教育教学活动;(三)招收学生或者其他受教育者;(四)对受教育者进行学籍管理,实施奖励或者处分;(五)对受教育者颁发相应的学业证书;(六)聘任教师及其他职工,实施奖励或者处分;(七)管理、使用本单位的设施和经费;(八)拒绝任何组织和个人对教育教学活动的非法干涉;(九)法律、法规规定的其他权利。国家保护学校及其他教育机构的合法权益不受侵犯。

学校的义务,《教育法》第三十条规定,学校及其他教育机构应当履行下列义务:(一)遵守法律、法规;(二)贯彻国家的教育方针,执行国家教育教学标准,保证教育教学质量;(三)维护受教育者、教师及其他职工的合法权益;(四)以适当方式为受教育者及其监护人了解受教育者的学业成绩及其他有关情况提供便利;(五)遵照国家有关规定收取费用并公开收费项目;(六)依法接受监督。

本章政策研读

《城市幼儿园工作条例(试行草案)》
《托儿所幼儿园卫生保健管理办法》

本章检测

一、判断题

1.《幼儿园工作规程》规定,新生入园时,幼儿园要进行幼儿知识与能力测评。
( )

2.《中华人民共和国教育法》第十条规定:"国家根据各少数民族的特点和需要,帮助各少数民族地区发展教育事业。"这条规定所体现的教育法的基本原则是公平性。
( )

3. 依据联合国《儿童权利公约》,政府各相关部门和机构在制定相关政策和落实措施时应首要考虑的是儿童最大利益。
( )

4. 书商张某向未成年人出售淫秽暴力恐怖内容图书,根据《中华人民共和国未成年人保护法》,对于张某应依法给予民事处罚。
( )

5. 某幼儿园张老师每周将表现不好的孩子名单在家长微信群公布,要求这些家长在微信里发红包,张老师的做法不正确,侵犯幼儿家长财产权。
( )

6. 兰兰擅长绘画,小小年纪已多次获奖,幼儿园在没有征得兰兰和他家长同意情况

下,将兰兰在幼儿园课堂上创作的画作拿给出版社出版,该幼儿园做法不合法,幼儿园侵犯了兰兰的财产权。( )

7. 林某不履行监护职责,被当地人民法院依法撤销其对女儿佳佳的监护权。根据《中华人民共和国未成年人保护法》,林某应继续负担抚养费用。( )

8. 幼儿园的双重任务是保育和教育幼儿。( )

9. 某幼儿园教师陈某在教育幼儿时,经常敲打、拖拽幼儿,造成幼儿身体多处瘀伤,陈侵犯幼儿的权利是生命健康权。( )

10. 梁某受聘在某政府机关举办的幼儿园中从事专职食品安全管理工作。根据《中华人民共和国教育法》的规定,对于梁某的管理应当实行教育雇员制度。( )

二、简答题

1. 幼儿园享有哪些权利和义务?
2. 幼儿园实行怎样的管理体制?

三、案例分析

儿童被陌生人从幼儿园接走伤害案①

2015年11月27日,4岁的小女孩晶晶(化名),被陌生人从重庆市某幼儿园带走,摧残得浑身是伤。近日,记者从有关方面获悉,小女孩的父母已将该幼儿园起诉到重庆九龙坡区法院,索赔精神损失费8万余元及其他医疗费用。据了解,11月27日下午5时许,晶晶的父亲唐某去幼儿园接女儿时,却接了个空。唐某找到值班老师询问,老师也一脸茫然。经老师仔细回忆和四处查询,才回忆起晶晶尚未放学时,就被一名自称"叔叔"的男子接走。

分析:出现上述问题,该幼儿园是否应承担晶晶被冒名接走的责任?应如何避免这一问题的发生?

---

① 张富洪.幼儿在园伤害事故的预防[J].当代教育论坛,2011(2):56.

第三章

学前教育的教师

- 对学前教育教师的含义要清楚明了
- 明确学前教育教师的法律地位
- 弄清学前教育教师的权利与义务
- 掌握学前教育教师的法律责任

教师是学前教育法律关系的主体,也是办好学前教育的依靠力量。作为教师必须了解自己的法律地位,准确地认识到自己的权利和义务,正确地贯彻执行国家教师制度和国家对幼儿园工作人员的任职要求,清楚自己的法律责任。本章共分为四节,主要介绍了学前教育教师的含义、学前教育教师的法律地位、教师的权利与义务以及学前教育教师的法律责任。

《中华人民共和国教师法》对幼儿园教师适用吗?

为了保障教师的合法权益,建设具有良好思想品德修养和业务素质的教师队伍,促进社会主义教育事业的发展,1993年10月31日第八届全国人民代表大会常务委员会第四次会议通过了《中华人民共和国教师法》(简称《教师法》),1994年1月1日起开始施行。2021年1月29日,教育部发布公告,就《中华人民共和国教师法(修订草案)(征求意见稿)》面向社会公开征求意见,其中第二条和第三条对教师这一劳动职业进行了概括:教师是指在各级各类学校和其他教育机构中专门从事教育教学工作的专业人员,承担着教书育人、培养社会主义建设者和接班人、提高民族素质的崇高使命。

思考: 你对教师的责任与义务了解吗?假如你是一名教师,有人侵犯了你的权利,你会通过哪些途径去维护你的权利呢?

第一节　学前教育教师的职业特征与资格获得

教师是学校的教育者,是学生学习活动的指导者,也是教育法律关系的重要主体之一。学前教育领域的教师因其施教对象的特殊性,既有其他教育阶段教师的共性,也有其个性特征。

一、学前教育教师的含义

广义上的教师是对在学校中从事教育教学工作人员的总称,狭义上的教师是专指我国《教师法》中定义的。《教师法》中规定:"教师是指在各级各类学校和其他教育机构中专门从事教育教学工作的专业人员,承担着教书育人、培养社会主义建设者和接班人、提高民族素质的崇高使命。"这是对教师这一劳动职业的概括。对教师这一概念应注意以下三点:

(一)履行教育、教书育人职责是幼儿园教师的职业特征

这里的教育教学应该是指直接承担的职责。也就是说,只有直接从事教育教学工作的人才具备教师的最基本的条件。如果不直接从事教育教学工作,就不能认为是教师。在幼儿园里,从事教辅工作的人员,如行政人员、勤杂人员、汽车司机等,虽然也间接承担教育幼儿的任务,但他们不能被称为教师。不过,有些学校领导、行政人员以及其他人员在承担其他职责的同时,也承担教育教学职责,并达到了教师的基本要求,也可以被认为是教师。

(二)专业人员是幼儿园教师的身份特征

幼儿园教师必须具备专门的资格,符合特定的要求,而不是任何人都可以承担的。这里的"专业人员"有三个方面的含义:一是要求教师要符合相关的学历规定;二是要求教师具有专门的知识;三是要求教师符合有关的其他规定,如语言表达能力、身体状况等。这里也要求教师专门从事教育教学工作,那些临时到学校及在幼儿园承担一些课程的人员,不能被视为教师。

(三)幼儿园教师的使命是培养社会主义建设者和接班人,提高民族素质

这是从教师工作的性质和目的来谈的。也就是说,教育教学应当为培养社会主义建设者和接班人、提高民族素质这个目的服务,否则,不但不能称为教学,反而可能是犯罪。例如,传授赌博、盗窃、抢劫等违法手段,就是犯罪行为。

二、学前教育教师资格的获取

(一)教师资格与教师资格制度

我国《教师法》和《教育法》规定国家实行教师资格制度。1995年,国务院又发布了《教师资格条例》,进一步规定了教师资格的分类、基本条件、适用、资格认定、资格丧失等内容。教师资格是国家对专门从事教育教学工作人员的基本要求。教师资格制度是关于教师资格鉴定和教师证书发放的制度，是国家实行的一种法定的职业许可制度。教师资格制度全面实施后，只有依法取得教师资格者，方能被教育行政部门依法批准举办的各级各类学校或其他教育机构聘任为教师。教师资格一经取得，非依法规定不得丧失和撤销。具有教师资格的人员依照法定聘任程序被学校或者其他教育机构正式聘任后，方为教师，具有教师的义务和权利。

（二）取得教师资格的要件

《教师法》第十五条明确规定了教师资格条件："中国公民或者取得中国永久居留权的外国人，遵守宪法和法律，热爱教育事业，思想品德良好，有完全民事行为能力，具备从事教育教学工作的身体和心理条件，具备本法规定的条件，通过国家教师资格考试，经认定合格的，可以取得教师资格。"据此，教师资格取得要件包括：

（1）国籍要求，即取得我国教师资格的必须是我国公民或取得中国永久居留权的外国人。

（2）思想道德要求，即取得教师资格的必须热爱教育事业，具有良好的思想品德。教师的政治思想水平与道德品质修养是取得教师资格的一个重要条件。

（3）学历要求和资格考试要求，即取得教师资格必须具备规定的学历或经国家教师考试合格。

取得教师资格应当具备的相应学历是：取得幼儿园教师资格，应当具备高等学校学前教育专业专科或者其他相关专业专科毕业及其以上学历；取得中小学教师资格，应当具备高等学校师范专业本科或者其他相关专业本科毕业及其以上学历，并获得相应学位；取得普通高等学校教师资格，应当具备硕士研究生毕业及其以上学历，并获得相应学位；取得职业学校专业课教师资格，应当具备高等学校本科毕业及其以上学历，有相应的专业技术技能或者实践工作经验，有特殊技能者，可放宽至专科毕业学历；取得特殊教育教师资格，应当按照特殊教育的学段，分别具备特殊教育师范类专业专科、本科毕业及其以上学历，并获得相应学位，或者其他相关专业本科毕业及其以上学历，并获得相应学位。中等职业学校文化课教师应当取得相应的高级中学教师资格；高等职业学校基础课、公共课教师应当取得相应的普通高等学校教师资格。

（三）教师资格的认定程序

（1）申请。申请人应在每年春季或秋季规定的受理时间内向规定的教育行政部门或者受委托的高校提出申请。凡在认定范围内符合《教师法》规定学历条件的中国公民可以申请认定教师资格，教师资格认定机构应该依法予以受理。教师资格申请人可以向户籍或工作单位所在地的教师资格认定机构或者依法接受委托的高等学校申请，提交申请材料，并提供户籍证明或单位所在地证明，高等学校教师资格的申请人必要时还需提供其他相关材料。

（2）受理。教育行政部门或受委托的高校应对申请人的条件进行审查，应在受理期限终止之日起30日内对符合条件的人颁发相应的教师资格证书,对不符合条件的人将认定结论通知本人。各级各类学校师范教育类毕业生可以持毕业证书,向其工作单位或户籍所在地教师资格认定机构申请直接认定相应的教师资格。教师资格认定机构在审查其提供的毕业证书、普通话水平等级证书、教师资格认定机构指定的县级以上医院出具的体格检查合格证明和由申请人工作单位或者其户籍所在地乡(镇)政府或街道办事处提供的《教师资格申请人思想品德鉴定表》后,认定其教师资格。对在学校期间教学计划中缺少教育教学实践环节的师范教育类毕业生的教育教学基本素质和能力考查的要求,由省级教育行政部门规定。应届毕业生可在毕业前最后一学期持学校出具的思想品德鉴定、学业成绩单和其他申请材料向就读或拟任教学校所在地教师资格认定机构申请认定教师资格。对通过教师资格专家审查委员会审查、符合认定条件的应届毕业生,在其取得毕业证书后,由教师资格认定机构认定其相应的教师资格。

 知识拓展 3-1 >>>

学前教育教师应具备的专业素质技能

一、现代化的教育观

教育观念是人们对于教育活动认识的结晶,它既集中反映教育现实的变化,又深刻地影响着教育现实的存在。南京师范大学鲁洁教授指出,教育的现代化首先要抓好观念的现代化,也就是使传统的教育观念向现代教育观念转变,有了现代教育观念的教师,才会有现代的教育。这种教育的"软件"建设应当是幼儿教育现代化的关键,也是培养跨世纪人才的保证。什么是现代化的幼儿教育观念?所谓现代化的幼儿教育观念就是现代人们对幼儿教育的根本看法和态度。它涉及幼儿教育的价值观、目的观、课程观、教学观、评价观等。幼儿教育是社会主义教育事业的组成部分,是基础教育的基础,具有教育性和福利性,幼儿教育不仅是以促进幼儿在健康、认知、社会性、情感、个性等方面的全面、和谐发展为目的,而且要突出时代特征。21世纪的幼儿教育应让幼儿"学会生活""学会学习""学会关心"。特别应帮助儿童关心社会、国家的经济和生态利益,关心全球的生活条件,关心他人,关心家庭、朋友和同伴,关心其他物种(包括动物和植物),关心真理、知识、学习及关心自己和自己的健康。未来的幼儿教育课程逐步趋向整体、综合化,它将更加注重教育内容的相互联系、教育方法和手段的综合使用,更加追求整体利益。现代的教育评价将更加全面、系统,评价的重心将放在幼儿发展方面。幼儿教师只有用现代化的教育观念指导教育实践活动,才能实现21世纪的教育目标。

二、科学的儿童观

现代化的教育观念是以现代化的儿童观念为其出发点的。因此,21世纪的幼儿教师必须树立科学的儿童观。我们应该怎样看待未来的儿童?未来的儿童应是什么样的儿童?在历次召开的关于"未来世界教育的国际研讨会"中,各国代表提出的一致看法是:21世纪人才应具备适应性、创造性、社会性、坚韧性及全球观念的素质。基于这些对儿童新的要求,科学的儿童观主要应包含以下几方面的内容:①儿童是一个社会的人,他们具有一切基本的人权。在联合国于1990年9月召开的有史以来规模最大的世界儿童问题首脑会议上递交给各国政府的《执行90年代儿童生存、保护和发展世界宣言》及《执行90年代儿童生存、保护和发展世界宣言行动计划》(其中含《儿童权利公约》)两个文件中,明确地提出了各国政府应当充分保障儿童生存权、保护权、发展权(含受教育的权利)。教师应维护他们作为人的基本权利,而且要创造条件使儿童的权利得到最好的保护。②儿童是正在发展的人。儿童有充分的发展潜能,而且存在发展的个别差异,教师应遵循其身心发展规律,承认个体差异,充分发掘其潜能。③儿童是独立的人,应有主动活动、自由活动和充分活动的机会和权利。④儿童是完整的人,除了健全的身体外,还有丰富的精神世界,必须高度重视其在身体、认识、品德、情感、个性等方面的全面发展。教师只有科学地认识儿童,才能正确对待儿童,才能使儿童真正得到健康成长。

三、发展的眼光和强烈的未来意识

幼儿教育的对象是未来世界的主人,幼儿教师必须用发展的眼光来培养人才,要用未来社会的标准来培养今天的孩子,应该具有强烈的未来意识,因此前瞻性的战略目光对21世纪的幼儿教师来说尤为重要。未来意识主要包括环境意识、竞争意识、国际意识、全球意识等。①环境意识。环境教育已成为全球普遍关注的热点,也将是我国教育的一个新课题。1994年埃及开罗的国际人口与发展大会、1994年日内瓦的国际教育大会,以及1995年在丹麦哥本哈根举行的社会发展问题世界首脑会议都对环境教育在提高人类生活质量和改善人类与自然关系方面的重要作用做了充分肯定。幼儿教师要树立环境意识,充分认识环境教育的重要性并在教育实践中加以实施,培养出具有环境意识的21世纪的儿童。②竞争意识。20世纪80年代以后,世界的政治格局发生了剧烈的变化,世界各国由冷战时期的军备竞争转入经济的竞争、综合国力的竞争。所谓综合国力的竞争实际上是高科技的竞争、人才的竞争。让学生从小学会敢于竞争、适应竞争,是现代社会对教育的一个要求。21世纪的幼儿教师必须树立竞争意识,在教育活动中培养幼儿学会公平竞争。③国际意识。中国走向世界,世界走向中国是不可抗拒的潮流。许多国家在本国的民族经济向日益开放的、相互依存的世界经济一体化方向转化的同时,提出了教育要面向国际,要有助于培养"跨越国境的人""面向世界的人""善于与他人合作、共事的国际人"。21世纪的教育要让儿童树立"地球村""我是世界公民"的观念,从而培养儿童形成跨国界、跨文化的超越选择能力。因此,教育的重要任务是培养"世界人"。由此可见,幼儿教师的国际意识不可缺少。④全球意识。全球意识的兴起是未来人类社会意识发展的一种新趋势。全球意识超越了民族意识、国家意识,是一种对全世界、全人类的关心。面向21世纪教育国际研讨会报告指出:"我们当前面临的全球性问题又要求在当前和未来生活的责任感和信任感方面有一种新的伦理观。"可见,全球意识在未来教育中必定占有一席之地,树立幼儿教师的全球意识不容忽视。

四、较高的教育技能

在现实中,我们常常看到这样一种现象:一些幼儿教师能歌善舞却缺乏应有的能有效地促进幼儿身心和谐发展的教育技能,在幼儿师资培训过程中往往也忽视了有关教育技能的培养,而教育技能对于一个幼儿教师来说尤为重要。21世纪的幼儿教师应充分重视教育技能问题,并通过各种途径加以提高。教育技能主要包括了解幼儿、创设环境、组织教育活动、与幼儿和家长的交往等技能。

五、健全的人格

苏霍姆林斯基谈到教育学生时说:"我们工作的对象是正在形成中的个性的最细腻的精神生活领域,即智慧、感情、意志、信念、自我意识。这些领域也只能用同样的东西去施加影响。"另一位教育家乌申斯基也强调过:"在教育工作中,一切都应以教师的人格为依据,因为,教育力量只能从人格的活的源泉中产生出来,任何规章制度,任何人为的机关,无论想得如何巧妙,都不能代替教育事业中教师人格的作用。"可见,教师的人格作用不容忽视,尤其是幼儿阶段的孩子,他们正处在个性形成时期,可塑性最大、模仿性最强,而且教师在他们心目中具有相当高的威信,幼儿教师的人格对幼儿的作用尤为重要,尤其明显。21世纪的幼儿不仅要有强壮的身体,而且要拥有健康的心理。这就要求幼儿教师必须具有健全的人格特征:①教师要性格开朗,进取心强,人际关系协调;②教师必须能有效地适应变化着的社会生活环境;③教师对幼儿身心健康、潜能发挥能产生积极有效的影响。如果幼儿教师不具备这些特征,那么幼儿的心理健康势必受到影响,在一定程度上也将影响21世纪所需人才的培养。除此之外,21世纪的幼儿教师还应具有较强的教育科研能力。教育科研能力是把教育科研知识运用于教育科研各步骤中的实际操作能力,主要包括选题能力、查阅文献能力、取样能力、运用科研方法能力、整理分析资料能力和撰写报告能力。教育科研能力是教师素质的一个重要方面,科研能力的提高不仅有利于提高教师的自身素质,而且还可以提高幼儿教育活动的质量,使幼儿得到更大的益处,从而培养出更多21世纪的合格人才。

第二节　学前教育教师的法律地位

法律地位是指法律主体在各种法律关系中所处的位置,它是法律主体在不同法律关系中享有权利和承担义务的综合体现。

案例 3-1

他们为什么会变成恶魔?[①]

2017年11月,上海携程亲子园内一名幼儿教师将一名小女孩拉扯到自己跟前,把她的书包扔出几米远,随后击打女孩头部并将其推倒在地,小女孩头部撞上桌角。接着,她把一管绿色物体喂给坐成一排的孩子们,被喂后的孩子们开始哭泣。

据家长控诉,该亲子园幼师还往孩子嘴里喷消毒水、不给孩子换尿布,甚至嫌孩子哭闹不肯午睡喂孩子安眠药。种种变态行为已经触碰到人性底线,本来应该充满欢声笑语的亲子园变成了集中营。此事已经引起舆论各界广泛批评,迫于压力,亲子园被勒令无限期停业整顿,当事幼师公开下跪道歉,包括三名园长在内的三名主要责任人已被警方刑拘。

近些年幼师虐童事件屡见不鲜,恶人换着花样折磨无辜的幼儿,幼师本是孩童心中的天使,为何这些天使面庞下隐藏了魔鬼的内心?虐童案件的发生,不仅让我们关注幼儿教师师德缺失问题,同时也让我们关注到幼儿教师权利与义务问题,若是能明确学前教育教师的法律地位,理解教师特定的权利和义务,便能避免更多此类案件的发生。

在《教育法》和《教师法》颁布前,"教师"是在学校及教育机构从事教育教学工作人员的总称。《教师法》和《教育法》的相继颁行,赋予"教师"以特定的法律含义。法律意义上的"教师"是指履行教育教学职责的专业人员,承担教书育人、培养社会主义事业建设者和接班人、提高民族素质的使命。我们对《教育法》中学前教育教师的概念,要侧重从学前教育教师权利和义务、工作场所和职责两个方面理解。

一、学前教育教师具有特定的权利和义务

在法律上,幼儿园教师具有两种身份:一方面,他们是普通公民;另一方面,他们是从事教育工作的专业人员。幼儿园教师的权利和义务是基于特定的职业性质而产生和存在的,具有如下特点:

(一) 在教育教学活动中产生并由教育法律规范所设定

幼儿园教师的基本权利和义务既不同于宪法赋予每个公民的政治权利和义务,也不同于教师作为普通公民所具有的民事权利和义务。它是基于教育活动而产生,并由教育法律规范所设定的权利和义务,是职业特定的法律权利和职业特定的法定义务。

(二) 与幼儿园教师职务和职责紧密相连

它具有两层含义:一是幼儿园教师的权利和义务始于其取得教师资格并在学校或其他教育机构任职,终于解聘。未取得教师资格证而任职的,不具有此项基本权利和义务。

[①] 虐童事件剖析:她们为什么会变成恶魔? [EB/OL]. [2023-04-09]. https://www.sohu.com/a/203427809_99909835.

二是幼儿园教师的权利和义务是其履行教育教学职责的要求和基本保证。当教师以教育者的身份出现时,其与职责相关的权利和义务从某种意义上说是代表国家和社会的利益,带有一定的"公务"性质,不能随意放弃。如果教师随意放弃指导幼儿的学习和发展,实际上是没有履行教师的职责。

(三)由一定社会物质生活条件予以保证

各国关于教师基本权利和义务的规定,都是根据该国当时的社会、经济发展水平和文化传统等状况而予以保证和设置的。随着社会的发展,各国必然会从法律上对教师的权利、义务产生新的要求,并通过制定或修改法律来加以实现。

二、学前教育教师工作的机构和使命特征

教师作为培养社会主义事业建设者和接班人的工作者,其教育工作具有机构特征和使命特征:

(一)机构特征

《教师法》第二条规定:"本法适用于在各级各类学校和其他教育机构中专门从事教育教学工作的教师。"这个规定就是教师法律地位的机构特征,即教师必须从教于各级各类学校或其他教育机构。

(二)使命特征

教师具有"教书育人,培养社会主义事业建设者和接班人、提高民族素质的使命"。使命特征是对教师职业的"公共性"在更高层次上的概括和总结。

 知识拓展 3—2

教师的法律地位[①]

对《教育法》上教师的概念,要侧重从以下三个方面理解:

1. 教师是履行教育教学职责的专业人员。这是教师地位的本质特征,是教师概念的内涵。其涵义有二:①履行教育教学、教书育人职责是教师的职业特征;②专业人员是教师的身份特征。

2. 教师必须从教于各级各类学校或者其他教育机构。

《教师法》第二条规定:"本法适用于各级各类学校和其他教育机构专门从事教育教学工作的教师。"这个适用范围,是教师的形式特征,也是法律意义上教师概念的外延。

3. 教师具有特定的权利和义务。在法律上,教师具有两种身份,一方面,他们是普通公民;另一方面,他们是从事教育工作的专业人员。教师的权利和义务是基于特定的职

[①] 知新.教师队伍建设的法律保障:学习《教师法》浅见[J].常州教育学院学刊,1994(2):76.

业性质而产生和存在,具有如下特点:①他们的权利和义务是在教育教学活动中产生并由教育法律规范所设定的;②与教师职务和职责紧密相连;③他们的权利是需要一定社会物质生活条件予以保证的。

第三节　学前教育教师的权利与义务

教师是履行教育教学职责的专业人员,同时也是公民的一员。因此,教师既具有我国宪法和法律所赋予公民的一般权利,又具有教师所特有的权利。每一个教师都必须了解与教师职务相关的权利以及如何维护和实现自己的合法权益。

案例 3-2

幼儿园教师的休息权[①]

韩晓露幼师毕业后,应聘到某开发区幼儿园工作。该幼儿园每个周六、周日都不放假,没有暑假,寒假也只有一个星期。老师一个人带着一个班,从来没有时间休假和进行业务学习。韩晓露和她的同事曾多次提出,老师应该享有一定的假期,也希望能有一些学习的机会。园长却总以工作忙、要多为幼儿家长着想等理由搪塞。无奈,韩晓露和同事一起到当地教育行政部门反映情况,强烈要求幼儿园考虑教师的权利和应享受的待遇。

分析:本案涉及幼儿园教职工作为劳动者享有的休息权的规定。

教师在幼儿园工作即是与幼儿建立了一种劳动关系,一切活动都需遵守国家相关法律法规和合同的约定。作为劳动者,幼儿园教师享有《中华人民共和国劳动法》(简称《劳动法》)第三条规定的各项基本权利,同时《教师法(修订草案)(征求意见稿)》第9条也规定了教师的多项权利。

本案中,韩晓露等人的要求是合法合理的。园长不能以各种借口拒绝韩晓露等人的合理要求,园长的做法违反了《劳动法》和《教师法》的规定。幼儿园应安排教师在寒暑假期间轮流值班和轮休,利用一切可以利用的条件和机会,安排教职工参加在职培训和学习,这是《劳动法》和《教师法》规定的劳动者享有的基本权利。当地教育行政部门应该维护韩晓露等人的合法权益。

一、学前教育教师的权利

法律上的幼儿园教师的权利,是指幼儿园教师在教育活动中享有的由教育法赋予的权利,它是国家对幼儿园教师在教育活动中可以做或不做一定行为的许可与保障。它一

[①] 周天枢,严凤英.幼儿园100个法律问题[M].广州:新世纪出版社,2010:145-146.

般包括以下三部分：

（1）幼儿园教师实施某种行为的权利，也可称积极行为的权利，如《教师法》规定的"从事科学研究、学术交流、参加专业的学术团体及在学术活动中充分发表意见"的权利。

（2）幼儿园教师要求义务人履行法律义务的权利，如《教师法》规定教师享有"按时获取工资报酬"的权利。

（3）当幼儿园教师的权利受到侵害时，有权诉诸法律，要求确认和保护其权利。

这三部分内容相互联系，不可分割。积极行为的权利体现了一定社会经济条件下所确认的教师享有的自主权利，这种权利在不受到义务人侵犯或按照教育的要求履行义务的前提下才能得到保障。同时，当教师权利受到侵害并诉诸法律时，国家将依法采用强制手段予以恢复，或使教师得到相应的补偿。离开法律的确认和保护，无所谓教师权利的存在。依照《教育法》《教师法》的规定我国幼儿园教师具有以下权利：

（一）教育权

教育权是指幼儿园教师进行保育教育活动、开展保育教育改革和实验的权利。其基本内容包括：

（1）幼儿园教师可依据其所在幼儿园的课程计划、工作量等具体要求，结合自身的保育教育特点自主地组织课堂教育教学；

（2）按照课程大纲的要求确定其教育内容和进度，并不断完善课程内容；

（3）针对不同的教育对象，在教育教学形式、方法、具体内容等方面进行改革、实验和完善。任何组织或个人都不得非法剥夺在聘教师从事教育活动、开展教育教学活动改革和实验权利的行使。

案例 3-3

幼儿教师教育教学权行使失范[①]

在户外游戏活动中，刘老师为了使活动变得新奇有趣，就开展了临时编排的"叠罗汉"游戏活动。在玩游戏之前，刘老师并没有告诉幼儿游戏规则，只是把小朋友们分成了三个组，每个组选一个身高最高、体型最大的幼儿担任最底下的罗汉，让其余的小朋友一个一个叠上去。刚开始幼儿们玩得不亦乐乎，但后来由于秩序混乱，所有的小朋友都压在了一个身形较胖的幼儿身上，结果可想而知。幼儿教师虽有开展教育教学活动的权利，但不能随意大胆地开展新奇的游戏活动，否则将会损害幼儿身心发展以及出现极其

---

① 幼儿园教师教育权失范及规范路径［EB/OL］.［2023-04-09］. https://wenku.so.com/d/9.a568d5256e471afde6be9.

严重的教学安全事故。

（二）科学研究权

科学研究权是指幼儿园教师从事科学研究、学术交流，参加专业的学术团体，在学术活动中充分发表意见的权利。这是教师作为专业人员所享有的基本权利之一。

（三）管理幼儿权

管理幼儿权是指幼儿园教师指导幼儿的学习和发展、评定幼儿成长发展的权利。这是幼儿园教师享有的在教育过程中居于主导地位的基本权利。其基本内容包括[①]：

（1）幼儿园教师按照幼儿园的课程内容，指导幼儿主动地学习，促进幼儿全面地发展，并且通过观察、分析，对幼儿适时地给予评价。

（2）幼儿园教师有权对幼儿的品德、学习、劳动等方面给予客观、公正、恰如其分的评价。

（3）幼儿园教师有权运用正确的指导思想、科学的方式方法，使幼儿的个性和能力得到充分发展。

案例 3-4

由玩水引发的思考[②]

又到了幼儿游戏活动时间，今天安排了区域自选游戏。幼儿们高高兴兴地各自分散去到自己喜欢的活动区域开始了游戏。只见晓捷和筱羽窃窃私语了一番，两人偷偷地溜进了厕所，打开水龙头高兴地玩起水来。教师注意到了两人的举动，不动声色地跟了上去，悄悄地躲在门边，发现他们两人正在玩水，很开心！因此她并没有阻止他俩，只是说了句："老师给你们提个建议，你们玩水时把水龙头开小些，尽量不要弄湿衣服！"说完，她退了出去。过了一会儿，三个小伙伴立刻动身来到厕所间，加入了玩水的行列。越来越多的幼儿参与了进来，厕所间显然已不够容纳。正当这时，一直在旁默默关注的教师走进盥洗室向幼儿发出了到盥洗室一起玩水的邀请，同时还提供了瓶子、水盆、水桶、杯子、毛巾、玩具等多种材料，组织孩子们玩起了水的游戏。幼儿们各自挑选了不同的材料，自由地游戏起来。倒水游戏、浮与沉、挤水游戏等，游戏在孩子们一张张满足的笑脸中圆满结束！

在这个案例中，教师通过观察捕捉到了幼儿的兴趣点，并及时灵活地调整教学计划，不受计划所累，给了幼儿一个开放的、自主的学习探索的空间。幼儿教师应合理行使管

---

① 童宪明.幼儿教师的权利与义务浅谈[J].山东教育，2003(3)：26-29.
② 幼儿园案例分析[EB/OL].[2023-04-09]. http://www.360doc.com/content/B/0715/09/9135456_300061251.shtml.

理幼儿权,科学指导孩子学习和全面发展,从孩子的兴趣、实际需要出发,创设和提供良好的学习环境和条件,重视幼儿的自发活动,以支持者、合作者、引导者的身份参与到各类活动中,尽最大可能调动幼儿的主动性和积极性,鼓励幼儿大胆地去探索、去实践。

(四)获取报酬待遇权

获取报酬待遇权是指幼儿园教师按时获取工资报酬,享受国家规定的福利待遇以及寒暑假期的带薪休假。这是宪法规定的公民享有劳动的权利和劳动者休息权的具体化。其基本内容包括:

(1)幼儿园教师有权要求所在幼儿园及其主管部门根据国家教育法律、教师聘用合同的规定,按时、足额支付工资报酬,包括基础工资、职务工资、课时报酬、奖金、教龄津贴、班主任津贴及其他各种津贴在内的工资收入。

(2)幼儿园教师有权享受国家规定的福利待遇,包括医疗、住房、退休等方面的各种待遇和优惠以及寒暑假期的带薪休假。

(五)民主管理权

民主管理权是指幼儿园教师对幼儿园的保教工作、管理工作和教育行政部门的工作提出意见和建议,通过教职工代表大会或者其他形式,参与幼儿园管理的民主权利。其基本内容包括:

(1)幼儿园教师享有对幼儿园教育行政部门工作的批评和建议权,这是宪法规定的"公民对任何国家机关和国家工作人员,有提出批评和建议的权利"的具体表现。

(2)幼儿园教师有权通过教职工代表大会、工会等组织形式以及其他适当方式,参与幼儿园的民主管理,讨论幼儿园发展、改革等方面的重大事项,进一步发挥主动性、积极性,树立当家作主的主人翁意识,以保障自身的民主权利和切身利益,推进园内的民主建设,提高幼儿园管理的效率和水平。

案例 3-5

幼儿园如何实现民主管理①

幼儿园管理说到底是对人的管理,而倡导"民主管理"就是集群众智慧来管理幼儿园,充分发挥全体教职工的工作积极性,使教职工真正成为幼儿园的主人。如果管理者又能及时分析、整合或采纳员工的合理化建议,充分发挥全体员工的聪明才智,集思广

---

① 幼儿园如何实现民主管理[EB/OL].[2023-04-09]. http://edu.people.com.cn/n/2015/0913/c1053-27576626.html.

益,共同管理,便能取得最佳的管理效益。

(一)营造民主氛围,提供教师参与管理的空间

幼儿园的文化氛围对教师有着潜移默化的影响,并能发挥其隐性作用。首先,要营造宽松、融洽的氛围,发挥教师的激励作用。在保证正常教育教学的同时,鼓励教师随时随地自由、大胆地对幼儿园管理的各个方面提出自己的想法,为幼儿园的发展献计献策,并促使其更有意识地进行思考和探索。其次,在民主管理上,领导要与教师打成一片,认真做好教师的表率,接受群众监督,听取教职工对领导的意见,及时反思和纠正。对教师的不同意见不能排挤,更不能报复,这样,教师自然就愿意与领导接近,实现民主管理就有了坚实的群众基础。比如,每次大型活动,先由中层牵头负责活动策划,园务会讨论,再通过集体会议,明确分工,大家提出建议,在这种环境中,不断向教师传递民主的理念,增强其主人翁意识和参与管理的自主性,使参与管理成为教师日常的行为习惯。

(二)实施园务公开,增强教师参与管理的意识

园务公开是教职工参与民主管理的重要内容和途径。我们在推行园务公开工作中,每学期定期或不定期重点公开幼儿园重大决策、工作目标、收费标准、财务收支、考勤奖惩、评职晋级等情况,并广泛听取教职工意见,全面接受教职工监督。

这样,"给教师一个明白,还领导一个清白",让全体教职工对学校的各项活动有一个全面的了解,从而增强他们当家理财、民主监督的意识。因此,管理透明度较高,也能集思广益,促进工作的进展。

除此之外,园领导经常深入到教职工中调查了解情况,走访教师,贴近百姓,广泛开展谈心活动,及时掌握教职工的意见和需求。在园务公开动静结合中,促进了园务的党风廉政建设,解决了许多实际工作中的矛盾和问题,既提高了领导班子的民主管理水平,也增强了教师参与幼儿园管理的意识。

(三)完善民主管理制度,促使教师参与管理有章可循

制定健全的运行制度,如"幼儿园年度预算制""期末考核制度""教师聘任制""招生方案公示制",完善教代会制度,建立学习培训制度等,通过各组织高效、和谐地运行,让每一个人都成为决策的参与者,使每个人的能力都得到最有效的发挥。

倡导遵循博爱、平等、公平的原则,凡事对事不对人,使制度尽量规范合理,充满人文关怀。特别是在教代会制度方面,切实保障教代会职权,将教职工关注的重点、热点问题都提交教职工代表大会讨论,让不同身份的教师对幼儿园日常的方方面面工作都有话语权。真正做到能广泛组织教工讨论,积极吸纳群众意见,确保了制度的公正、公平和可操作性。这些制度的建立,使教师参与幼儿园的管理有章可循,使广大职工切实有知情权、参与权、监督权,增强主人翁意识,从而促进幼儿园的改革与发展。

(四) 关心教师切身利益,激发他们参与管理热情

教师是幼儿园中管理的主力军,领导在思想感情上要把教师当作自己的同志、朋友、亲人,要多为教职工办实事,在管理过程中做到真心实意关心、尊重每一位教职工,想方设法焕发他们的工作热情。例如,坚持对教职工做好"三到":重病看望到、婚丧大事到、提高培训到。在幼儿园经费十分紧缺的情况下,依然逐步改善办公条件,组织参观学习,办好团体职工保险,定期组织体检等。幼儿园要一视同仁地善待每一位教师,切实把他们的安危冷暖挂在心头,使大家都感受到幼儿园的温暖,得到尊重和信任,教师安教乐教,必然会支持领导班子的工作,从而为实现幼儿园的民主管理铺平道路,激发教职工参与管理的热情。

总之,幼儿园推行民主、和谐的管理,既要做到管理充满人情味,又能引领教师有强烈的归属感和责任感,那么就能激发全体教师工作积极性,促进幼儿园办出特色,使幼儿园的各项工作生机勃勃地发展。

(六) 进修培训权

进修培训权是指幼儿园教师参加进修或者其他方式的培训的权利。其基本内容包括:

(1) 幼儿园教师有权参加进修和接受其他多种形式的培训,不断更新知识,调整知识结构,以提高自己的思想品德和业务素质,从而保障保育教育的质量。

(2) 教育行政部门和幼儿园及其他教育机构应当采取各种形式,开辟多种渠道,保证教师进修培训权的行使。同时,教师进修培训权的行使,要在其完成本职工作前提下,有组织、有计划地进行,不得影响正常的保育教育工作。

案例 3-6

教育部启动实施"幼儿教师国家级培训计划"[1]

2011年9月5日,教育部、财政部联合发布《关于实施幼儿教师国家级培训计划的通知》(教师〔2011〕5号),决定在全国实施"幼儿教师国家级培训计划"。其内容如下:

一、培训对象

中西部地区农村公办幼儿园(含部门、集体办幼儿园)和普惠性民办幼儿园园长、骨干教师、转岗教师。

---

[1] 教育部财政部关于实施幼儿教师国家级培训计划的通知[EB/OL].[2023-04-09]. http://www.moe.gov.cn/srcsite/A10/s7034/201509/t20150906_205502.html.

二、培训项目

（一）农村幼儿教师短期集中培训

组织农村幼儿园骨干教师到省域内外高水平师范院校、综合大学、幼儿师范专科学校和教师培训机构进行短期集中培训，促进幼儿教师更新教育观念，着力解决幼儿教师在教育中面临的实际问题，提高幼儿教师的教育水平和专业能力。

——培训对象为农村幼儿园骨干教师。要重视新办幼儿园和民办幼儿园教师培训。

——要针对幼儿教育实践性、操作性强的特点，以"参与式"培训为主，以问题为中心，案例为载体，将专题学习与案例研讨相结合，同时辅以观摩考察、在岗实践等多种方式，增强培训的针对性和实效性。

（二）农村幼儿园"转岗教师"培训

充分利用省域内外高水平师范院校、综合大学、幼儿师范专科学校、幼儿师范学校和教师培训机构，充分发挥县级教师培训机构的组织管理作用，采取集中培训、"送培到县"、"送教上门"、远程培训等多种方式对农村幼儿园"转岗教师"进行120学时的岗位适应性培训。

——培训对象为农村幼儿园新入职的未从事过学前教育工作的"转岗教师"和非学前教育专业的高校毕业生。

——培训围绕贯彻落实《幼儿园教育指导纲要》，帮助"转岗教师"树立学前教育专业思想，掌握学前教育基本技能和方法，提高教育能力和水平。

（三）农村幼儿园骨干教师置换脱产研修

组织高年级学前教育专业师范生、城镇幼儿园教师到农村幼儿园顶岗实习支教，置换出农村幼儿园骨干教师到高水平院校、幼儿师范专科学校和城市优质幼儿园进行为期3个月左右的脱产研修，全面提高骨干教师教育水平、专业能力和培训能力，为中西部农村培养一批在促进学前教育发展、开展幼儿教师培训中发挥辐射带头作用的"种子"，促进幼儿教师教育改革。

——培训对象为农村幼儿园具有良好发展潜力的骨干教师，年龄原则上不超过45周岁。

——采取院校集中研修与优质幼儿园"影子教师"相结合的方式，采用小班化教学，注重采用专家引领、课题研究、跟岗实践、参与体验、返岗实践等培训方式，倡导"双导师制"（为学员配备高校专家和一线优秀教师进行指导），为教师提供多样化、个性化的培训课程。"影子教师"培训时间原则上不少于总时间的三分之一。

三、组织实施

教育部、财政部负责"幼儿教师国家级培训计划"的总体规划和统筹管理，组织审核各省（区、市）培训计划，组织检查和评估各省项目工作。财政部、教育部根据中西部省份农村幼儿教师人数、"国培计划"实施绩效、财力状况等因素下达专项资金预算数。各省根据预算数和中央有关要求,制定本地区项目实施方案,报教育部、财政部评审后组织实施。

各省要按照《教育部 财政部关于实施"中小学教师国家级培训计划"的通知》(教师〔2010〕4号)总体要求和相关规定,加强项目实施的组织领导,认真做好项目规划、方案研制、招投标、培训资源整合、经费管理和项目监管等各项工作,确保项目实施的高质量和高水平。

二、学前教育教师的义务

义务同权利一样,是构成法律关系的基本要素。权利和义务是相辅相成的,没有无义务的权利,也没有无权利的义务,两者同时产生,同时变更和同时终止。

教师的义务,是指教师依照《教育法》《教师法》及其他有关法律、法规,从事教育教学工作而必须履行的责任,表现为教师在教育活动中必须做出一定行为或不得做出一定行为的约束。它是由法律规定,并以国家强制力保障其履行。

我国现行教育法规规定学前教育教师应履行以下义务:

(一) 遵守宪法、法律和职业道德,为人师表

它包括如下几层含义:

(1) 教师作为中华人民共和国的公民,必须遵守宪法、法律。教师不仅应是遵守宪法和法律的模范表率,而且要在保育教育工作中,自觉培养幼儿的法制观念、民主意识,使每个幼儿都成为遵纪守法的好公民。

(2) 教师作为人类灵魂的工程师,应当遵守职业道德,由于教师担负着培养下一代的任务,他们在传授科学文化知识的同时,对幼儿的思想品德、道德、法律意识的形成有着重要的影响,因此,教师的职业道德,不仅是教师自身行为的规范,也是法律赋予教师应尽的基本义务。

(3) 教师为人师表,对社会起着净化、表率的作用,对幼儿的成长有着潜移默化的影响,对整个国家的精神文化建设,也有着不可估量的作用。

案例 3-7

海南省屯昌县民办尚书源幼儿园教师许某某、潘某某体罚幼儿问题[①]

海南省屯昌县民办尚书源幼儿园教师许某某、潘某某体罚幼儿问题。2019 年 12 月,许某某、潘某某在保教过程中,拉扯幼儿、让幼儿自己打自己嘴巴。许某某、潘某某的行

---

① 淮安这个幼儿老师体罚学生!被当典型问题通报![EB/OL].[2023-04-09]. https://www.sohu.com/a/410651692_120056718.

为违反了《新时代幼儿园教师职业行为十项准则》第六项规定。根据《幼儿园教师违反职业道德行为处理办法》等相关规定,对许某某、潘某某以及尚书源幼儿园执行园长予以解聘处理;将许某某(无教师资格)列入教师资格限制库,依法撤销潘某某的教师资格,并收缴其教师资格证书,5年内不得重新取得教师资格。

(二)贯彻国家的教育方针,遵守规章制度

它包括以下几个方面的含义:

(1)教师在保教工作中,应当全面贯彻国家关于教育必须为社会主义现代化建设服务,必须与生产劳动相结合,培养德、智、体等方面全面发展的社会主义事业的建设者和接班人的方针,对幼儿进行全面指导。

(2)教师应执行教育行政部门和幼儿园制订的保教工作计划,完成保教工作任务。

(3)教师应当履行聘任合同中约定的保育教育职责,完成职责范围内的保育教育任务。

案例 3-8

大连一名幼师发表不当言论[1]

2021年,一名微博名为"黯然之后蓦然"的网友发表微博称"不希望大连疫情停止,希望能增加,起码到明年三月份"。据了解,该网友是当地一名幼师,因为平时经常与意见不合的家长起争执而受折磨,抱怨"一点休息时间都没有",而在社交平台公然发表了涉疫的不当言论,不希望疫情停止,希望学生染病。

大连市教育局机关党委办公室一名工作人员告诉东方网记者,他们发现该条微博后已报警。目前该幼师的微博已经全部删除,且因寻衅滋事被中山公安分局依法处以行政拘留处罚。

(三)按照国家规定的保育教育主要目标进行保教工作

通过活动对幼儿进行爱国主义、民族团结教育和法制教育,组织、带领幼儿开展有目的、有计划的教育活动,这是对教师从事保育教育工作内容方面的全面规范。其基本含义包括:

(1)培养幼儿良好的生活习惯、卫生习惯和参加体育活动的兴趣,促进幼儿身体正常发育和机能的协调发展,增强幼儿体质。

---

[1] 希望大连疫情越多越好?幼儿园教师不当言论被拘[EB/OL].[2023-04-09].https://news.china.com/social/1007/20211117/40300737.html.

(2) 激发幼儿有益的兴趣和求知欲望,培养幼儿运用感官和语言交往的基本能力以及初步的动手能力。

(3) 萌发幼儿爱家乡、爱祖国、爱集体、爱劳动、爱科学的情感,培养幼儿良好的品德和行为习惯。

(4) 培养幼儿初步的感受美和表现美的情趣和能力。

案例 3-9

教师的失职引发的保教工作事故[①]

某幼儿园联系保健站给幼儿打预防针。小二班共有幼儿30名,其中A幼儿提出在国外打了预防针,故没有交钱,但B幼儿的妈妈和姥姥未通气,分别交了钱,教师最后一共收了30份钱,全班30名幼儿都打了针。A的家长知道此事后非常着急,便向园长反映情况,要求幼儿园负全部责任。孩子发烧几日,便没事了。园领导得知此事立即配合家长向医生咨询,观察幼儿病情,并要求教师做书面检查,并对教师失职所为提出严肃的批评,要求全园职工引以为戒。

这是一起由于教师责任心不强,严重失职引起的案例,虽然后果不十分严重,但是却敲响了警钟。依据《幼儿园工作规程》第四十一条的规定,教师应严格执行幼儿园安全、卫生保健制度,指导并配合保育员管理本班幼儿生活,做好卫生保健工作。而该教师没认真配合进行打预防针的登记和核对工作,对幼儿不负责任,险些造成严重后果。因此带班教师应负主要责任。作为家长是幼儿的法定监护人,更应对幼儿负责,孩子提前打了预防针应向教师打招呼,引起教师的关注,而不应只是让孩子告诉老师,才能避免事故的发生。

(四) 关心、爱护全体幼儿,尊重幼儿人格

人格尊严是宪法赋予公民的一项基本权利,由于幼儿在教育活动中居于受教育者的地位,其人格尊严往往容易受到侵犯,尤其是对有缺点、容易犯错误的幼儿,教师更应给予特别关怀,使他们也能健康的成长,绝不能采取简单粗暴的办法,不能羞辱、歧视他们,不能泄露幼儿隐私,更不能体罚和变相体罚幼儿。

[①] 案例评析.教师的失职引发的事故[EB/OL].[2023-04-09].http://www.06abc.com/topic/20171106/103.html.

案例 3-10

深圳××幼儿园老师偷拍男童下体①

3月23日下午,孩子在深圳市福田区××幼儿园中四班上学的学生家长李先生(化名)向记者反映,3月20日,该班有几位孩子放学回家后告诉家长,声称在班上被老师逼迫拍了下体,为了求证实情,家长们在班级群里询问其他家长有没有遇到类似情况。后经家长们统计,3月20日当天,该班16名男童均被一名赵姓的女生活老师分三个时间段拍摄了下体照片,其间甚至注明幼儿的姓名和出生年月。经调查取证,该校创办人系中医,行政园长、园医及两名老师在未征得幼儿家长同意的情况下拍摄男性幼儿生殖器照片,构成使用偷拍的方式侵犯他人隐私的违法行为。深圳警方分别对上述违法行为人处以行政拘留处罚。

(五) 制止有害于幼儿或者侵犯幼儿合法权益的行为

这一义务有两方面含义:

(1) 教师制止的范围是特定的。主要指教师在幼儿园工作和保育教育工作相关的活动中,对侵犯其所负责教育管理的幼儿合法权益的违法行为给予制止。

(2) 教师批评和抵制的范围是一般意义上的。保护幼儿的合法权益和身心健康,是全社会的责任,自然更是教师义不容辞的义务。因此,教师对社会上出现的有害于幼儿身心健康成长的不良现象有义务进行批评和抵制。

案例 3-11

痛心! 兰州一幼童吃饭被呛致死,事发时老师拍视频未及时发现②

据相关媒体爆料,甘肃兰州城关区某幼托中心,一名儿童在吃饭时被呛到。而事发时,看护老师正在一旁拿着手机拍视频,因背对着孩子,所以并没有看到。监控画面显示,40多秒后,看护老师回过身,发现孩子仰面朝天,意识情况异常,上前查看。虽然将孩子送到了医院,但遗憾的是,医院宣告了孩子抢救无效的悲痛消息。事发后,幼托中心和孩子家长进行了协商,家属提出的赔偿金额与幼托中心能接受的数额没能达成一致,调解之路不通,遂走上了司法程序,相关的诉讼也正在进行中,涉事老师也被停职,至于是否失职,还有待法院明确责任之后才能判断。对此事件,从客观的角度讲,涉事老师确实

---

① 深圳梅林幼儿园老师偷拍男童下体 警方通报:对涉事人员处以行政拘留[EB/OL]. [2023-04-10]. https://www.toutiao.com/article/6673229108320666116/?wid=1679218592565.

② 痛心! 兰州一幼童吃饭被呛致死,事发时老师拍视频未及时发现[EB/OL]. [2023-04-19]. https://www.163.com/dy/article/GAIQHFML0545DEAF.html.

存在看护疏忽。"在其位,谋其职。"每个岗位都有其专属的职责,老师也不例外。作为幼儿教师,尤其更应该将孩子的安全放在第一位,对于日常生活中出现有害于幼儿的行为,应及时制止,尽职尽责地在托管期间保障孩子的安全。

(六) 不断提高思想政治觉悟和教育教学水平

教育教学工作是一项专业性较强的工作,担负着提高民族素质的使命,这就要求教师不断学习,加强自身的思想道德修养,使其保持较高的思想政治觉悟和教育教学专业水平,以适应教育教学工作需要。

案例 3—12

各地优化托幼服务,提升学前教育水平——幼儿入园更便利 幼师成长也受益[①]

庞××是北京师范大学石景山附属幼儿园的一名幼师。初见时,她正在启发幼儿拿起绘本寻找阅读乐趣。

11 年前,从中华女子学院学前教育系本科毕业后,庞××一直从事学前教育工作。2013 年,她到北京师范大学石景山附属幼儿园工作,很快成为业务骨干,如今已获得高级教师职称,待遇上也有很大提高。"每年参加政府提供的幼师培训学习,让我开阔了眼界、拓展了思维,使我在教学理念和方式上更有针对性。"庞××觉得北京市石景山区推出的系统化的学前师资队伍培训让她受益不少。

为了落实学前师资继续教育计划,北京市石景山区将各类幼儿园(所)教师统一纳入培训计划,以专项资金保障"市—区—园"三级培训机制有效运行。"我们实施学前教育教师成长阶梯研修计划,开展分层、分类的教师专业培训。"石景山区教委学前科科长介绍,按照学前教育教师职业生涯发展的"入职、初任、进阶、调整、成熟、资深"六阶段,完善了其入职后培养体系,为学前教育教师专业成长搭建多元学习和发展平台。通过项目推进、课题引领、课程建设、专业考核等多举措培养幼教名师,带动整体队伍提升。

自庞××到石景山的幼儿园工作以来,各个阶段、各个层次的培训,她都没有落下。"就拿区里来说,每年参加各类专业培训起码有 3 到 5 次。"庞××说,时间长短不一,但内容非常丰富,根据不同教师的不同成长阶段,区里会推出有针对性的培训,涵盖学前教育理论知识、学校管理、大数据与未来教育、社会主义核心价值观等各个与学前教育相关的内容。

令她成长很快的是参加区里组织的科研培训班。"在做好本职工作的同时,我一直

[①] 各地优化托幼服务,提升学前教育水平:幼儿入园更便利 幼师成长也受益[EB/OL]. [2023-04-09]. https://m.gmw.cn/baijia/2021-03/22/1302180588.html.

想做'研究型'教师,科研班给予了我接受系统性培训的机会。"庞××说,在后来的教学过程中,发现科研选题,选定研究方法,分析现象本质,推广科研成果,让她更科学地研究幼儿的成长与发展规律,提升自身的专业保教能力。

最近,依托所在幼儿园开展的"书香乐园"研究,庞××所做的一项课题——"关于3岁至6岁幼儿亲子共读现状的调查研究"已接近尾声。3年前,这项课题在石景山区成功立项,如今正在做最后的整理与验证。她说,区教育部门举办的针对幼儿成长与发展的科研班让她受益匪浅。也正是经过科研班的学习与培训,她对幼儿亲子共读现状的调查、研究和分析越来越得心应手。研究过程中,她发现幼儿亲子共读,母亲参与多,父亲参与少,于是她推动园里发起"给爸爸讲故事"等阅读活动,引导父亲参与到亲子活动中。

石景山区还推动"师带徒",让学前教育专家带动新入职、年轻教师成长。庞××的一位师父是石景山区教育分院教研室的教研员,另一位师父是所在幼儿园的园长、特级教师,她依托园本培训的研究阵地,在实践工作岗位上得到快速成长。此外,石景山区还加强网络培训建设,充分利用丰富的在线培训课程资源,使教师可以更灵活地参与学习和培训。

 知识拓展 3-3 >>>

教师的权利和义务[①]

一、教师的权利

法律上的教师权利,是指教师在教育活动中享有的由教育法赋予的权利,是国家对教师在教育活动中可以做或不做一定行为的许可与保障。

它一般由如下三部分构成:(1)教师实施某种行为的权利,也可称积极行为的权利。(2)教师要求义务人履行法律义务的权利。(3)当教师的权利受到侵害时,有权诉诸法律,要求确认和保护的权利。

二、教师的义务

教师的义务,是指教师依照《教育法》《教师法》及其他有关法律、法规,从事教育教学工作而必须履行的责任,表现为教师在教育教学活动中必须做出一定行为或不得做出一定行为的约束。它是由法律规定,并以国家强制力保障其履行。通常,它有两种不同形式:

(1)积极义务和消极义务。积极义务即必须作出一定行为的义务,如《教师法》规定教师在教育教学活动中,"贯彻国家的教育方针,遵守规章制度,执行学校的教育教学计划,履行教师聘约,完成教育教学工作任务"的义务。消极义务即不作出一定行为的义

---

① 李允江.教师权利保障机制研究[J].中国成人教育,2011(11):46-49.

务,如不得体罚学生的义务。(2)绝对义务与相对义务。绝对义务指对一般人承担的义务,例如教师不得侵害法律所保护的任何公民的基本权利。相对义务指对特定人承担的义务,如教师与学校签订的聘任合同中只对学校承担义务。

第四节 学前教育教师的法律责任

本节内容主要阐述法律责任的类型,以及教师在未履行其义务造成教育教学损失及学生伤害时应承担的法律责任。了解这些有利于学前教育教师在实际工作中规避校园纠纷的发生。

案例 3-13

儿童受到教师体罚自缢身亡案

李某是新疆建筑工程总公司附属幼儿园大班的学生,平时性格开朗,活泼调皮,纪律性差。一日,李某因没按要求完成老师布置的家庭作业而受到班主任老师的严厉指责与人格侮辱。班主任叫来其父亲李平(化名)将他带回家"思过",并罚他抄写汉语拼音。当日13时40分,李平夫妇回家,发现李某横躺在客厅门前,用一条红领巾吊在门把手上,自缢身亡。

分析: 在本案中,班主任的做法是错误的,违反了教育法规的有关规定,我国《中华人民共和国义务教育法》第二十九条规定:"不得对学生实施体罚、变相体罚或者其他侮辱人格尊严的行为,不得侵犯学生合法权益。"本案的班主任老师对学生李某实施了变相体罚,间接造成学生自杀身亡,情节严重,应由其所在学校或上级机关给予行政处分。对于死者家属所遭受的损失,班主任老师应适当予以赔偿,尽管他不是造成学生死亡的直接原因,但必定与学生死亡有一定关系,故应承担一部分民事责任。综上所述,班主任老师应当承担的不仅是行政责任,还有民事责任。

学前教育教师如果在教育教学过程中未履行自己的义务,违反有关的法律、法规,就必须承担相应的法律责任。这里的法律责任主要是指教师未履行《教育法》所规定的义务所应承担的法律责任。

一般来说,教师在教育教学过程中未履行《教师法》所规定的义务,主要有三种情况:

(一) 故意不完成教育教学任务,给教育教学工作造成损失的

这里说的教育教学任务,是教师依照聘任合同的约定或岗位职责所明确应当完成的教育教学任务。构成此项违法责任必须具备两个条件:第一,主观上是"故意的",即明知会对教育教学工作造成损失,但却放任这种行为的发生。不是出于故意,而是由于疏忽大意或者教育水平有限而给教育教学工作造成损失的,不构成违法。第二,客观上要有"给教育教学工作造成损失"的后果。虽是主观上的故意,但经采取补救未造成损失的情况,不构成违法。

案例 3-14

70 余幼儿集体"被旷课"①

8 日晚,家住龙岗区新龙岗花园的陈小姐突然接到了老师的一个电话,声称新龙岗幼儿园第二天和第三天将停两天课,让她将孩子留在家中。但是 9 日早上经过幼儿园门口的陈小姐,却惊讶地听到园里传来了朗朗的读书声。据了解,9 日这个幼儿园共有 70 余名学生因为接到通知没来上课,这一切的起源,竟与幼儿园"内讧"有关。

记者随后赶到了新龙岗幼儿园,看到里面还有不少孩子正在老师的指导下玩耍或读书。而门口保安听闻学校停课的消息后,笑着说:"你没看到里面学生都在上课吗?"既然正常上课,那么为何会有老师联系家长说会停课呢?

而记者也从园方了解到,昨日,确有十余名老师没来上班,而这些,均是之前联系家长别送孩子来上课的老师们,这到底是怎么回事呢?

此外,有家长向记者出示了事后新龙岗幼儿园发给他们的短信,短信内容将这些事情归类为"最近发生的一些不愉快的事件"。短信中园长王×向家长致歉,表示现在依然是正常开园,如果有"任何异议,请第一时间与我王×联系"。记者随后联系了园长王×,她表示这些事情可能与一名邹姓的前副园长有关。

她告诉记者,这个幼儿园因为股东之间、股东方与合同方之间存有矛盾,因此一名邹姓的前副园长联合了十余名老师跟部分孩子家长联系,称将停课,对幼儿园的正常运作造成了很大影响,200 余名学生中,有 70 余名孩子因此没来上学,而十余名老师也没来工作。同时,这名邹姓副园长还让家长别往幼儿园新的指定账户上汇款交学费,让他们都交到之前的账户中。而记者在幼儿园门口找到了一张告示,上面称幼儿园的法人代表变更,同时邹姓副园长也被辞退,"其所有行为不代表本园"。

"不管如何,我只希望这个幼儿园能够安定下来,让孩子好好上课。"家长张女士不无忧虑地说,这样下去的内讧内斗,家长们如何能够放心让孩子在这里上课呢?她说下一步可能会将孩子转送到其他安定的幼儿园去。据了解,目前龙岗区教育部门已经介入调解。

---

① 70 余幼儿集体"被旷课"[EB/OL]. [2023-04-09]. https://www.aoshu.com/a/20100310/4b97396ebeaa3.shtml.

(二) 体罚学生,经教育不改的

体罚学生指教师以暴力方法或以暴力相威胁,或以其他强制性手段,侵害学生身体和精神健康的侵权行为。幼儿在身体和智力上发育尚不成熟,对幼儿实施体罚易对幼儿造成伤害。在适用这条法律规定时应注意以下几点:第一,教师主观故意。第二,具有"经教育不改"法定情节。第三,体罚学生,情节严重,构成犯罪的,无论是否经过教育都应追究刑事责任。

案例 3-15

幼儿园两女教师体罚学生,官方通报[①]

2022 年 6 月 2 日,针对×××幼儿园两名女老师体罚学生一事,河南省郑州市巩义市教育局发布通报称,涉事幼儿园已闭园,警方已介入调查。

一段长 10 分 52 秒的视频显示:第 6 秒,一名穿着白 T 恤的女老师手拍女童脑袋;12 秒,一名穿白连体衣的女老师把女童推倒在地;25 秒,"白连体衣"老师用杯中水泼女童;36 秒,"白连体衣"老师从水龙头中接水朝女童脸上泼去;51 秒,"白连体衣"老师用手拍女童脸;1 分 02 秒,"白连体衣"老师接水泼一男童;1 分 12 秒,"白连体衣"老师再次接水泼女童;5 分 10 秒,在"白连体衣"老师的教唆下,一男童拿着杯中水泼女童;7 分 20 秒,在"白连体衣"老师的命令下,女童开始自扇嘴巴;10 分 30 秒,穿白 T 恤老师揪女童头发。

6 月 2 日中午,巩义市教育局发布通报称,当天上午市教育局接到群众举报,反映巩义市×××幼儿园教职工有体罚学生情况,市教育局高度重视,立即成立工作组开展调查。经核实,情况属实。目前,该幼儿园已闭园,公安部门已经介入,后续处理情况会及时发布。

(三) 品行不良,影响恶劣的违法行为

它主要是指教师的人品或行为严重有悖于社会公德和教师的职业道德,严重有损为人师表的形象和身份,在社会上和学生中产生恶劣的影响。各级各类学校及其他教育机构的教师在教育教学过程中凡有上述三种违法行为之一者,应按以下方式追究实施违法行为的教师本人的行政和法律责任:第一,按现行教师管理权限,由所在学校、其他教育机构或者教育行政部门分别给予行政处分或解聘。解聘包括解除岗位职务聘任合同,由学校或者其他教育机构另行安排其他工作,也包括解除教师聘任合同,被解聘者另谋职业。第二,教师有上述违法行为中的后两种行为,情节严重,构成犯罪的,由人民法院追

[①] 幼儿园两女教师体罚学生,官方通报[EB/OL].[2023-04-09]. http://society.sohu.com/a/553830227_120998630.

究刑事责任。第三,对学校、其他教育机构和学生造成损害或损失的,还应当依照《民法典》的有关规定赔偿损失,消除影响,恢复名誉。这既可由学校或教育行政部门处理,也可由人民法院强制执行①。

案例 3-16

河南幼师在食物里投毒导致 23 名儿童中毒②

2019 年 3 月 27 日,河南焦作市解放区某幼儿园的一名 36 岁的教师王某,在中班儿童的早餐里进行投毒,放入剧毒的亚硝酸钠,导致 23 名儿童中毒。其中一名幼童王某熙救治无效死亡,其余的 22 名儿童皆被诊断为儿童轻伤二级。虽然这 22 名儿童没有因为中毒死亡,可是据家长反映这些孩子的抵抗力都有着明显的下降,经常发烧感冒,这次中毒事件给孩子们都带来了不可磨灭的伤害!

据报道,这位教师投毒的原因竟然是想要报复另外一名老师,所以在这位老师班级的早餐里投毒。投放的毒物是亚硝酸钠,这种物质通常用于食品的保鲜剂中,是一种无机工业盐,人体极限摄入量只为 0.3 克,如果超过这个量会导致人体亚硝酸钠中毒,甚至死亡,而且还有一定的致癌性。当它被这位老师投放在孩子们早餐里的时候,甜甜的八宝粥盖住了它的咸味,孩子们毫无察觉。危险就这样走向了孩子们面前,其中幼童王某熙中毒最深,抢救无效去世,年龄仅仅 5 岁。

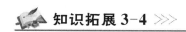
知识拓展 3-4

违反有关教育经费规定的法律责任

一、违反国家有关规定,不按照预算核拨教育经费的

行为分析:教育经费是教育发展的前提条件,是公办学校、幼儿园及其他教育机构进行正常教育教学活动的保障,是教师工资的主要来源。违反国家有关规定,不按照预算核拨教育经费的行为,具体表现为不按照本级人民代表大会审查和批准的本级人民政府的预算内容,向教育行政部门、幼儿园核拨相应的教育经费;或者擅自调整更改教育预算支出。这种行为违反了《教育法》和《预算法》。

法律责任主体:主要包括参与教育经费预算核拨的各级人民政府及其财政部门、教育行政机关及其负责人等。

执法机关及处理:根据情节和危害后果,予以以下处理:

---

① 李晓燕. 教育法学[M]. 北京:高等教育出版社,2001:88-89.
② 河南幼师在食物里投毒导致 23 名儿童中毒[EB/OL]. [2023-04-09]. https://www.sohu.com/a/408209456_120769492.

(1) 由同级人民政府限期核拨。

(2) 情节严重的,对直接负责的主管人员和其他直接责任人员,依法给予行政处分。

所谓"情节严重"是指不及时足额核拨教育经费,造成严重后果,或者拒绝、拖延执行同级政府限期核拨的要求等情况的,应当对直接负责的主管人员和其他经手、参与的直接负责人员,由主管部门或单位给予相应的行政处分。对国家行政机关工作人员,适用《国务院关于国家行政机关工作人员的奖惩暂行规定》;对国有企业职工,适用《企业职工奖惩条例》。

二、违反国家财政制度、财务制度,挪用、克扣教育经费的

行为分析:这种违法行为主要表现为利用管理、经手或其他职务上的便利,挪用教育经费归个人或集体进行其他活动或非法活动等,克扣教育经费集体私分或为个人非法占有,是贪污行为;违反有关规定,将教育经费挪作他用,无论是公用还是私用,都属于挪用行为,挪用教育经费数额较大不退还的,属贪污罪。

法律责任主体:主要包括各级政府的行政部门、学校、幼儿园及企事业单位等社会组织,或者上述部门、组织的负责人以及其他经手、管理教育经费的人员。

执法机关及处理:根据具体情节,分别做如下处理:

(1) 由上级机关责令限期归还被挪用、克扣的教育经费。

(2) 对直接负责的主管人员和其他直接责任人员,由有关部门和单位依法给予行政处分。在认定和把握是否给予行政处分和给予何种行政处分时,适用《国家行政机关工作人员贪污贿赂行政处分暂行规定实施细则》。

(3) 构成犯罪的,根据《刑法》和全国人大常委会《关于惩治贪污罪贿赂罪的补充规定》,由人民法院对行为人以贪污罪和挪用公款罪追究刑事责任。

本章政策研读

《教育行政复议制度》
《关于加强幼儿园教师队伍建设的意见》

 **本章检测**

一、判断题

1. 学前教师既享有相应的权利,也必须履行义务。　　　　　　　　　　　　(　　)

2. 幼儿园工作人员无任职要求。（　　）
3.《中华人民共和国教师法》是我国的教育基本法。（　　）
4. 教师资格制度是国家对教师实行的一种特定的职业认证制度。（　　）
5. 幼儿园教师是履行教育教学职责的专业人员。（　　）
6. 教师在实施教育活动中，既要"面向全体幼儿"，又要因材施教，注重每个幼儿的个性发展。（　　）
7. 为人师表是指教师在某些方面应成为学生的表率。（　　）
8. 教育法律责任是指教育法律关系主体因实施了违反教育法的行为，依照有关法律、法规的规定应当承担的否定性的法律后果。（　　）
9. 保健员应具备初中学历，并受过幼儿保健职业培训。（　　）
10. 体罚或变相体罚幼儿的，教育行政部门应对相关责任人员给予行政处分。（　　）

二、简答题

1. 我国学前教育教师的权利有哪些？
2. 我国学前教育教师的义务有哪些？

三、案例分析

案例 1：幼儿园教师擅离岗位之后

一天中午，某幼儿园中班的大部分幼儿都睡着了，还有个别幼儿没睡，这时，值班教师便到别的班去倒开水，并和其他教师聊了一会儿。待她回班后，发现一名幼儿头部红肿，问其原因，是刚才教师外出后，他在床上玩耍，不小心摔伤的。教师赶忙帮幼儿揉了揉，便安慰他睡觉了，下午当家长接孩子时看到幼儿伤情，非常生气，要求领导解决处理。

案例 2：幼儿园教师疏忽带来的结果

某幼儿园大班幼儿中午午睡前，教师在活动室督促幼儿收拾整理游戏材料，先进去的几名幼儿在过道玩，一幼儿不小心摔倒在地上，其他幼儿赶紧告诉当班老师，教师立即检查，发现其没有外伤，两只胳膊也能动，幼儿自己也没有异常反应，便安抚其入睡；交接班时，由于教师疏忽，未曾将情况交接给下午班的教师，幼儿起床时，下午班的教师发现该幼儿穿衣服时抬不起胳膊，教师翻开衣服发现其右肩处红肿，随即将幼儿送到医务室，保健医生检查后，建议马上到附近医院拍片检查。经检查，该幼儿锁骨骨折，之后，教师通知其父母，其父母将幼儿领回，并于第二日向幼儿园提出幼儿住院的要求。

分析：从幼儿园教师角度分析产生上述两则案例中幼儿受伤的原因，并试分析相应的对策建议，思考如何避免诸如此类的事情继续发生。

第四章

学前教育的受教育者

- 掌握学前教育受教育者的含义
- 了解学前教育受教育者的法律地位
- 理解学前教育受教育者的权利
- 学会分析如何保护学前受教育者的权利
- 明确学前教育受教育者权利侵害的法律责任

本章由五节构成,分别从学前教育受教育者的含义、幼儿在法律关系中所处的地位、幼儿的权利、如何保护幼儿的权利以及幼儿权利侵害的法律责任五个方面对学前教育的受教育者进行了全面阐述。

做儿童的朋友,让每个儿童得到关爱

早上来幼儿园时,冰冰很伤心地抱着奶奶哭,不肯进入室内。在老师和奶奶的共同努力下,冰冰进入了室内,但是冰冰仍然无法停止哭泣。这时孩子们都在吃饭,老师就把冰冰叫到睡眠室,拉着冰冰的手,同时看着他的眼睛,"冰冰,我们单独聊聊吧。"这时冰冰的情绪已经有所缓和,虽然仍在抽泣,但已经努力在控制自己的情绪。"冰冰,幼儿园这么多小朋友都很喜欢你,他们都等你来吃饭呢,而且老师也很喜欢冰冰。"看冰冰的情绪有所缓和,老师说"那我们拉个钩吧,一会儿好好吃饭。"冰冰很爽快地和老师拉了钩后自己去洗手,然后又很安静地开始吃饭。冰冰快吃完饭时,"冰冰,我们明天开开心心地来幼儿园好吗?"冰冰只是看着老师,老师又用缓和的语气说"你这样哭奶奶会伤心的,而且眼睛会痛……"没等老师说完,冰冰用一只手捂着眼睛,另一只小手摆动着:"别说了,别说了。"

在学前教育过程中,以学为职责的人被称为学前受教育者,是在学前教育活动中接受影响、从事学习的人。广义的学前教育中,所有为提高自身素质而处于学习状态的幼儿都是学前受教育者;狭义的学前教育中,学前受教育者特指学前教师"教"的对象——幼儿。

思考: 在以上案例中,你认为如果老师因为幼儿的哭闹,不让幼儿入园学习,是否合适呢?为什么?

第一节 学前教育受教育者的身心发展特征

近几年来,幼儿在幼儿园人身受到侵害、权利受到侵害的事件不断增多。一方面说明人们的法制意识增强,对幼儿人身权利的保护意识也有所增强;另一方面,也给幼教工作者提出了一个不可回避的新问题——如何保护学前教育受教育者的权利。本节主要向大家阐述幼儿身心发展的特征等知识,旨在使读者对幼儿的身心发展的特征有一般性的认识,以使广大幼教工作者能够按照幼儿身心发展的特征与规律施教,促进幼儿身心的健康和谐发展。

案例 4-1

评价儿童生长发育是否正常[①]

7岁男孩到医院就诊,家长说他太瘦,不好好吃饭,去过多家医院,治疗效果不明显。测患儿体重为25千克,正常吗?

分析: 案例中的男孩,符合我们对于幼儿的定义。幼儿,指1岁的孩子度过了婴儿期,进入了幼儿期。通常1~3岁的儿童,与1岁以内婴儿相比,身长和体重的增长速度有所减慢。小儿出生后第一年身长共增长25厘米左右,1岁后身长增长速度逐渐减慢,1~2岁的幼儿全年身长增长约10厘米,2岁以后更慢,平均每年增长5厘米左右。1岁以后直到学龄期,小儿体重每年平均增加2千克左右。通常3岁以前的小儿体重增长较多,3~7岁身高的增加较体重为快。1~3岁小儿的体型仍为躯干部较长,下肢相对短,由于活动量增加,从外表看,不像婴儿期那么胖,这是正常现象。而7岁男童正常体重范围是16~36千克,案例中的男孩体重超过中位数22千克,说明其营养良好。

幼儿无论在体格和神经发育还是在心理和智能发育上,都出现了新的发展。动作发育上,周岁的孩子已经能够直立行走了,这一变化使孩子的眼界豁然开阔。2周岁的孩子开始厌烦母亲喂饭了,虽然自己能拿着食物吃得很好,但还用不好勺子。他对别人的帮助很不满意,有时还大哭大闹以示反抗。他要试着自己穿衣服,拿起袜子知道往脚上穿,拿起手表往自己手上戴,给他香蕉他也要拿着自己剥皮。这些都说明孩子的独立意识在增强。

[①] 陈芳芳,米杰.了解宝宝健康的窗口:生长曲线图[J].健康管理,2010(5):67.

幼儿处在人一生中的一个比较特殊的时期，其身心发展过程也都有着明显的特征，这些特征包括：

一、幼儿期是孩子心理发展的敏感期

心理是指心理过程和个性心理特征的总称，也叫心理现象。脑是主生心理现象的生理器官。在正常的生活环境和教育条件下，幼儿期孩子心理发展的主要特点是：幼儿认识活动的无意性占优势。所谓无意性是指没有预定目的，不需要意志努力，自然而然进行的注意、记忆、想象等心理活动。在心理学中称为无意注意、无意记忆、无意想象等。幼儿认识活动发展的趋势是从无意性向有意性过渡的。所谓有意性，是指有目的的、需要经过意志努力的心理活动。

二、幼儿期是孩子言语发展的重要时期

幼儿期是人一生中掌握语言最迅速的时期，也是最关键的时期。这一时段的主要任务是发展幼儿的口语。在此期间，幼儿听觉和言语器官的发育逐渐完善，正确发出全部语言的条件已经具备。幼儿期语言发展的主要任务是：帮助孩子正确发音、丰富词汇，培养其口头表达能力，以及对文学作品的兴趣。

三、幼儿期是孩子个性开始形成的时期

个性是指人的需要、兴趣、理想、信念等个体意识倾向性以及在气质、性格、能力等方面所经常表现出来的稳定的个性心理特征。3岁前的婴儿已表现出了最初的个性差异。而幼儿期孩子的个性已有了明显的表现，例如，在气质、性格上，他们有的好动、灵敏、反应快；有的沉静、稳重、反应慢；有的好哭、易激动；有的活泼、开朗；有的能和别人友好相处；有的则霸道、逞强；有的爱听故事、爱学习、勤快；有的浮躁、粗心；有的懂道理；有的具有创造性。孩子们在画画、手工、唱歌、跳舞、运动、讲故事以及计算等方面的能力也初步显示了自己的爱好和特长，虽然如此，但距个性的定型还相差很远，随着环境和教育的影响，幼儿的个性还会不断地发展、变化。家庭教育的影响对幼儿的个性形成尤为重要，家长对幼儿不可娇惯与溺爱，要多创造自己的孩子与其他儿童接触的机会，指导孩子处理好与小朋友之间的关系，帮助他们组织丰富有趣、有益的活动，提供必要的设备，让孩子在和谐温馨的家庭中，在与小朋友们的共同活动与游戏中，增长知识，开阔眼界，体会到友爱、守纪、勇敢、助人的快乐，促进幼儿良好个性的正常发展。

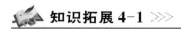
知识拓展 4-1 >>>

教育部关于印发《幼儿园教育指导纲要（试行）》的通知

各省、自治区、直辖市教育厅（教委）、新疆生产建设兵团教委，部属师范大学：

  为进一步贯彻第三次全国教育工作会议和全国基础教育工作会议精神，落实《国务院关于基础教育改革与发展的决定》，推进幼儿园实施素质教育，全面提高幼儿园教育质量，现将《幼儿园教育指导纲要（试行）》（简称《纲要》）印发给你们，从 2001 年 9 月起试行，并就贯彻实施《纲要》的有关问题通知如下：

  一、《纲要》是根据党的教育方针和《幼儿园工作规程》（简称《规程》）制定的，是指导广大幼儿教师将《规程》的教育思想和观念转化为教育行为的指导性文件。各地教育行政部门要对《纲要》的实施工作给予充分重视，认真抓好。

  要积极利用多种宣传媒介，采取多种形式，广泛、深入地宣传《纲要》，使广大幼儿教育工作者、幼儿家长以及社会人士都能了解《纲要》的指导思想和基本要求。

  要通过多种形式的学习和培训，认真组织各级教育行政部门负责幼儿教育工作的行政人员、教研人员、幼儿园园长和教师学习和理解《纲要》，以有效地依据《纲要》的指导思想和基本要求，根据儿童发展的实际需要，制订教育计划和组织教育活动，进一步更新教育观念，提高教育技能。

  二、贯彻实施《纲要》，要坚持因地制宜、实事求是的原则，认真制定本地贯彻《纲要》的实施方案。应从具体情况出发，切忌搞"一刀切"。各地可采取先试点的方法，对不同地区、不同类型、不同条件的幼儿园，分别提出不同的要求，待取得经验后逐步推开。

  三、设有学前教育专业的高等师范院校和幼儿师范学校要认真、深入地学习《纲要》的精神，改革现行学前教育课程和师资培养方式，并主动配合教育行政部门做好贯彻实施《纲要》的宣传和培训工作。

  四、各地在实施《纲要》的过程中，要注意不断研究和解决出现的困难和问题，要注意总结积累经验，并及时反映给我部。1981 年颁发的《幼儿园教育纲要（试行草案）》同时废止。

第二节　学前教育受教育者的法律地位

  本节主要阐述学前教育受教育者在法律关系中所处的地位，旨在使读者对学前教育受教育者的法律地位有一般性的认识。

案例 4-2

幼儿园教师侵犯儿童隐私权案件[①]

4岁的丁丁是一个单亲家庭的孩子。入园时,丁丁的妈妈陈女士把自己的家庭情况向丁丁所在班级的刘老师做了简要介绍,并请老师保守秘密,以免丁丁受到不必要的伤害。一日午休期间,刘老师在和同事聊天时提到了丁丁的家庭情况,没想到老师的谈话被没有睡着的小朋友听见了。此后几天,班上有几个小朋友管丁丁叫"野孩子""没人要的孩子"。丁丁回家把这一切告诉了妈妈,并哭着说再也不想上幼儿园了,因为别的孩子老是取笑他。陈女士特别生气,她找到刘老师和幼儿园领导大闹了一场,指责老师不该泄露她和丁丁的个人隐私,并表示要追究幼儿园的法律责任。

分析:隐私权就是指个人信息不被非法获取和传播、个人空间不被非法打扰、个人活动不被非法干涉的权利。法律上的隐私权就是指自然人所享有的个人隐私受法律保护,禁止他人非法侵害的权利。在现代社会,保护个人隐私十分重要。隐私被他人侵犯,通常受害者会产生极大的心理压力,甚至会失去生活的信心和勇气,成人如此,未成年人也是如此。幼儿园及教师在日常工作中应当高度重视在园幼儿的隐私权保护问题,对于在工作中掌握的幼儿的一些个人信息和资料(如幼儿的体检结果、健康状况,过往的不良经历,家庭成员的职业、收入、联系方式等),教师要予以保密,不向第三人泄露,不公开谈论。

一、学前教育受教育者法律地位的含义

学前教育受教育者的法律地位是指幼儿以其权利能力和行为能力在具体法律关系中取得的一种主体资格。

近年来,学前教育受教育者权益受损事件屡发不止,如2012年10月24日由微博曝光的"浙江温岭幼师虐童事件"。这些事件骇人听闻,挑战底线,受到了社会各界关注,引发了舆论热潮。虽然这些事件暂时得以平息,但由此引发的公众对学前幼儿权利保护的关注热情并未降低。学前幼儿由于其年龄小、心智未熟、认知辨控能力和自我保护能力差,所以幼儿权利在世界各国都受到格外的保护,我国也制定了大量的法律法规来保护儿童权利。尽管如此,我国幼儿权益保护面临着严峻形势,尤其是近年来不断出现的幼儿园虐童事件,暴露出维护幼儿生存权、受教育权、发展权的脆弱一面,人们对行政主管部门松散监管的谴责、对师德师风的怀疑、对虐童者受惩过轻的质疑,都引人深思,值得考究。

目前,我国制定了大量关于学前教育受教育者权利保护的法律法规,学前教育受教育者的权利能够得到基本的保护,但是要想进一步加强学前教育受教育者权利的法律保护,则必须检讨目前的立法,严格审视立法中的不足,以期改观。

---

① 童宪明,潘建中.幼儿法定权利与义务之探讨[J].山东教育,2002(3):27.

二、学前教育受教育者法律地位的来源

就学前教育受教育者法律地位的来源看,主要体现在以下几个"身份"上:

(1) 公民身份,即学前教育受教育者作为一般社会关系中的公民,具有《宪法》和其他法律如《刑法》《民法》等所赋予公民的各项基本权利。例如,《宪法》第四十六条第1款规定:"中华人民共和国公民有受教育的权利和义务。"《教育法》第九条规定:"中华人民共和国公民有受教育的权利和义务。公民不分民族、种族、性别、职业、财产状况、宗教信仰等,依法享有平等的受教育机会。"这些规定主要是区别于非公民的身份。

(2) 一般学生身份,即以学生身份享有的法律地位。《教育法》第三十七条规定:"受教育者在入学、升学、就业等方面依法享有平等权利。"这些规定,反映了受教育主体作为法律关系主体的地位和权利。这些规定主要区别于工人、农民等身份。

(3) 特定学生身份,即不同类型不同年龄阶段的学生享有不同的法律地位。学前教育受教育者与大学生不同,未成年学生与成年学生不同,如《教育法》第三十七条规定:"受教育者在入学、升学、就业等方面依法享有平等权利。"这些规定主要体现学生间身份的区别。

三、学前教育受教育者法律地位的体现

就学前教育受教育者法律地位的体现来说,主要包括幼儿与幼儿园之间、幼儿与教师之间的法律关系。由于教师是作为公务的执行者,幼儿与教师之间的法律关系更多地表现于幼儿与幼儿园之间的关系。幼儿与幼儿园之间的法律关系可以归纳为教育、管理和保护关系。

《幼儿园管理条例》第三条规定:"幼儿园的保育和教育工作应当促进幼儿在体、智、德、美诸方面和谐发展。"第十三条规定:"幼儿园应当贯彻保育与教育相结合的原则。"第十九条规定:"幼儿园应当建立安全防护制度,严禁在幼儿园内设置威胁幼儿安全的危险建筑物和设施,严禁使用有毒、有害物质制作教具、玩具。"《幼儿园工作规程》第四十二条规定:保育员"在教师指导下,科学照料和管理幼儿生活,并配合本班教师组织教育活动。"《未成年人保护法》第二十五条规定:"学校应当全面贯彻国家的教育方针,实施素质教育。"第三十五条规定:"学校、幼儿园不得在危及未成年人人身安全、身心健康的校舍和其他设施、场所中进行教育教学活动。"以上法律法规足以说明幼儿园对幼儿的关系为教育、管理和保护的关系。

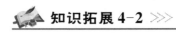
知识拓展 4-2

幼儿园与教育行政机关的法律关系

幼儿园与教育行政机关的法律关系是行政管理关系,幼儿园与教育行政机关的法律关系是一种领导与被领导、管理与被管理的行政关系。

幼儿园与教育行政机关或政府之间存在着行政上的管辖关系,并且至少一方主体是国家行政机关或其授权单位。第一,在行政法律关系中幼儿园与教育行政机关的法律地位是不平等的;第二,行政法律关系必须是在教育行政机关行使行政职权过程中才能发生;第三,行政法律关系中的幼儿园与政府的权利和义务都是由教育法律法规预先规定的,双方当事人没有自由选择的余地;第四,幼儿园与教育行政机关发生纠纷时,可以由教育行政机关按照行政予以解决,如果不服,可以根据法律规定向人民法院提起行政诉讼,也可以不经过教育行政机关依法直接向人民法院起诉。

第三节 学前教育受教育者的权利

近年来,学前教育受教育者在受教育过程中遭遇人身侵害的事故逐渐增多,学前教育教师必须明确幼儿的权利,必须依法办事,才能使学前教育工作与日益完善的法制建设同步前进,与现代教育相适应。本节主要阐述学前教育受教育者的基本权利。

案例 4-3

幼儿园教师侵犯儿童名誉案[①]

一日,在某幼儿园中班的教室里,芳芳小朋友哭着告诉陈老师,自己的笔盒里少了一支水彩笔。陈老师发动全班孩子在教室里找了一遍,但没有结果。这时,有几个小朋友说肯定是鹏鹏拿了,因为他平时老是乱拿别人的东西。陈老师当着其他孩子的面,问鹏鹏是否看见过芳芳的水彩笔。鹏鹏否认了。见状,陈老师提高了嗓门:"大家都说是你拿了,你要是不承认,以后就没人跟你玩儿了。"鹏鹏使劲地摇头,眼泪都快流出来了。陈老师急了,让另一个小朋友上前对鹏鹏进行搜身,但还是没有结果,于是陈老师让鹏鹏不许上课到教室外面罚站。

分析: 名誉是指社会对公民个人的品德、情操、才干、声望、信誉、形象或者法人的信誉、形象等各方

---

① 雷思明.幼儿安全策略50条[M].上海:华东师范大学出版社,2013:36.

面形成的综合评价。名誉权,是指公民和法人对其应有的社会评价所享有的不受他人侵害的权利,包括名誉保有权和名誉维护权。名誉权强调的是社会对个人的评价,并不是指个人的自我评定。侵犯名誉权的违法行为主要包括侮辱行为、诽谤行为、新闻报道的严重失实、评论严重不当等。儿童的名誉一旦受到损害,其学习、生活的外部舆论环境就会恶化,儿童就会产生心理压力,从而影响其身心健康。

在上述鹏鹏被怀疑偷拿水彩笔的案例中,当事教师的所作所为都对受害幼儿的名誉造成了损害,给幼儿造成了心理压力和精神痛苦,是典型的名誉权侵权行为,一旦幼儿的监护人诉诸法律,当事教师及幼儿园有可能要承担相应的法律责任。

一、学前教育受教育者的一般权利

幼儿作为民事主体必定具有权利能力,依法享有法律法规所规定的合法权益。以下是幼儿作为民事主体所享有的权利。

(一) 姓名权

在法律上,姓名的意义主要体现在两个方面:其一,姓名是使自然人特定化的社会标志。特定的姓名代表特定的民事主体,因而姓名成为民事主体资格的外在表现。其二,姓名是自然人维持其个性所必不可少的要素,是自然人作为人所必须具备的人格利益。

姓名权是自然人依法享有的决定、变更和使用自己的姓名,并得以排除他人干涉或非法使用的权利。此处的姓名包括户籍上的姓名,以及曾用名、艺名、笔名。乳名原则上不属于姓名。

《民法典》第一千零一十二条规定:"自然人享有姓名权,但不得违背公序良俗。自然人有权依法决定、使用、变更或者许可他人使用自己的姓名。"这一规定明确了权利主体依法享有的权利,任何不特定的人都负有不得侵害和妨碍权利人行使权利的义务。幼儿的姓名由其监护人决定或变更。幼儿园应正确使用幼儿的姓名,不得任意改变其姓名。

案例 4-4

老师抽奖,怎能用星星的名字[①]

某幼儿园的钟老师,用自己班上 10 个幼儿的姓名,报名参加了某报刊举办的抽奖活动。结果幼儿星星被幸运抽中。因为领取奖品需凭幼儿的户口本,钟老师就把这件事告诉了星星的妈妈,并向她借户口本。可星星的妈妈却认为钟老师侵犯了星星的姓名权,要求钟老师交回兑奖凭条。

星星还这么小。也享有姓名权吗?

---

① 幼儿姓名权 老师抽奖怎能用星星的名字[EB/OL].[2023-04-09]. https://wenku.so.com/d/b7b6ead30898f2d3112dfe87daa0e02d.

这是一起因幼儿的姓名权受到侵害所引起的纠纷。姓名是公民用以确定、表明自己身份,与其他人相区别的符号。姓名权就是公民就其姓名所享有的权利。根据《民法典》第一千零一十二条:自然人享有姓名权,但不得违背公序良俗。自然人有权依法决定、使用、变更或者许可他人使用自己的姓名。幼儿的姓名权,同样受法律保护,未经其法定监护人同意,其他人不得使用。公民的姓名权受到侵害的,有权要求停止侵害,恢复名誉,消除影响,赔礼道歉,并可以要求赔偿损失。本案中,钟老师未经星星及其家长的同意,私自使用他的姓名,侵犯了其姓名权。虽然情节较轻,后果不算严重,钟老师还是应主动赔礼道歉,并交还兑奖凭条给星星的家长。

(二)肖像权

肖像权是自然人对自己的肖像享有利益并排斥他人侵害的权利。肖像权所保护的客体是肖像上所体现的人格利益,它直接关系到自然人的人格尊严及其形象的社会评价,是自然人所享有的一项重要人格权。

《民法典》第一千零一十八条规定:"自然人享有肖像权,有权依法制作、使用、公开或者许可他人使用自己的肖像。肖像是通过影像、雕塑、绘画等方式在一定载体上所反映的特定自然人可以被识别的外部形象。"幼儿的肖像权由其监护人行使,幼儿园应切实维护其权益,未经同意不得将幼儿的肖像给厂商或报刊媒体作广告宣传之用,也不得非法毁损、玷污、丑化幼儿的肖像。

案例 4-5

幼儿的肖像权不可侵犯①

某幼儿园在为中班幼儿过集体生日时,拍了一组照片,效果相当好。一家蛋糕店老板恰好有机会看到这些照片,选了两张准备做宣传广告用。幼儿园感到这样的宣传有益无损,故非常乐意地奉送了两张照片。宣传画贴出后,孩子的父母即向店老板提出侵权的问题。店老板认为是幼儿园同意自己使用这些照片的,故不存在侵权之嫌。孩子的父母又向幼儿园提出侵权的问题。幼儿园这才意识到自己的行为侵犯了幼儿的肖像权。最后通过调解,店老板把贴出的宣传画全部收回并销毁,给予了幼儿一定的经济补偿;幼儿园向幼儿家长做了赔礼道歉。本案中,蛋糕店老板用幼儿的照片做广告,纯粹出于营利目的,又没有征得幼儿父母(监护人)的同意,构成侵权是毫无疑问的。通过三方协商,幼儿园做了赔礼道歉,蛋糕店老板做了一定的物质赔偿,家长做了一定的退让,本案才得以解决。

---

① 幼儿的肖像权不可侵犯[EB/OL].[2023-04-09]. https://www.66law.cn/laws/33467.aspx.

(三) 著作权

著作权又称版权,是作者及其他著作权人对其创作的文字、科学和艺术作品依法享有的权利。著作权是民事权利,是知识产权的组成部分。著作权包括人身权和财产权两大类。根据《中华人民共和国著作权法》第十条的规定,著作权包括人身权和财产权,著作权的人身权包括作者对其作品的发表权、署名权、修改权和保护作品完整权。财产权指作者及其他著作权人对其作品依法所享有的使用和获得报酬的权利。

幼儿不可能创作小说、剧本、论文等,但有不少幼儿能完成儿童画、书法、摄影作品,有些作品能够见诸报刊。不能因为幼儿尚未成年而剥夺其版权,只要其作品符合著作权法的有关规定,即形成著作权。幼儿园在使用其作品时应征得幼儿监护人的同意,否则不得任意展览或向报刊投稿。

案例 4-6

幼儿园的小孩有没有著作权?[①]

某幼儿园幼儿李某很有绘画天赋,他的画多次在儿童画展上获奖。有家出版社计划出版《儿童优秀美术作品选》,经该幼儿园老师的推荐,李某署名。但出版印刷时,作品只有"xx 幼儿园供稿字样"。

李某家长知道后,就找到出版社索要样书、稿酬及作者证明。出版社答复说,样书可以给,作者证明可以开,但选登李某的画得到了幼儿园的同意,稿酬已统一支付给了幼儿园。幼儿园则认为李某的画作得到了幼儿园老师的指导,又被推荐出版,对李某来说是一种荣耀,家长不应再索要稿酬。

真的是这样吗?依据我国著作权法的规定,创作作品的公民就是该作品的作者。年龄的大小虽能影响人的行为能力但不能影响人的权利能力。由于其为无民事行为能力人,故该权利由其监护人代为行使。幼儿园在未经作者监护人许可的情况下,将作品提供给出版社,且没有给作品署名,他们共同侵犯了李某的著作权,理应将稿酬付给李某的家长。而且,如果家长追究,出版社和幼儿园还应承担赔偿责任。

(四) 隐私权

隐私权是自然人就自己个人私事、个人信息等个人生活领域内的事情不为他人知悉、禁止他人干涉的权利。

《民法典》第一千零三十二条规定:"自然人享有隐私权。任何组织或者个人不得以

---

① 幼儿园的小孩有没有著作权?[EB/OL].[2023-04-09]. https://news.netshop168.com/article-55085.html.

刺探、侵扰、泄露、公开等方式侵害他人的隐私权。"

幼儿园应该尊重幼儿的隐私权，不得错误地认为幼儿没有隐私，更不能把幼儿的隐私拿来开玩笑，这无论从促进幼儿的健康成长的角度还是从法律的角度来看，均是不应该的。

案例 4-7

幼师发"男童裸照"侵犯儿童隐私权[①]

据媒体报道，洛阳偃师市某幼儿园的一组照片被传到朋友圈。20多名小男孩脱光衣服，摆出爱心和太阳等造型。有家长无意间看到了这些照片，感觉非常不舒服。有家长向媒体反映称，对老师的做法表示很气愤，说老师不应该在家长不知情的情况下把照片发到网上，甚至指责老师变态。拍摄并上传照片的马老师则有些委屈，称拍摄时间在7月份，天气十分炎热，她当时还特意把女生安排到了其他教室。她表示这也有给孩子讲解性教育和做人道理的意思。

每个人都享有隐私权，作为儿童，由于不能自主表达意愿，他们的权益更要受到加倍重视与保护，不容侵犯。可如今，任由裸体照片在网上流传，已经涉嫌违法，还觉得委屈，这样的老师，能教会孩子们多少做人的道理，值得商榷。

这一事件，再一次提醒我们的老师和家长，对孩子的教育要与时俱进，尤其是幼儿老师，其工作并不简单，需要以正确的方式"教做人道理"。同时，我们的幼儿教育也需要抬高门槛，起码要有尽可能覆盖面广泛的职业培训，不能让这种可笑的、具有伤害性的教育方式屡屡上演。最起码，身为教师，要有相应的职业素养与法律常识。

（五）名誉权

名誉权是自然人或法人就其自身特征所表现出来的社会价值而获得社会公正评价的权利。《民法典》第一千零二十四条规定："民事主体享有名誉权。任何组织或者个人不得以侮辱、诽谤等方式侵害他人的名誉权。"

幼儿具有独立的人格，依法享有名誉权。任何侮辱、诽谤、捏造事实、散播流言蜚语、损害幼儿名誉的行为，都是违法行为，会伤害幼儿的人格尊严。

[①] 幼师拍男童裸照侵犯隐私权[EB/OL]. [2023-04-09]. https://news.sina.on/pl/ch/2015-10-21/doc-ifxiwazu5662188.shtml.

案例 4-8

幼儿名誉权 小聪尿床无错老师斥骂侵权①

幼儿小聪有遗尿的毛病,引起保育员张某的反感。一天午睡醒来后小聪又尿床了。张某不悦,大声斥骂小聪,引得小朋友们哄堂大笑,小聪觉得无地自容,不肯再上幼儿园。小聪的妈妈认为张某的行为伤了孩子的自尊心,损害了小聪的名誉权,应当赔礼抱歉。而张某则认为:小孩子有什么名誉权!自己只是随口说了一句,没有那么严重。

那么小孩子到底有没有名誉权呢?本案中的小聪因为遗尿而遭到了保育员的辱骂。而事实上导致幼儿遗尿的原因很多,保育员不能因为这增加了自己的工作量而对幼儿进行斥责,这样会伤害幼儿的自尊心。我国《宪法》第三十八条规定:"中华人民共和国公民的人格尊严不受侵犯。禁止用任何方法对公民进行侮辱、诽谤和诬告陷害。"《未成年人保护法》第四条规定:"尊重未成年人人格尊严。"张某因为小聪是个幼儿而无视其人格尊严,在同班小朋友们的面前辱骂小聪,造成对其名誉的贬损,侵犯了小聪的名誉权和人格尊严,给小聪造成了一定精神伤害,张某的行为已构成侵害小聪的名誉权,只是情节较轻,后果不太严重。张某应对小聪立即停止侵害,恢复名誉,消除影响,赔礼道歉等。

二、学前教育受教育者的特殊权利

幼儿作为我国受教育群体中一个特殊的存在,身心发展都处在一个非常特殊的时期。因此,幼儿相应地会享受一些作为幼儿所特有的权利。

(一) 受教育权

受教育权是指公民享有在国家提供的各类学校和机构中学习科学文化知识的权利,是公民的一项基本权利。

《宪法》第四十六条规定:"中华人民共和国公民有受教育的权利和义务。"《教育法》第九条规定:"公民不分民族、种族、性别、职业、财产状况、宗教信仰等,依法享有平等的受教育机会。"《未成年人保护法》第十三条规定:"父母或者其他监护人应当尊重未成年人接受教育的权利。"

上述法律、法规明确表达了幼儿作为未成年人,依法享有其受教育的权利,任何人都无权剥夺。然而,尽管有如此之多的法律、法规对幼儿受教育权加以保护,但事实上幼儿的这一权益时常受到侵犯。例如,有些幼儿园任意停课,让幼儿为商家的开张列队祝贺;个别幼儿教师让不听话的孩子到门外罚站。

---

① 幼儿名誉权 小聪尿床无错老师斥骂侵权[EB/OL]. [2023-04-09]. https://wenku.so.com/d/5e1a5bfb4a5c7d4a86843d2d683ced06.

(二)获得公正评价的权利

幼儿在幼儿园有获得公正评价的权利。《教育法》第四十三条第三款规定,受教育者应"在学业成绩和品行上获得公正评价"。幼儿园教师应实事求是地对幼儿进行评定,不得以个人的好恶而失之偏颇。让家长全面了解幼儿在幼儿园的表现情况,有利于幼儿健康的成长。

(三)财产权

财产权是指财产所有人依法对自己的财产享有的占有、使用、受益和处分的权利。

《教育法》第四十三条第四款规定,如果学校、教师侵犯了受教育者的人身权、财产权等合法权益,可以提出申诉或者依法提起诉讼。幼儿经常会把自己家中的玩具或者宠物带进幼儿园,教师应依法进行处理或管理,不得任意损坏、没收、抵押、占有、使用等。

(四)人身自由权

人身自由权是指公民的人身不受非法的拘禁、逮捕、管制、搜查以及其他侵害,是公民最起码、最基本的自由,是公民享有其他权利不可缺少的条件。

《宪法》第三十七条规定:"中华人民共和国公民的人身自由不受侵犯……禁止非法拘禁和以其他方法非法剥夺或者限制公民的人身自由,禁止非法搜查公民的身体。"

有些幼儿园教师法制观念淡薄,对不守纪律的孩子不是采取正确的教育手段,而是用罚站、关进小房间等违法措施对其进行处罚;在班上,有些幼儿丢失钱物之后,个别教师会采用搜身等非法行为,侵犯了幼儿的人身自由权。

 知识拓展 4—3

《儿童权利公约》

1989年11月20日,《儿童权利公约》通过,已有193个国家批准了《儿童权利公约》(索马里和美国是世界上仅有的两个至今未批准加入的国家。)

《儿童权利公约》将儿童定义为18岁以下的男孩和女孩,并认为每一位儿童既是一个独立的个人,又是家庭和社会的一分子,儿童享有一个人的全部权利。

《儿童权利公约》确立了世界各地所有儿童时时刻刻应享有的基本人权:生存权;全面发展的权利;免遭有害影响、虐待和剥削的受保护权;全面参与家庭生活、文化生活和社会生活的权利。《儿童权利公约》通过确立保健、教育以及法律、公民和社会等方面的服务标准来保护儿童的上述权利,这些标准是评价进步情况的尺度。批准《儿童权利公约》的国家有义务在采取行动和制定政策时考虑儿童的最高利益。

第四节 学前教育受教育者权利的保护

当前,我国的法制建设正在不断发展中,教育法律法规体系也正处在不断充实、完善之中。关于幼儿权利保护的单项法律尚未出台,造成幼教立法滞后于幼教实践的状况。本节主要阐述幼儿权利保护的种类,明确幼儿的权利,使幼儿的权利得到切实的保护。

案例 4-9

幼儿园老师逼迫儿童吃大便纸案

2011年12月26日,魏女士4岁儿子小军情绪低落。"我就问他怎么了,他看看班主任许老师,说没什么。"魏女士说。魏女士就问许老师小军是不是在学校出什么事了,得到的答复是:当天小军很听话,什么事也没发生。

"回家后我慢慢问,他才说,在学校被老师打了,老师拽了他胳膊,用手指戳了他。当时我看看孩子身上没什么伤,就没太在意。"魏女士称。

"第二天,他突然说,爸爸不吃屎,他也不吃屎。"魏女士称,自己很惊讶,就仔细询问,孩子说许老师让他和小明吃擦过大便的纸。

"孩子说,老师是从厕所里捡擦过大便的纸,在马桶里蘸水后,让他们吃下去的。当时他还说,他吃下去后,都吐了。"魏女士很生气,于是打电话给小明的家长。据小明的家长张女士说,她立即询问了小明。"小明说,老师把他拖到厕所,从垃圾桶里找擦过大便的纸让他吃。"张女士得知后也非常生气。

分析: 在实践中,教师对在园幼儿的侮辱性行为主要表现为行为侮辱和言语侮辱。前者如逼幼儿吃屎、喝尿,逼幼儿吃苍蝇,逼幼儿舔干他自己吐在地上的唾沫,逼幼儿脱裤子等;后者如用语言侮辱幼儿"猪狗不如""笨蛋""弱智"等。此类行为和言辞已不属于正常的批评教育范围,纯粹是教师个人愤怒和不满情绪的宣泄,这样不但达不到教育的效果,反而会给幼儿造成极大的心理打击,使幼儿产生屈辱感和挫败感,甚至令其失去生活的信心和勇气,因而此类行为是为法律和师德所禁止的。

教师在对幼儿进行批评教育的时候,应当就事论事,不要对幼儿的品行、能力下否定性的结论,批评幼儿不要使用带有侮辱性、诋毁性的措辞,不要实施有辱人格的行为,批评的方式、场合应当考虑幼儿不同的性格、个性特点而有所差异,以不伤害幼儿的自尊心、有利于幼儿改正错误为原则。

幼儿是人群中力量最弱的群体,其合法权利极易被侵犯,要使幼儿的权利真正得到体现,必须设立一个权利保护体系,让全社会动员起来,抵制一些侵犯幼儿权利的行为,切实保护幼儿的合法权利①。

一、家庭保护学前教育受教育者合法权利的举措

家庭是以婚姻或血缘关系或收养关系为基础的一种社会生活组织形式。在社会这个庞大的有机体中,家庭只是一个"细胞",它不仅具有繁衍后代等功能,而且还有教育后代、保护后代的社会职责。家庭保护是通过父母或其他监护人对幼儿依法行使监护权,履行对幼儿进行抚养教育、保护和法律回答的其他义务而完成的。家庭中其他成年人有协助幼儿的监护人行使保护的责任。

父母或其他监护人要以健康的思想、文明的言行和正确的方法教育影响幼儿,保护幼儿的合法权利,使其沿着健康的方向成长。监护人应做到以下各项:

(1) 尊重幼儿接受学前教育的权利,不应剥夺幼儿接受教育的权利,不得使在幼儿园的幼儿辍学。

(2) 关心幼儿的日常生活和其在幼儿园的活动,不让幼儿接触不适合他们的视、听、读物,不带幼儿进入不适合、不安全的活动场所。

(3) 教育幼儿遵纪守法,尊敬师长;要求幼儿讲真话、讲实话、不说谎话、不骗人。

(4) 接受家庭学校或幼教机构的指导,学习掌握教育幼儿的科学方法。

(5) 对于重新组合的家庭或非婚生幼儿,继父母必须依法履行抚养、教育保护的义务,不得歧视、虐待、辱骂乃至遗弃幼儿。

二、幼儿园保护学前教育受教育者合法权利的举措

幼儿园是专门从事幼教工作的场所,也是保护幼儿受教育权的主要部门。幼教工作者应当尊重幼儿的受教育权,关心爱护幼儿;应当尊重幼儿的人格尊严,不得实施体罚、变相体罚以及侮辱人格的行为。幼儿园应为幼儿提供健康安全的活动器材和教育设施。幼儿园的保护应当做到以下几点:

(1) 幼儿教师应为人师表,以自身良好的言行影响和教育学生。对调皮、不听话的幼儿应当耐心教育,不得放任不管或任意剥夺其参与各项活动的权利。

(2) 幼儿园要为幼儿提供合格、卫生的教学和生活设施,要保证幼儿活动、饮食的健康与安全,保证幼儿充足的休息时间。

(3) 教师应尊重幼儿的合法权益,维护幼儿的合法权利,对于损害幼儿权利的行为,可以通过合法的途径来交涉处理。

(4) 幼儿园应与家长密切联系,并对家长进行家庭教育的指导,共同探讨教育幼儿的

---

① 赵玫瑰.论未成年人家庭保护[D].济南:山东大学,2011:35.

有效方法。

（5）对于残障幼儿，教师应采取多种保护性措施，帮助他们克服学习、生活等方面的困难，教育其他幼儿要尊重他们、关心他们、爱护他们。

三、社会保护学前教育受教育者合法权利的举措

社会，是以共同的物质生产为基础而相互联系的人们的总体。社会保护就是要给幼儿提供良好的条件、场所、环境，禁止他们参加一些不利于其成长的活动。具体包括以下内容：

（1）影视、文化、出版以及其他有关单位和人员，要为幼儿创作、出版、发行、展出、演出、播放适合幼儿特点，并有利于其身心健康的影视、录音、录像、书籍、报刊、图画、文艺节目和其他精神产品。凡提供精神产品的单位和个人，都应该对其内容负责，不适宜幼儿身心健康发展的内容禁止提供。

（2）儿童乐园、公园等公共娱乐场所中为幼儿提供服务的设施环境，应符合幼儿的特点，保证安全健康，须在父母陪同下才可进行的活动项目，应有明显标志，并禁止幼儿单独参与。

（3）社区内的企事业单位要与幼儿园配合，为幼儿园的教育工作者提供人力或物质上的帮助，并尽可能地降低收费或免费。

（4）各级工会、妇联、体协应把保护幼儿的健康成长列为经常性的工作，会同教育部门建立家庭教育指导机构，提供幼儿教育的咨询服务，提供家庭教育的各种指导。

（5）居民委员会、村民委员会应在有关政府的指导下，开展保护幼儿的活动，利用寒暑假，进行有益于幼儿身心健康的活动。

（6）公民有义务帮助有困难的幼儿，对于家庭暴力、虐待幼儿的行为，任何公民、组织均有义务向有关部门反映，以保护幼儿的合法权益。

四、政府保护学前教育受教育者合法权利的举措

无论是家庭保护、幼儿园保护，还是社会保护，都必须以法律为后盾，以法律为依据，否则，将于法无据，不可能真正保护幼儿应有的权利。在我国的社会主义法制不断健全的今天，政府部门已经开始运用立法手段来保护幼儿的权利。

1990年8月29日，中国政府正式签署了联合国《儿童权利公约》。1992年3月2日，全国人大批准了该公约，《儿童权利公约》于同年4月1日正式在中国生效。该公约规定18岁以下儿童的基本权利有四种，即生存权、发展权、保护权、参与权。

1991年9月4日全国人大常委会通过了《中华人民共和国未成年人保护法》，并于1992年1月1日起实施，该法第二、三、四章的有关条款对幼儿的保护做出了专门的规定。1995年3月我国颁布的《中华人民共和国教育法》规定了学前教育的性质、任务，幼

儿园的保育规范、卫生保障规范和幼儿保护规范。2016年3月1日起施行的《中华人民共和国反家庭暴力法》,是一项新的保护外国人和中国公民在中国境内免受家庭暴力侵害的法律,该法案的两款条文对儿童和幼儿园都有特别的意义。2021年10月,十三届全国人大常委会第三十一次会议表决通过了《家庭教育促进法》,这是我国首次就家庭教育进行专门立法,此次立法将家庭教育纳入了幼儿园计划和教师培训中,要求具备条件的幼儿园应当在教育行政部门的指导下,为家庭教育指导服务站点开展公益性家庭教育指导服务活动提供支持。2021年,国务院印发《中国儿童发展纲要(2021—2030年)》,为儿童生存、发展、受保护和参与权利的实现提供了重要保障。

许多地方政府及地方人大为了保护幼儿的合法权益也出台了不少地方性法规和规章。如1997年2月施行的《广州市幼儿教育管理规定》,1998年1月施行的《青岛市托幼管理条例》。

由此可见,随着我国法制工作的不断健全与完善,有关幼儿权利保护的法规、规章也纷纷颁布实施,它们对幼儿合法权利的保护起了积极的作用。但是,与发达国家相比,我国对幼儿的保护还存在一定的差距。美国、英国、澳大利亚等都有专门的《儿童法案》或《学前教育法》,详细规定了幼儿的法定权利及其保护措施,切实保障了幼儿的各项权利。而我国尚没有类似的专门法律,现有的一些规章条例的法律地位不高,仅属于行政法规或是地方性法规的层次。

 知识拓展4-4 >>>

幼儿权利保护的内容①

一、幼儿的人身权

人身权:指与人身相联系或不可分离的没有直接财产内容的权利,亦称人身非财产权。人身权与财产权共同构成了民法中的两大类基本民事权利。人身权包括人格权和身份权两大类,其中人格权包括生命权、身体权、健康权、姓名权、名称权、名誉权、隐私权、肖像权。身份权包括亲权、配偶权、亲属权、荣誉权。

(一)生命权

生命权是以自然人的性命维持和安全利益为内容的人格权。

生命权是自然人的一项根本的人格权,它在维护自然人的生命安全的同时,也成为自然人享有其他人格权的前提和基础。公民的各项人格权均以公民的生存为前提,一旦公民的生命权遭到侵害而丧失生命,则其他人格权也不复存在。

非经法律规定的事由和程序,任何主体都不得剥夺公民的生命权。

---

① 童宪明.幼儿权利的保护和侵犯[J].山东教育,2001(10):25.

常见侵犯生命权的行为:故意或过失杀人。

(二)身体权与健康权

身体权是指自然人保持其身体组织完整并支配其肢体、器官和其他身体组织,并保护自己的身体不受他人违法侵犯的权利。

健康权为自然人享有保持生理机能正常及其健康状况不受侵犯的权利。其内容主要包括健康保持权和特定情形下的健康利益支配权。

常见侵犯身体权与健康权的行为:非法拘禁、非法搜查、殴打、体罚、非法买卖器官。

(三)隐私权

隐私权作为一种基本人格权利,是指公民"享有的私人生活安宁与私人信息依法受到保护,不被他人非法侵扰、知悉、搜集、利用和公开的一种人格权",包括隐私隐瞒权、隐私利用权、隐私支配权。

常见侵犯隐私权的行为:①未经许可,公开他人姓名、肖像、住址和电话号码;②非法跟踪他人,监视他人住所,安装窃听设备,私拍他人私生活镜头,窥探他人室内情况;③非法刺探他人财产状况或未经本人允许公布其财产状况;④私拆他人信件,偷看他人日记,刺探他人私人文件内容,以及将它们公开;⑤调查、刺探他人社会关系并非法公之于众;⑥泄露公民的个人材料,或公之于众或扩大公开范围;⑦收集公民不愿向社会公开的纯属个人的情况。

(四)名誉权

名誉权,是指公民或法人保持并维护自己名誉的权利。这些被维护的名誉是指具有人格尊严的名声,它是人格权的一种。

常见侵犯名誉权的行为:侮辱,诽谤。

(五)肖像权

肖像权,是指自然人对自己的肖像享有再现、使用并排斥他人侵害的权利,包括肖像制作专有权、肖像使用专有权、肖像利益维护权。

常见侵犯肖像权的行为:未经公民同意,以赢利为目的利用其肖像做广告、做商标、装饰橱窗等;恶意毁损、玷污、丑化公民的肖像。

二、幼儿的受教育权

受教育权是一项基本人权,受教育权是公民所享有的并由国家保障实现的接受教育的权利,是宪法赋予的一项基本权利,也是公民享受其他文化教育的前提和基础,包括公民享有从国家接受文化教育的机会和获得受教育的物质帮助的权利。

(一)受教育机会权

它是指每个公民都享有从国家接受文化教育的机会:入学权(绝对权利与相对权利);基本的教育条件保障权;支持其受教育过程的其他辅助性权利。

（二）受教育的物质帮助权

它是指公民有权获得必要的物质帮助，以支持其受教育权的实现：免费教育制度；合理的受教育成本负担制度；奖学金、助学金、贷学金等扶持制度。

（三）充分发展权

它是指公民可以通过受教育过程充分实现自身的完善发展（教育的个人目的和国家目的）：发展自主权、教育参与权、公正评价权。

第五节 学前教育受教育者权利侵害的法律追责

学前教育受教育者与幼儿园之间的法律关系的确定，不但是解决目前幼儿园中学前教育受教育者伤害事件的法律基础，也是保证幼儿园教育工作顺利开展的前提。本节主要明确学前教育受教育者权利侵犯的种类以及解决途径。

案例 4-10

幼儿园教师体罚幼儿案

因有小朋友犯错而无人站出来承认，北京市朝阳区京棉二厂幼儿园一教师强令班上20名小朋友集体脱光衣服罚站。该园中(2)班家长苏宁（化名）说，当天下午4点半接儿子小乐（化名）回家路上，孩子不停地打瞌睡，一问才知道老师要求他们班上20个小朋友全部脱光罚站。苏宁起初以为孩子撒谎，直到见到其他十几个家长议论此事，才知道罚站属实。家长们说，当天午饭后，班主任王老师发现29号漱口杯没有放回原处，便逐一询问是谁干的，王老师让他们在教室里脱光衣服罚站，全班21个孩子只有一个新转来的小孩没有脱衣，其他人全部脱得只穿小裤衩，没穿裤衩的就光着身子。站了10分钟几个孩子开始哭，王老师才让他们回休息室睡觉。

分析：人格尊严，是指公民作为一个"人"应当享有的受到社会和他人最起码尊重的权利。幼儿也有人格尊严，一旦人格遭受侮辱，幼儿的身心同样会受到巨大打击。有鉴于此，现行法律明确禁止教师实施侮辱幼儿人格尊严的行为。从法律责任上看，教师的侮辱行为如果给幼儿造成了伤害，往往需要承担赔偿损失、赔礼道歉等民事责任。如《教师法》第三十七条明确规定，对于"品行不良、侮辱学生"的教师将"由所在学校、其他教育机构或者教育行政部门给予行政处分或解聘"。造成严重后果的，行为人还有可能触犯刑事法律，构成侮辱罪，从而被追究刑事责任。

法律面前人人平等，人格面前也是人人平等的，幼儿不是成人的附属物，不是任何人捏造的橡皮泥，而是一个有血有肉的独立个体，幼儿园教师应当树立儿童权利观和平等的师生观,尊重幼儿的人格尊严,不得随意惩罚、侮辱、歧视幼儿。

法律责任存在于各部教育法律之中,是教育实施的必要保证,是维护教育法制的重要内容。"责任"一词在一般意义上有两种含义:一是指分内应做的事,如"尽职尽责";一是指未做应做的事所应承担的义务性后果,如"追究责任"。而法律责任也有广、狭义之分:广义的法律责任和法律义务是同义语,如一般的守法义务、赡养义务等;狭义的法律责任是指法律关系主体实施了违法行为而必须承担的否定性的法律后果。

一、学前教育受教育者权利侵犯的类型

尽管涉及幼儿权利保护的法律规范有不少,但是幼儿的合法权利受到侵犯的案件还是频频发生。根据侵权发生地的不同,可把对幼儿的侵权分为家庭侵权、幼儿园侵权和社会侵权三类。

1. 家庭侵权

现在的幼儿绝大多数是独生子女,父母、祖父母、外祖父母对孩子都是宠爱有加,爱护过头。侵权行为又是如何发生的呢?在这里,我们通过一个案例向大家展示:

案例 4-11

桂林市临桂区廖某夫妇三个月前喜得贵子,不料一日凌晨,妻子蒋女士下班回家,看见床上的儿子面色苍白,丈夫廖某的左手肘部压在儿子胸部。她上前一探,察觉不到孩子的心跳。她叫醒丈夫,骑着摩托车一路飞奔到医院。但孩子却已经抢救不过来了,医生判定,孩子是窒息身亡。

上述的案例就是幼儿的监护人之一(父亲)的过失行为,造成对幼儿健康权的侵犯。尽管其在主观上不是故意的侵权,但是对损害的结果负有责任,且有一定的过错,根本没有尽到监护人的职责,所以构成侵权是无疑的。

2. 幼儿园侵权

幼儿园是幼儿接受教育、获取知识的专门场所,幼儿园应保护幼儿的各种合法权益。但是由于观念的陈旧、教育设施的限制、教职工素质的局限,近年来幼儿园时常发生侵犯幼儿合法权利之事。

案例 4-12

肥城市某幼儿园聘用吴某为该幼儿园小班的带班老师,吴某从小养成频繁眨巴眼睛的毛病。几个月的带班实践,吴某眨巴眼睛的不良习惯对幼儿产生了十分严重的影响,全班35个小朋友模仿吴老师眨巴眼睛的习惯,学得惟妙惟肖,引起众多家长强烈的反应,最后幼儿园辞退了吴某。

在上述案例中,幼儿园辞退吴某是合法之举,有力地保护了幼儿的受教育权。吴某受聘任期间,其教学行为代表了幼儿园的职务行为,而吴某的生理缺陷导致她给幼儿带来的是不合格的教育,对孩子的负面影响较为严重,直接侵犯了幼儿的受教育权,所以说这是幼儿园对幼儿受教育权的侵害。

3. 社会侵权

社会对幼儿的侵害之事在近几年的新闻报道中经常可以见到。社会侵权范围较广,大多发生于社会公共娱乐场所或服务场所,像商场、超市、公园、儿童乐园及社区等相关场所。

案例 4-13

天津的五岁男童徐岩,与父母一起到一家麦当劳餐厅消费,并在儿童游乐区的滑梯玩耍,结果摔伤。于是徐岩以天津麦当劳食品公司为被告,向法院提起诉讼。原告认为,麦当劳餐厅内的儿童游乐设施是其提供服务的一部分,但却疏忽了安全防范措施造成了孩子摔伤,要求被告承担医疗费、营养费。

上述案例中如果原告所说属实,麦当劳公司提供的儿童活动设施存在着安全隐患,又疏忽了管理与防范,从而对幼儿的身体造成伤害,侵犯了幼儿的生命、健康、身体权,因此应该追究麦当劳公司的民事责任,严重情况下可对其追究刑事责任。

二、学前教育受教育者侵权纠纷的解决途径

幼儿的合法权利受到侵犯后,监护人可以通过多种途径来解决,具体的方法有协商、调解、仲裁、复议、诉讼。当事人可以根据具体的侵权情况选择解决的途径。

1. 协商

幼儿的权利遭到侵害,其监护人可以根据我国法律的有关规定,向侵权人提出赔偿损失、赔礼道歉等合法请求,侵权方如认为合情合法,愿意接受对方提出的请求并予履行,协商即告成功。

案例 4-14

4 岁男童幼儿园摔伤头事件追踪,家长:若协商不成功将维权[①]

2021 年 4 月 19 日下午 4 点多钟,就读于天麓伟才厚永幼儿园的 4 岁多的男童小飞因为被另一个孩子绊倒,左边脸部直接磕在一个鞋柜的边角上,撞开了一条两厘米长的

---

① 4 岁男童幼儿园摔伤头事件追踪,家长:若协商不成功将维权[EB/OL].[2023-04-09]. https://new.qq.com/rain/a/20220219A07LY700.

口子,在医院里缝了三针。接着,12月9号下午3点多钟,男童小飞在室外的滑梯上玩耍时,又一次撞伤了头部。幼儿园负责人陈女士称,孩子受伤之后,幼儿园支付了全部的治疗费用,并委派保健医生后续随访,产生的各种费用共计6 700余元。在双方前三次的协商当中,幼儿园还愿意拿出2 000元进行慰问。但是孩子家长一方面提出赔偿要求过高,另一方面情绪还较为激动。

湖南金州律师事务所胡律师表示,这件事首先要明确幼儿园对男童受伤负怎样的责任,从目前沟通协商的情况来看,幼儿园并不认为自己一方应承担全部责任,孩子家长可通过法律诉讼的方式来确定。

胡律师还表示,如果幼儿园对此事负有部分或全部责任,家长一方可就已经发生的交通费、误工费等费用进行索赔,但关于退还学费的诉求并没有法律条文支撑。

2. 调解

纠纷发生后,在有关组织或人员的主持下,依据国家的法律法规及相关政策,根据双方当事人的请求及实际情况,运用说服教育的办法,劝导纠纷双方当事人通过自愿协商解决纠纷。

主持调解人,可以是人民调解委员会,也可以是行政机关或司法机关,可以是当事人所在的单位,可以是居委会、工会、妇联组织,也可以是接受委托的律师。

案例 4-15

简阳一小孩在幼儿园摔伤病危 司法所调解化赔偿纠纷①

普安乡乐乐幼儿园课间活动时间,站在滑梯边的周林(化名)被正在玩耍的小朋友撞倒在地,额头冒起了一个小青包,经过幼儿园中班班主任唐老师的简单处理,见其无异常,便继续上课。谁知在当天下午3点左右周林发生呕吐现象,老师见状立马送往禾丰卫生院,医生检查后要求转院,8月18日周林被转入简阳市人民医院治疗,随即下达了病危通知书,要进行手术切除血肿包。见此情形,平时照看周林的外婆不知所措,不得不通知远在浙江打工的女儿女婿赶快回来,听说儿子在校受伤病危,周林的父亲周平(化名)母亲罗华(化名)马上停工连夜乘车回家。术后,周林病情有所好转,观察一周后于8月26日出院,在其父母的再三要求下,乐乐幼儿园垫支了25 000元的治疗费用。但因手术原因,周林的额头上留下一道25厘米长的疤痕。

面对儿子遭受的痛苦和术后留下的"阴影",以及夫妻俩回家的误工费车旅费等,周林的父母提出了30万的赔偿金额,幼儿园负责人见家长如此口无遮拦,气不打一处来,

---

① 简阳一小孩在幼儿园摔伤病危 司法所调解化赔偿纠纷[EB/OL].[2023-04-09]. https://ziyang.scol.com.cn/ccyw/content/2015-09/14/content_51767184.htm? node=111751.

双方发生语言冲突不欢而散。8月28日周平来到普安乡人民政府,央求"父母官"为其做主,乡领导了解情况后立即安排司法所组织双方进行调解。面对气愤填膺的受害者亲属,司法所工作人员诚恳地说,既然要求由政府调解处理,就应该相信政府会公平公正地处理好赔偿事宜,决不会厚此薄彼,并向他们解读了相关的法律法规条款,要有理有据依法提出赔偿额度。另一方面又找到乐乐幼儿园了解事情的来龙去脉,明确校方责任。为了取得校方的信任和配合,司法所工作人员就有关人民调解工作向他们作了耐心详细的解释,使他们在频频点头中消除了疑虑,校方也一再表示,愿意承担一定的赔偿责任,但决不允许家长漫天要价,否则绝不妥协。

9月1日,普安司法所召集双方当事人到乡调解室参加调解,通过工作人员的细心疏导,受害者亲属减少了对幼儿园的愤怒情绪,幼儿园也坦诚因管理不当造成周林意外受伤愿意承担相应责任。但在调解过程中周平提出各项赔偿费用时,因在回家途中产生的住宿费和就医交通费等没有票据,随同幼儿园负责人的律师王某认为无凭无据不应赔偿,周平一听火冒三丈,双方的情绪出现波动。调解人员再次进行了一番于情于理于法的劝导,深入做双方当事人的思想工作,最后对周林父母回家途中产生的差旅费、误工费、就医交通费、营养费双方在 13 000 元的赔偿数额上协商一致,达成共识。对于剩下的残疾赔偿金、护理费、精神损失费、疤痕修护费等,司法所积极引导当事人到人民法院通过诉讼程序解决,双方均表示赞同。

3. 仲裁

双方当事人在争议发生前或争议发生后达成协议,自愿将争议交给仲裁庭做出裁决,并有义务执行仲裁裁决的方法。

仲裁必须建立在自愿基础上,仲裁的范围有一定的限制。依据我国《中华人民共和国仲裁法》的规定,婚姻、收养、监护、抚养、继承纠纷,以及依法应由行政机关处理的行政争议不能仲裁。

案例 4-16

四岁儿童眼睛受伤,双方仲裁解决[①]

11月8日晚上,市民黄先生一家五口到海甸岛一家火锅店就餐,准备过个愉快的周末。就餐期间,黄先生四岁的儿子小宏在玩耍时,将放置在过道上距餐桌不远的灭火器碰倒。小宏不但被砸伤,而且干粉也喷了出来,把他的眼睛喷伤。小孩被紧急送进医院,住院两天后才返回家。双方为此发生纠纷,黄先生要求火锅店承担儿子所有的住院费等

---

① 四岁儿童眼睛受伤案例解析[EB/OL].[2023-04-09]. https://www.lawtime.cn/info/zhongcai/zcanli/2009102341896.html.

相关费用共计 2 000 元,但火锅店予以拒绝。多次协商不成后,双方达成仲裁协议,申请海口仲裁委仲裁解决。海口仲裁委受理此案后,于 11 月 15 日调解解决该纠纷。

案件的争议焦点是火锅店灭火器放置不当还是家长疏于监管,它直接决定了责任的承担问题。一般而言,拉出干粉灭火器保险销,用力按压手柄,即能喷射出干粉。黄先生认为,灭火器放置的位置不当,放在离餐桌很近的地方,小孩子很容易碰倒的,而且小宏年纪还小,没有那么大的力按压手柄把干粉喷出来,因此,火锅店存在着一定的责任。火锅店则认为,灭火器摆放在走道上不存在问题,小宏顽皮将干粉喷出,家长应该自己承担责任。

经海口仲裁委近两个小时的庭外调解,黄先生终于和火锅店互相让步,达成调解协议。餐馆负责赔偿小孩住院治疗期间所有费用的 70%,其余 30% 由小孩父母担负。

4. 复议

这里主要指行政复议。幼儿监护人认为行政机关的具体行政行为侵犯了孩子的合法权益,可以向行政机关提出行政复议申请,行政机关依据《中华人民共和国行政复议法》受理复议申请,并做出行政复议决定。

案例 4-17

男童被老师扭断手臂? 行政复议:警方不予立案正确[①]

萝岗区南方中英文学校一名 4 岁男童被幼儿园老师打伤致右手手臂骨折,受伤男童的家长不接受警方对此事不予立案的结果,申请对萝岗区警方进行行政复议,事件在昨日有了最新进展。昨日上午,受伤男童的家长刘女士领到《复议决定书》,涉事幼儿园向她提供了一份赔偿方案。复议结果是,萝岗区公安局"不予立案"的决定正确。

昨日上午,广州市公安局萝岗区分局向刘女士递交了《复议申请书》。文中称,刘女士对她儿子小劲在幼儿园被教师致伤骨折的案件的不予立案通知书不服并申请行政复议,经审查,认定此事件没有犯罪事实,因此,原不立案决定正确,维持原决定。萝岗区警方表示,该《复议决定书》已当面交给当事人,并将调查结果进行了充分的解释,完全符合法律程序。知情人士表示,即使警方未掌握达到立案标准的事实,因此发放了不予立案通知书,但刘女士依然可以通过民事诉讼等多种渠道维权和索赔,警方可以在职权范围内向她提供协助。

记者采访刘女士时,她依然表示对"不予立案"决定不服:"小孩都伤成这样了,还不立案,谁来负责呢?"她表示将继续就此案件向市公安局提出复议。

---

① 男童被老师扭断手臂? 行政复议:警方不予立案正确[EB/OL]. [2023-05-08]. https://news.sina.cn/2014-08-21/detail-iaxixtqq2747067.d.html.

当天，涉事的南方中英文学校幼儿园向她提供了一份《治疗及康复期间的补偿方案》。文中称，幼儿园学生7月14日"因不慎意外导致其右上臂肱骨骨折"，对此园方已向医院支付治疗期间的医疗费6 000元，此外将支付孩子的护理费和慰问金共2万元。园方表示，肇事教师已停止工作候查，等有关部门作出责任认定后，幼儿园再对该老师作出进一步处理。

刘女士对此赔偿方案表示不接受，她认为，幼儿园一方还应该赔偿交通费、精神损失费、住院伙食费、康复训练费等支出，园方回应称"精神损伤费、护理费等还需要研究"。

"除了赔偿金外，我还希望幼儿园一方能对我们有个正式的道歉。"刘女士说。

5. 诉讼

简而言之，诉讼即上法院"打官司"，当事人一方向法院提出有关的诉讼请求，由法院做出判决。从我国现行法律制度来看，凡符合民事诉讼法、行政诉讼法和刑事诉讼法受案范围的，都可以通过诉讼途径解决侵权纠纷。根据案件性质不同，诉讼分为民事诉讼、行政诉讼、刑事诉讼三大类。

案例4-18

最高人民法院发布保护未成年人权益十大优秀案例之五：
×××虐待被看护人案——对幼儿园虐童行为"零容忍"[①]

基本案情：

2016年9月，被告人马某（不具备教师资格）通过应聘到河南省某县幼儿园任小班教师。2017年4月18日下午上课期间，马某在该幼儿园小班教室内，以学生上课期间不听话、不认真读书为由，用针分别扎本班多名幼儿的手心、手背等部位。经鉴定，多名幼儿的损伤程度虽均不构成轻微伤，但体表皮肤损伤存在，损伤特点符合具有尖端物体扎刺所致。2017年4月18日，被害幼儿家长报警，当晚马某被公安人员带走，同年4月19日被刑事拘留。在案件审理过程中，被告人马某及其亲属与多名被害幼儿的法定代理人均达成谅解。

裁判结果：

法院经审理认为，被告人马某身为幼儿教师，采用针刺手段对多名被看护幼儿进行虐待，情节恶劣，其行为已构成虐待被看护人罪。据此，以虐待被看护人罪依法判处被告人马某有期徒刑二年；禁止其五年内从事未成年人教育工作。同时，人民法院对该县教育局发出司法建议。

[①] 最高人民法院发布保护未成年人权益十大优秀案例之五：×××虐待被看护人案——对幼儿园虐童行为"零容忍"[EB/OL].[2023-04-09]. https://www. pkulaw. com/pfnl/a6bdb3332ec0adc4bfa9afdb9894f115b8d6fb872a724082bdfb. html? keyword=8lE5%84%BF%E%AB%A5%E6%9D%83%E5%88%A9%20lway=listView.

6. 特殊情况的说明

如果幼儿受到监护人的虐待、拘禁、毒打等,造成一定的身体伤害及较坏的社会影响,那么儿童维权组织、街道、居委会、村委会、妇联、监护人所在工作单位,应该对监护人批评教育,制止其不法侵权行为,及时纠正,并采取相应的措施对幼儿的伤害进行医治。如果其行为已经触犯法律,那么应向检察机关提出公诉,追究监护人的刑事责任。

知识拓展 4-5

幼儿园与幼儿的法律关系①

关于幼儿园与幼儿间的法律关系,法学理论上主要有以下三种观点:

(1) 监护关系说。该说认为,在教育教学活动期间,幼儿实际处于学校的管理控制之下,父母或者其他监护人的监护责任已转移到幼儿园,幼儿园应承担监护责任。监护关系可再分为监护权委托转移说和监护权自动转移说。

(2) 契约关系说。幼儿园与幼儿及其家长都是平等的民事主体,幼儿园在接收未成年人入学之日起就在事实上与幼儿及其监护人分别确立了默示契约关系。根据这一安全责任契约,幼儿园负有保障幼儿人身和财产安全的义务,"幼儿缴费、报到、注册是契约的成立生效要件"。

(3) 教育、管理、保护关系说。此观点认为,幼儿园与幼儿之间是一种发生在育人过程中的特殊的教育法律关系,幼儿园对幼儿负有教育、管理和保护的权利和义务,幼儿园未尽到教育、管理和保护的职责,具有过失,就要承担民事赔偿责任。

本章政策研读

《幼儿园教育指导纲要(试行)》
《中华人民共和国未成年人保护法》

---

① 童宪明.幼儿园与幼儿的法律关系之探讨[J].山东教育,2003(4):27.

本章检测

一、判断题

1. 幼儿受教育权属于幼儿的绝对权利。（　）
2. 幼儿人身权属于幼儿的相对权力。（　）
3. 教育者和受教育者的主导作用和主体地位是相互对立的。（　）
4. 学前教育活动的构成要素是学前教育者、学前受教育者、学前教育措施。（　）
5. 学生伤害事故的责任,应当根据当事人的行为与损害后果之间的因果关系依法确定。（　）
6. 幼儿在课间打追、教师在旁看见,虽制止但并不得力酿成事故,教师应负完全责任。（　）
7. 全日制托幼机构中,儿童每日户外活动的时间不少于2小时。（　）
8. 《儿童权利公约》中的"儿童",指的是18岁以下的任何人。（　）
9. 《幼儿园工作规程》中规定幼儿园大班幼儿数量以35人为宜。（　）
10. 游戏是儿童的一种权利。（　）

二、简答题

1. 浅谈幼儿园伤害事故的民事责任。
2. 幼儿园是幼儿的监护人吗？为什么？

三、案例分析

案例1：两幼儿相撞

潮安区某幼儿园。2007年11月2日,许辉（化名）的母亲接到学校打来的电话,说许辉在做游戏的时候,被小朋友许润（化名）撞了一下。当时老师误认为他跌倒起不来是扭到脚,但当拉他起来时,许辉满身大汗,已不能说话。许母将已昏厥的儿子送往医院,经医生诊断,两人相撞倒地时许辉的脑部正好撞在坚硬的水泥板上,造成重度颅脑外伤,出现颅内血肿、脑疝症状,伤情十分严重。

分析：教育教学活动安全是幼儿安全的重要内容,教师应如何避免这一悲剧的发生？

案例2：五道杠少年①

黄艺博是武汉市华师一寄宿学校的学生,毕业于武汉市江汉区滑坡路小学,是一名少先队员,并且是中国少先队武汉市副总队长。据多种媒体称,黄艺博两三岁开始看《新闻联播》,7岁开始坚持每天读《人民日报》《参考消息》,上网从不打游戏,只看新闻,关注民生,现今已经在全国重要报刊上发表过100多篇文章。其父亲表示,黄艺博关注民生,理想是"让大家过上更好的生活"……

分析：你是如何看待这一现象的？

---

① 海燕."五道杠少年"是"人造卫星"吗[J].好家长,2011(5):57.

第五章

学前教育政策与法规的实施

- 掌握学前教育政策法规的实施机构
- 掌握学前教育政策法规的实施手段
- 理解学前教育政策法规的实施途径
- 了解学前教育政策法规的实施效果

本章共分四个小节。第一节首先阐释学前教育政策法规实施的概念,着重阐明了实施机构,包括教育行政机关、幼儿园和教职工。第二节阐释学前教育政策法规的实施手段,包括学前教育政策与法规的适用、学前教育政策与法规的遵守、学前教育政策与法规的实施原则。第三节着重阐述学前教育政策法规的实施途径,包括执法、司法、守法、监督和违法制裁。第四节着重阐明当前我国学前教育政策法规的实施效果,同时针对实施中存在的问题提出了相应的建议。在本章中,我们要求学习者必须掌握学前教育政策与法规的实施机构和实施手段,并结合实际,了解我国学前教育政策法规的实施效果。

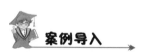

非法幼儿园造成惨烈悲剧责任在谁

2016年7月11日上午,保定市容城县大河镇"小天使"幼儿园司机段某某与老师董某某将3岁男童庞某某等10名孩子接到幼儿园,庞某某被遗落在车上。幼儿园放学后,董某某发现庞某某躺在车内不省人事。校方立即将该幼儿送往医院抢救,幼儿最终抢救无效死亡。医院从身体僵硬程度和体表尸斑推断,庞某某已经死亡至少4个小时。

事发后,庞某某的家长向媒体表示,"小天使"幼儿园是一家私立幼儿园,所谓的校车其实就是该园购买的一辆面包车,该幼儿园是否具有正规办园手续,司机有无校车驾驶资质等都不得而知。容城县公安局对涉事人员进行控制,"小天使"幼儿园被查封。

第一节　学前教育政策与法规的实施机构

古人云："徒法不足以自行。"在学前教育法制的运行过程中,学前教育政策与法规的实施是最关键、最重要的环节。法贵于行,教育立法的目的最终无非是为了保证各项所规定的行为规范能够在教育活动中得到切实的遵守。从这一意义上说,"有法不依"比"无法可依"对教育法制建设的危害更大。因此,教育法规的实施问题已成为教育法制建设中亟待解决的重大课题。在学前教育领域,政策法规的实施问题同样至关重要。为此,我们必须做好学前教育政策法规的实施工作,并通过宣传、教育等手段提高公民的法律意识和遵守教育法规的意识。

一、学前教育政策与法规实施的含义

学前教育政策与法规的实施,是指教育政策法规在教育实践过程中的具体运用和实行。学前教育政策与法规作为教育实践活动的行为规范,是对教育法律关系主体之间实际行为的抽象和概括。

学前教育政策与法规的制定为人们确立了教育实践活动的行为准则。学前教育政策与法规的实现,应当具体地体现在教育关系主体的义务履行和权利享受的教育实践活动过程之中,使法律规范转变为现实的法律关系和法律秩序,从而达到教育立法的目的,实现依法治教。但是,既定的教育法律关系和教育法律秩序不会自动转变为社会现实,必须通过教育关系主体的行为才能得以实现。因此,当学前教育政策与法规颁布的时候,教育法律规范中规定的教育法律关系主体的权利和义务还只是一种可能性。只有教育政策与法规得到实施、各种教育关系得到调整、教育实践活动得到规范,这种可能性才会变成现实性。

二、学前教育政策与法规实施机构的分类及其职责

教育政策法规的实施机构主要指教育法律关系主体。教育法律关系主体概括起来主要有三种:一是国家机关;二是机构和组织;三是自然人。同样地,学前教育政策与法规实施的机构也主要包括这三种,即国家机关主要包括国家行政机关、国家权力机关和国家司法机关,机构和组织层面主要指托儿所和幼儿园,自然人层面主要指幼儿园教职工。

(一) 国家机关

1. 国家行政机关

国家行政机关又叫国家管理机关,指统治者运用国家权力,通过强制和非强制手段

对国家事务进行组织和管理的机关。根据《幼儿园管理条例》第六条规定:"国家教育委员会(今教育部)主管全国的幼儿园管理工作;地方各级人民政府的教育行政部门,主管本行政辖区内的幼儿园管理工作",明确了教育行政机关是实施学前教育政策与法规的主要机构。教育部要依法做出教育行政行为,负责对全国学前教育事业进行宏观决策和领导;而地方教育厅和教育局则依法管理本地区的教育工作,认真贯彻教育部颁布的各项行政法规,同时结合本地区的特点,制定符合本地区的教育规章和制度。

此外,由于学前教育的目标包括保育和教育两大任务,因此卫生部门负责拟定有关幼儿园卫生保健方面的法规和规章制度,监督和指导幼儿园卫生保健业务工作。

2. 国家权力机关

国家权力机关是指代表统治阶级、国家和人民行使统治权的机关。在我国,国家权力机关即指全国人民代表大会和地方各级人民代表大会。在学前教育政策与法规的实施过程中,全国、地方各级人民代表大会及其常委会主要扮演监督的角色,需对宪法、教育法律、行政教育法规、地方性教育法规的实施情况进行监督;对教育行政机关的教育政策执行情况进行监督;对国家教育行政部门工作人员职能履行进行监督。

3. 国家司法机关

国家司法机关是行使司法权的机关。在我国,国家司法机关主要指法院和检察院。在学前教育政策与法规的实施过程中,司法机关主要扮演制裁和处罚的角色,依靠各项法律法规对教育侵权案件进行解决,依法保护受害人,处罚侵犯他人教育权利的不法行为。

案例 5-1

幼儿园为报复家长,非法禁闭儿童

2023年2月27日,山西太原。市民刘先生称,自己5岁儿子在当地某水工局幼儿园被单独关办公室一天,不给水喝;当天接回孩子就发烧,目前已确诊肺炎和支气管炎住院。原因竟是自己孩子有差不多120天不在学校,便跟园长协商了退3个月保育费和饭钱,共计3 540元,交新学费时多退少补。可没想到就是这样,竟然被园长要求自己的孩子转园!逼人转园未果,园长便开始了新报复!

分析:在本案中太原某水工局幼儿园关闭幼儿一天不给水喝,属于非法侵害,应当报警,让司法及时介入。

(二)幼儿园

幼儿园是我国针对3~6岁儿童组织保育和教育活动的公共教育机构。在学前教育政策与法规的实施过程中,幼儿园及其他早期教育机构是实施各项政策法规的"阵地",

是具体贯彻实施各项法规的场所。根据《教育法》《幼儿园管理条例》《社会力量办学条例》等相关法律规范,在我国境内设立的幼儿园及其他早期教育机构,必须具有组织机构和章程;有合格的园长、教师、保育、医务人员;有与保育、教育的要求相适应的园舍和设施等;有必要的办园资金和稳定的经费来源。依法设立的幼儿园及其他早期教育机构在依法享有权利的同时,应当认真履行法律规定的义务;遵守法律、法规;贯彻国家的教育方针,执行国家教学标准,保证教学质量;维护受教育者、教师及其他职工的合法权益;遵照国家有关规定收取费用并公开收费项目等。

案例 5-2

6 岁女童在幼儿园摔倒身亡

2022 年 11 月 8 日,安徽某地幼儿园内发生了一起意外事故。当日下午 4 点 50 分左右,程先生像往常一样去幼儿园接女儿婷婷回家。看着其他孩子都被家长们陆续接走了,却迟迟不见女儿的身影。程先生越等越着急,随后便听到老师在园内大声喊自己进园,于是他见到幼儿园的滑梯之下,女儿脸部青紫,已处于昏迷中。经过医院 5 个多小时的抢救,婷婷还是不幸身亡。抢救的医生表示,由于孩子缺氧时间太久,最终错过了最佳的抢救时间。面对突然的噩耗,程先生一家都无法接受并要求查看监控。监控显示,当天 16 时 54 分,婷婷在滑梯处玩耍。一分钟后,接连三名小孩发现其倒地情况。56 分 08 秒,两个老师开始寻找婷婷。56 分 32 秒,老师发现情况后迅速喊程先生进园。在程先生看来,女儿玩滑梯出现事故,老师却未能及时发现,这说明幼儿园并未承担起对女儿的监护责任。悲痛之下,程先生选择了报警。

分析:本案中 6 岁女童属于无民事行为能力人,在幼儿园发生意外,园方要承担过错推定责任。如果该幼儿园无法证明其已尽到了相应职责,那么园方则需对女童家人承担相应的民事赔偿责任。

(三)幼儿园教职工

幼儿园教职工主要指园长、教师、保育员、医务人员。在学前教育政策与法规的实施过程中,幼儿园教职工是各项政策与法规执行中最直接、具体的执行者。《教育法》《幼儿园管理条例》中已明确了园长、教师和其他工作者的权力和义务。园长应带头遵守学前教育的各项规章制度,依法做出教育行政行为;幼儿园教师和保育员在具体的工作中也应该遵循国家各项教育法规,不做法律规范所制止的行为。

知识拓展 5-1

学前教育的相关法律法规

《中华人民共和国教育法》(全国人民代表大会,1995 年 3 月 18 日发布);

《中华人民共和国未成年人保护法》(全国人民代表大会常务委员会,1991年9月4日颁布);

《中华人民共和国教师法》(全国人民代表大会常务委员会,1994年1月1日施行);

《中华人民共和国民办教育促进法》(全国人民代表大会常务委员会,2003年9月1日实施);

《学生伤害事故处理办法》(中华人民共和国教育部,2002年9月1日发文并实行);

《幼儿园工作规程》(中华人民共和国国家教育委员会,2016年3月1日施行);

《幼儿园教育指导纲要(试行)》(中华人民共和国教育部,2001年7月印发);

《托儿所幼儿园卫生保健管理办法》(中华人民共和国卫生部、教育部,2010年9月发布);

《托儿所幼儿园卫生保健工作规范》(中华人民共和国卫生部,2012年5月发布)。

教育部的职能及学前教育专管机构

教育部是国家主管教育事业和语言文字工作的国务院组成部门,共有19个司局组成,中国联合国教科文组织全国委员会秘书处设在教育部,直接管理15个教育类社会团体和组织。教育部既是行政管理机构,也是国立院校的经营者。其主要职责是拟订教育改革与发展的方针、政策和规划,起草有关法律法规草案并监管实施,负责各级各类教育的统筹规划和协调管理,会同有关部门制订各级各类学校的设置标准,指导各级各类学校的教育教学改革,负责教育基本信息的统计、分析和发布等。

2012年11月15日,教育部宣布设立学前教育办公室。由此,在国家最高的教育行政管理部门中首次有了专门管理学前教育的办公室。新设置的学前教育办公室则为教育部的独立办公室,专门负责学前教育的管理工作。此前基础教育二司负责的学前教育工作,主要是拟订幼儿教育的发展政策,配合做好学前教育立法项目启动工作等。新设置的学前教育办公室职责在过去的基础上有所丰富,其主要职责是:拟定学前教育的宏观政策和事业发展规划,组织制定幼儿园保育教育质量标准和工作基本要求,指导幼儿园保育教育工作,指导学前教育改革等。其日常工作由教育部基础二司幼儿教育处承担。

学前教育政策与法规的实施途径

学前教育政策与法规的实施是各项法律规范的要求在学前教育领域得以实现的活动。它具体包括执法、司法、守法、监督和违法制裁五种实施途径。

(一)执法。执法是指国家行政机关依照法定职权和程序实施学前教育政策与法规的专门活动。它是教育政策与法规顺利实施的前提。

(二)司法。司法是指国家司法机关依照法定职权和程序具体应用处理教育案件的专门活动。它是教育法权威的捍卫者。

（三）守法。守法是指公民个人和组织积极履行教育法律规范所要求的行为，不做教育法律规范所禁止的行为。它是教育法顺利实施的基础。

（四）监督。监督是指各国家机关、各政党、社会团体和人民群众对学前教育政策法规实施情况进行监察督导的活动。它是学前教育政策法规全面落实的保证。

（五）违法制裁。违法是指有社会危害性的、有过错的不合法行为。违反学前政策法规是指实施了不符合教育法律规范的要求，超出教育法规以外的活动。违法按其社会危害性的程度不同可以分为严重违法行为和一般违法行为。

第二节 学前教育政策与法规的实施手段

学前教育政策与法规的实施手段，主要包括两种：一是学前教育政策与法规的适用，二是学前教育政策与法规的遵守。

一、学前教育政策与法规的适用

学前教育法规的适用是教育法规实施的一种重要形式，指的是国家有关行政机关及其工作人员，在现实生活中实施教育法规的活动，是有关行政机关及其工作人员按照法定职权和程序所采取的直接影响公民、社会组织或其他社会力量有关教育的权利与义务，或对其教育权利与义务的行使和履行进行监督的行政行为。主要适用于以下几种情况：

（一）教育法律关系主体在行使法定的权利和履行义务的过程中，需要取得专门的国家机关支持时。如教育行政机关为推动农村学前教育的发展，按照《国家中长期发展规划纲要（2010—2020）》和《国务院关于当前改革学前教育》的相关规定，有权利要求政府增长财政拨款比例，保证农村学前教育事业经费的来源和基本建设的投资。

（二）重要的教育行为和教育事实的产生及存在，必须由主管机关监督确认和检验其合法性时。如举办一所新幼儿园时，必须按照《幼儿园管理条例》第九至十二条的相关规定，并经由教育主管部门监督确认和检验后方可正式成立。

（三）教育法律关系主体在相互关系中发生争执时。如幼儿园或者其他教育机构侵犯了教师的合法权益，或者教师对幼儿园或其他教育机构做出的处理不服的，可按照《教师法》第三十九条的规定，向教育行政部门提出申诉，教育行政部门应当在接到申诉的三十日内，做出处理。

案例 5-3

幼儿园女教师因"插队"怀孕被辞退

2015年3月,幼儿园的职工代表大会审议并通过了"关于幼儿园教职员工病假、婚假等有关规定"。该规定涉及生育的内容有:"幼儿园育龄职员符合晚婚晚育的条件后(结婚半年后交怀孕申请方可怀孕),按照来园工作年限、年龄、结婚时间的总分排队(幼儿园公示),并提前半年提交书面申请后方可怀孕""两位教师怀孕间隔三个月,不按排队顺序怀孕的,按自动辞职处理"。

潘佳怡(化名),是这个幼儿园的老师。2008年3月入职,当年9月,潘佳怡与单位签订了劳动合同。2014年9月,双方再次签订期限为两年的劳动合同,其中第29条约定,"如违反幼儿园规定,合同自动解除"。2016年9月合同期满后,双方未续签劳动合同,但潘佳怡仍一直在幼儿园工作。因为幼儿园考核打分的方法变更了一次,本排在前面的潘老师的名次到了后面。但在这时,潘老师却发现自己怀孕了。2017年6月30日,根据幼儿园的决定精神,幼儿园向潘佳怡出具了一份《解除劳动关系证明》,以潘佳怡严重违反用人单位的规章制度为由,与潘佳怡解除了劳动合同。

分析: 法院经审理后认为,法律对怀孕女性职工规定了特殊的劳动保护制度,女职工处于孕期的,用人单位不得以怀孕为由,通过提前三十日书面形式告知或额外支付一个月工资的方式与其解除劳动关系,也不能针对其进行经济性裁员。最终判决幼儿园支付潘佳怡终止劳动关系赔偿金59 752.2元。

(四)教育法律关系主体的行为违反了教育法规时。如教育工作者不尊重幼儿的人格尊严,对幼儿实施体罚、变相体罚或者其他侮辱人格尊严的行为,应当按照《未成年人保护法》第四十八条严肃处理;情节严重的,由其所在单位或者上级机关给予行政处分;构成犯罪的,依法追究刑事责任。

(五)对于在教育活动中做出重大贡献的组织或个人给予奖励时。如园长或幼儿教师在工作中成绩优秀、贡献卓著的,可按照原国家教委的相关规定,对优秀园长和教师给予表彰和奖励。

二、学前教育政策与法规的遵守

学前教育政策与法规的遵守指的是学前教育法律关系的主体按照教育法规的要求参与和从事教育活动。教育法规遵守的主体包括一切的人或组织。《宪法》第五条规定:"一切国家机关和武装力量、各政党和各社会团体、各企业事业组织都必须遵守宪法和法律。一切违反宪法和法律的行为,必须予以追究。"这说明,在学前教育政策与法规的遵守中,不应该有例外。它主要适用于以下几种情况:

(一) 行使教育法规所规定的权利

根据《教育法》和《幼儿园管理条例》等有关法律法规，凡经合法手续设立的幼儿园，都具有以下的基本权利：按照章程自主管理权；组织实施保育教育活动权；招收新生权；学籍管理权；聘任并管理教师及其他职工权；对本单位设施和经费的管理和使用权；拒绝对保教活动的非法干涉权；法律法规规定的其他合法权益等。如，幼儿园有权"拒绝任何组织和个人对教育教学活动的非法干涉"，包括强行占用幼儿活动用房和场地，随意抽调幼儿园教职工他用，延误或停止幼儿园保教活动开展，借口因材施教到幼儿园来乱办所谓艺术班、体操班、超常班以牟取经济利益等。

案例 5-4

滥用职权，违规开办幼儿园

刘川生原任北京师范大学党委书记，刘川生儿子留学归来，想在学前教育领域创业，但是他既没有资金、场地，也没有经验、基础。刘川生就利用职权，违规让其子在外使用北师大招牌开拓业务。

到 2015 年，刘川生感到快退休了，决定趁着还有权力，为儿子彻底铺好路。刘川生也是要求下属，将北京师范大学附属幼儿园品牌，相当于一次性授权给她儿子的公司使用。2021 年，十九届中央第七轮巡视再次巡视北师大，也再次指出合作办学等重点领域和关键岗位存在廉洁风险。刘川生看到消息后，思来想去，终于决定主动投案。刘川生投案后，她儿子对其所属的教育机构严格整改，主动上缴违纪违法所得。中央纪委国家监委以事实为依据、以纪律法律为准绳，综合考虑违纪违法情节、危害程度、认错态度等，经报请党中央批准，2021 年 12 月给予刘川生开除党籍处分，按六级职员调整其退休待遇。

(二) 履行教育法规所规定的义务

根据《教育法》和《幼儿园管理条例》等有关法律法规，幼儿园也必须履行以下的基本义务：贯彻国家教育方针，执行国家保育教育标准，保证保育教育质量；维护受教育者、教师及其他职工的合法权益；使幼儿监护人及时了解幼儿的发展状况；遵守国家有关规定收取费用并公开收费项目等。如，根据《幼儿园教育指导纲要》和《3～6 岁儿童发展指南》之相关规定，幼儿园需克服迎合少数家长的心理需要，坚决抵制小学化倾向的教学行为，保证幼儿园的保育和教育活动符合 3～6 岁儿童的身心发展特点和需要。

案例 5-5

"小学化"折断儿童想象的翅膀

美国内华达州一个叫伊迪丝的 3 岁小女孩告诉妈妈,她认识礼品盒上"OPEN"的第一个字母"O"。小女孩的妈妈非常吃惊,问她怎么认识的。伊迪丝说:"是薇拉小姐教的。"妈妈在表扬了女儿之后,一纸诉状把薇拉小姐所在的劳拉三世幼儿园告上了法庭。这位母亲提起诉讼的理由是:她认为女儿在认识"O"之前,能把"O"说成苹果、太阳、足球、鸟蛋之类的圆形东西,然而自从劳拉三世幼儿园教女儿识读了 26 个字母,伊迪丝便失去了这种能力。她要求该幼儿园对这种后果负责,赔偿伊迪丝"精神伤残费"1 000 万美元。此案在内华达州州立法院开庭。法庭最终裁决劳拉三世幼儿园败诉。因为陪审团的 23 名成员认为,该幼儿园的做法犹如剪去了伊迪丝一只想象的翅膀,并早早地就把她投进了那片只有 ABC 的小水塘,使孩子在智力的启蒙阶段不能在想象的天空中振翅翱翔。这个案例后来成了内华达州修改《公民教育保护法》的依据。

(三)遵守教育法规规定的禁令

学前教育法规的若干规范中,规定了一些义务人必须抑制的行为,即要求义务人不做出某种行为。义务人按照教育法规的要求,不做出禁止的行为,也是遵守教育法规的表现。如根据《义务教育法》第二十九条之规定:"教师应当尊重学生的人格,不得歧视学生;不得对学生实施体罚、变相体罚或者其他侮辱人格尊严的行为;不得侵犯学生合法权益。"幼儿园教师和保育员需严格遵守这条禁令,禁止对幼儿进行体罚或变相体罚。

案例 5-6

幼儿园教师体罚学生

2015 年 11 月至 12 月间,王某、孙某某因幼儿穿衣慢或不听话等原因,在幼儿园教室内、卫生间等地点,多次恐吓所看护的幼儿,并用针状物等尖锐工具将肖某某等 10 余名幼儿的头部、面部、四肢、臀部、背部等处刺、扎致伤。

分析:本案由吉林省四平市铁西区人民法院经审理认为,被告人王某、孙某某身为幼儿教师,多次采用针刺、恐吓等手段虐待被看护幼儿,情节恶劣,其行为均已构成虐待被看护人罪。依照刑法有关规定,以虐待被看护人罪分别判处被告人王某、孙某某有期徒刑各二年六个月。

三、学前教育政策与法规的实施原则

学前教育政策与法规的实施原则,是指在教育法规实施的过程中应该遵循的基本行

为准则。学前教育法规的实施作为实现依法治教的重要手段，必须遵循教育性、效力性、民主性、平等性的原则。

（一）教育性原则

教育法规的实施有其特殊性，即它与其他法规相比，其强制性显然要低得多。这是因为教育工作是一项培养人的工作，其间出现的问题大多数都是比较轻微的违法行为。另外，对于违反教育法规规定的违法和犯罪行为，教育法规一般都按照刑法等法规来惩处。因此，在教育法规的实施过程中，应该坚持以教育为主，行政、司法强制为辅，使教育法律关系的主体自觉做到学法、知法、守法。

（二）效力性原则

这一原则是指实施教育法规时，要明确把握各项教育法规的适用范围，包括教育法规的形式效力、时间效力、空间效力和对人的效力。

教育法规的形式效力是指母法与子法、上位法与下位法的层级效力关系。根据《立法法》规定的原则，宪法具有最高的法律效力，宪法以下一层是教育基本法、教育单行法、教育行政法规、地方性教育法规和教育规章，后者不能与前者相抵触，法律效力也依次降低。

教育法规的时间效力是指教育法规生效、终止生效的时间。一般来讲，教育法律中会明确规定生效的时间。例如，《教育法》第八十六条规定："本法自 1995 年 9 月 1 日起施行。"还有一些教育法规没有明确规定实施时间，但按照惯例，自公布之日起或文到之日起生效，即采用法规公布时间和法规到达时间并用的原则。法规终止生效时间指的是法规被废止的时间。法规的废止大致有以下几种情况：第一，新的法规文件取代同样内容的原有法规文件，同时在法规中明确宣布原有法规文件废止。第二，国家机关颁布专门的决定命令，宣布修改或废除某个法规或某些条款。从宣布之日起或从该决定、命令所规定的时间起，原有法规或原条款即停止生效。第三，某一法规制定时即规定该法的生效期限，或规定在特定条件下适用。如果期限已到，或者特定条件已不存在，该项法规便自然终止生效。

空间效力，也称为地域效力，是指教育法规适用的地域范围。根据我国立法的原则，凡是中央国家机关制定的教育法规、教育行政法规和其他规范性文件，除非有特殊规定，一经公布施行，就在我国的全部领域内发生效力。地方性教育法规只适用于其管辖的行政区域。

对人的效力是指教育法规对适用对象范围的规定。例如，《教育法》《义务教育法》等对所有公民或组织发生效力，而《幼儿园管理条例》等教育行政法规只适用于幼儿园。

（三）民主性原则

我们建设的是社会主义民主法制。它意味着，在教育法规的实施过程中，还必须充分考虑教育法制在民主方面的要求，即充分体现公开、公正、透明。

首先,学前教育政策与法规已经制定,需向社会公开宣传和解释,以便在实施过程中接受社会的广泛监督。对违反教育法规的人和事的处理,程序要合法,要具有一定的透明度,不能搞暗箱操作。其次,要完善申诉制度、辩护制度和回避制度,使教育法律关系的主体能够充分申诉理由,维护自己的权益,并避免在教育法规实施过程中出现徇私舞弊的情况。

(四)平等性原则

我国《宪法》第三十三条规定:"中华人民共和国公民在法律面前一律平等。"在教育法规实施过程中,必须遵循平等性原则。这一原则具体体现为:①任何公民都平等地享有教育法律规定的权利;②任何公民都必须平等地履行教育法律规定的义务;③教育为公民提供平等的竞争机会,任何人不得有超越教育法规限定的教育特权;④公民关于教育方面的权益受到侵害时,一律平等地受到法律规范的保护;⑤对公民违反教育法规的行为,必须平等地追究法律责任,依法给予同等的制裁。

知识拓展 5-2

《教育法》中有关公民受教育权的规定

关于学生的权利与义务,《教育法》第五章"受教育者"中有详细的阐述。具体条款如下:

第三十七条 受教育者在入学、升学、就业等方面依法享有平等权利。学校和有关行政部门应当按照国家有关规定,保障女子在入学、升学、就业、授予学位、派出留学等方面享有同男子平等的权利。

第三十八条 国家、社会对符合入学条件、家庭经济困难的儿童、少年、青年,提供各种形式的资助。

第三十九条 国家、社会、学校及其他教育机构应当根据残疾人身心特性和需要实施教育,并为其提供帮助和便利。

第四十条 国家、社会、家庭、学校及其他教育机构应当为有违法犯罪行为的未成年人接受教育创造条件。

第四十一条 从业人员有依法接受职业培训和继续教育的权利和义务。国家机关、企业事业组织和其他社会组织,应当为本单位职工的学习和培训提供条件和便利。

第四十二条 国家鼓励学校及其他教育机构、社会组织采取措施,为公民接受终身教育创造条件。

第四十三条 受教育者享有下列权利:

(一)参加教育教学计划安排的各种活动,使用教育教学设施、设备、图书资料;

(二)按照国家有关规定获得奖学金、贷学金、助学金;

(三)在学业成绩和品行上获得公正评价,完成规定的学业后获得相应的学业证书、学位证书；

（四）对学校给予的处分不服向有关部门提出申诉，对学校、教师侵犯其人身权、财产权等合法权益，提出申诉或者依法提起诉讼；

（五）法律、法规规定的其他权利。

第四十四条　受教育者应当履行下列义务：

（一）遵守法律、法规；

（二）遵守学生行为规范，尊敬师长，养成良好的思想品德和行为习惯；

（三）努力学习，完成规定的学习任务；

（四）遵守所在学校或者其他教育机构的管理制度。

第四十五条　教育、体育、卫生行政部门和学校及其他教育机构应当完善体育、卫生保健设施，保护学生的身心健康。

第三节　学前教育政策与法规的实施途径

学前教育政策与法规的实施是各项法律规范的要求在学前教育领域得以实现的活动。它具体包括执法、司法、守法、监督和违法制裁五种实施途径。

一、执法

执法是指国家行政机关依照法定职权和程序实施学前教育政策与法规的专门活动。它是教育政策与法规顺利实施的前提。

我国《教育法》第十五条规定："国务院教育行政部门主管全国教育工作，统筹规划、协调管理全国的教育事业。县级以上地方各级人民政府教育行政部门主管本行政区域内的教育工作。"教育部是执法的具体部门，它要依法做出教育行政行为，对全国的教育事业做出宏观的决策和领导，贯彻学前教育的各项政策法规。县级以上地方各级人民政府教育行政部门依法管理本行政区域内的教育工作，不仅贯彻学前教育的各项政策法规，教育行为法律化，而且要根据自己地区的特点，以教育部制定的法规为依据，制定符合本地区的教育规章和制度。

教育执法的主体，在依法执行教育职权的同时，还要依法履行法定的义务。增加幼儿教育投入，保证国家举办的幼儿园教育经费的稳定来源是国务院和各级人民政府依法履行的主要义务。《关于幼儿教育改革与发展的指导意见》规定，各级政府要加大对幼儿教育的投入，做到逐年增长。县级以上人民政府安排的财政性幼儿教育经费要保障公办幼儿园正常运转，保证教职工工资按时足额发放，保证示范性幼儿园建设和师资培训等业务活动正常进行，扶持和发展农村及老少边穷地区的幼儿教育事业。幼儿教育经费要专款专用,任何部门不得截留、挤占和挪用。乡(镇)人民政府的财政预算也要安排发展幼儿教育的经费。同时《关于幼儿教育改革与发展的指导意见》还规定,地方各级人民政府要制定优惠政策,保证幼儿园(班)的公用事业费(煤、水、电、供热、房租等费用)按中小学的标准收缴。新建、改建、扩建幼儿园按照中小学校建设减免费用的有关规定减免相关费用。

总之,立法是走向法治之本,执法是走向法治的保障。而执行法律,政府是关键。国家行政机关和公职人员必须依法行政,依法调整不规范的教育行为,保证学前教育各项政策法规的顺利实施。

案例 5-7

某市教育局清查"无证幼儿园",六所幼儿园被关门整改[①]

为进一步保证幼儿园安全和教育质量,某市教育局联合消防部门对城乡结合部 40 余所幼儿园进行了突击检查。检查发现,其中 6 所家庭作坊式幼儿园属于"黑园",没有办学许可证、消防合格证、卫生许可证等证件;有办学许可证的 4 所幼儿园存在火灾隐患和危房隐患。

日前,该教育局已对这 10 所幼儿园下发了《责令整改通知书》,责令 6 所"黑园"立即关门进行整改,整改合格后报教育部门进行审批;4 所存有安全隐患的幼儿园立即整改并消除火灾隐患,在整改期间停止使用隐患突出的部位。

分析:教育局对所辖幼儿园的园舍安全进行检查,属于管理幼儿园的日常工作。根据《幼儿园管理条例》第八条的规定,举办幼儿园必须具备与保育、教育的要求相适应的园舍和设施。幼儿园的园舍和设施必须符合国家的卫生标准和安全标准。因此,教育局有权要求不符合规定的幼儿园进行整改。

二、司法

司法是指国家司法机关依照法定职权和程序具体应用处理教育案件的专门活动。它是教育法权威的捍卫者。

学前教育领域的各项政策法规为司法部门解决有关的教育侵权案件提供了法律依据。同时,随着学前教育法律体系的不断完善,人们拿起法律武器维护自己的教育权利,对他人侵犯自己教育权利寻求法律保护的情况会愈来愈多。司法机关应及时依法解决这方面的案件,依法保护受害人,处罚侵犯他人教育权利的不法行为。这对于维持教育秩序的正常有序、保护当事人合法权益具有重要意义。

违反学前教育政策与法规的案件包括刑事案件、民事案件、行政案件和违宪案件。

[①] 吴梅芬.学前教育政策执行研究[D].重庆:西南大学,2013:45.

刑事案件是指有起诉权的国家和公民个人,就被告的犯罪行为向司法机关提起诉讼的案件。如:教师体罚幼儿造成严重后果而引起的刑事案件等。民事案件是民事法律关系的一方就侵权行为或因合同纠纷、财产纠纷等,向司法机关提起诉讼的案件。如:侵占园地和财物而引起的民事赔偿案件。行政案件是指受教育者或从事教育的工作人员对行政机关的某项教育行政行为或决定,以违法为由提起诉讼的案件。违宪案件是指公民、社会团体或国家机关以某项教育法律、社会或国家主要领导人的某一教育行为违宪为由提起诉讼的案件。

司法机关在司法中,应以事实为根据,以法律为准绳,坚持法律面前人人平等原则,依法独立行使职权,做到正确、合法、及时地处理有关教育侵权、违反教育法律法规的案件。更好地维护、保障公民的教育权。

案例 5-8

幼儿园老师用熨斗烫伤 7 名幼儿案

2010 年 12 月 14 日下午 4 点,家住兴化城区的程女士,前往当地板桥幼儿园接 6 岁的儿子小崔回家。让她做梦也没有想到的是,早晨上学还好好的儿子,脸部两侧严重受伤。老师马上解释:"你孩子是在洗手间不小心摔伤的。"回家后,小崔一直待在厕所里不肯出来,也不肯说出受伤的真正原因。后来,儿子一名同学开口称"小崔的脸是被老师用烫衣服的东西烫的"。与小崔一同被老师烫伤的还有 6 名同学。该恶劣事件发生后,警方迅速介入。用电熨斗烫孩子的女老师易某,今年 30 岁,至今未婚。易某烫孩子脸部时,班级另外一名老师正好外出拿水,听到教室里一片哭声后,这位老师冲进教室,从易某手中夺下电熨斗。

处理结果:兴化市公安局对肇事幼儿教师易某依法做出行政拘留 10 日,并罚款 500 元的处罚决定。昨天,7 名幼儿中已有两位正常上学,另有两位伤情较重的幼儿应家长要求前往上海治疗。板桥幼儿园的负责人已经对肇事的易某做出辞退决定。

分析:这名幼儿园老师伤害了 7 名孩子,到底是行政拘留还是刑事拘留抑或是更严重的刑罚,应当是值得认真对待的。依据法规,行政拘留适用于严重违反治安管理但不构成犯罪,而警告、罚款处罚不足以惩戒的情况。在这起事件中,7 名幼儿受伤,其中两人伤势严重,是否留疤还未有定论,而此事给幼儿留下的心理伤害短期也是难以化解的。伤情鉴定虽不是处罚的唯一依据,但却是重要依据。在没有确定的伤情鉴定情况下,警方就做出处罚,可能有点"操之过急"。

三、守法

守法指公民个人和组织积极履行教育法律规范所要求的行为,不做教育法律规范所禁止的行为。它是教育法顺利实施的基础。

正确行使教育法律规范中规定的法定权利,忠实履行法定义务。首先,遵守《宪法》。《宪法》是治理国家的根本大法,它反映了全国各族人民的共同意志和根本利益,规定了国家的根本制度和根本任务,具有最高的法律效力。我国《宪法》规定:"任何公民享有宪法和法律规定的权利,同时公民必须履行宪法和法律规定的义务。"一切违反宪法和法律的行为,必须予以追究。其次,遵守教育法律。《宪法》中有关教育的条款是教育立法、教育行为的依据。《教育法》《教师法》和《未成年人保护法》等一系列教育法律都是依据宪法制定的,是由国家最高权力机关及其常设机关制定的,其效力仅次于《宪法》。再次,遵守学前教育各项法规。它的效力在宪法和法律之下,如《幼儿园管理条例》《幼儿园工作规程》《幼儿园教育指导纲要》等一系列法规是依据教育法律为学前教育专门制定的。这也是我国学前教育工作中最重要的、强有力的而且具体的法律规范,是遵守学前教育政策与法规的核心内容。

遵守学前教育政策与法规是幼儿园、幼儿园教职工应尽的义务。首先要了解教育法律和学前教育政策法规所赋予的权利和义务的内容,了解法律上的权利、义务的关系,避免现实生活中的某些错误认识。法律上的权利和义务是统一的,法定的义务是不允许随意放弃而不履行的,任何公民都享有《教育法》赋予的权利,但必须履行《教育法》规定的义务。教育法律中的权利和义务是统一的,不能分割,法律不允许存在只享受权利而不尽义务或只尽义务而享受不到权利的现象。

学校及其他教育机构是实施《教育法》的"阵地",是《教育法》具体贯彻实施的场所。根据《教育法》和《幼儿园管理条例》,依法设立的幼儿园享有以下权利:按照章程自主管理权、组织实施保育教育活动权、招收新生权、学籍管理权、聘任并管理教师及其他职工权、对本单位设施和经费的管理和使用权、拒绝对保教活动的非法干涉权、法律法规规定的其他合法权益等。依法设立的学校及其他教育机构在依法享有权利的同时,应当认真履行法律规定的义务;遵守法律、法规;贯彻国家的教育方针,执行国家教学标准,保证教学质量;维护受教育者、教师及其他职工的合法权益;遵照国家有关规定收取费用并公开收费项目等。

幼儿教师和其他教育工作者应带头遵守《教育法》。《教育法》明确了作为教师及其他工作者的权利和义务。教师应享有法律规定的权利,履行法律规定的义务,忠诚于人民教育事业。从某种程度上说,教师是教育法规执行中最直接、具体的执行者,公民在教育方面的权利和义务在一定程度上体现在教师的具体工作中。

此外,作为各级教育行政人员和幼儿园的园长,应成为遵守《教育法》的模范,带头遵守《教育法》,依法做出教育行政行为,以维护学前教育法规在教育工作中的权威地位,确保我国学前教育事业的优先发展,保护公民的合法受教育权益,开创依法治教的新局面。

案例 5-9

把"差生"赶出学校

某校初中二年级学生黄某平时纪律涣散,经常上课迟到,与邻座讲话,有时甚至旷课。经老师多次教育仍然无改变,该生家长因忙于生意,对儿子也疏于管理,极少过问儿子在学校的学习情况,班主任多次与其父母电话联系,但是都没有联系上。班主任赵老师认为学生黄某继续在班上学习会影响他人,于是三番五次地找他谈话,要其自动退学。黄某在老师的压力下,加上本身有厌学心理,于是在没有告诉家长的情况下就辍学回家。此事后来被学校发现,学校责成班主任赵老师迅速去黄某家动员学生返校学习并向家长赔礼道歉,并在教职工大会上批评赵老师的错误做法。

分析:该案例中,班主任赵老师侵犯了学生的受教育权,后学校及时制止了班主任的违法行为,维护了《义务教育法》的严肃性。学生黄某在品德上有缺点,对班级教育有影响,班主任有责任耐心教育他。班主任也可以如实向学校汇报学生黄某的情况,按有关学籍管理条例进行处分。虽然班主任多次与其家长联系,但是并没有联系上,家长才是其法定监护人。在《义务教育法》第二十九条、《未成年人保护法》第二十九条规定:教师在教育教学中应当平等对待学生;学校应关心、爱护学生,对行为异常、学习有困难的学生,应当耐心教育、帮助,不得歧视。

四、监督

监督是指各国家机关、各政党、社会团体和人民群众对学前教育政策法规实施情况进行监察督导的活动,它是学前教育政策法规全面落实的保证。

首先,各级人大、人大常委会需对行政机关、司法机关执行《教育法》予以监督。第一,对宪法、教育法律、学前教育行政法规、地方性学前教育规章制度的实施情况进行监督。第二,对教育工作和教育预算的执行情况进行监督。国务院和县级以上地方各级人民政府的教育行政部门应当向本级人民代表大会或者常务委员会报告学前教育工作和学前教育的教育经费预算、决算情况,接受监督。第三,对国家工作人员的执法活动进行监督。监督的方式有:听取、审议行政和司法部门的汇报,组织视察和检查,进行质询和询问,受理人民群众对国家工作人员的申诉意见,改变或撤销不适当的决议和命令。

其次,行政机关对教育执法活动的监督,主要是上级行政机关对下级行政机关的监督。国务院对全国的学前教育工作实行领导和管理,对县级以上各级人民政府教育行政部门的教育工作进行监督。国务院有权撤销地方各级行政机关发布的不适当命令、指示和规章。地方各级人民政府对其设立的教育行政部门以及对下级人民政府设立的教育行政部门的教育工作、教育行政行为进行监督。

再次,人民群众对教育执法的监督。人民群众有权监督国家机关、司法机关对学前教育政策法规的实施情况,有权监督国家公职人员、公民个人对学前教育法规遵守的情况。对违法者进行举报,使全社会都关心学前教育政策法规的实施,人民都成为法律权威的捍卫者,将学前教育政策法规的实施活动置于全社会的监督之下。

案例 5-10

幼儿园食品安全问题受到监督

根据《中华人民共和国食品安全法》(2021)第四十二条规定,食品生产经营者应当建立食品安全追溯体系,保证食品安全可追溯。同时第一百四十七条规定,生产经营者违反食品安全规定,造成人身、财产或者其他损害的,依法承担赔偿责任。生产经营者财产不足以同时承担民事赔偿责任和缴纳罚款、罚金时,先承担民事赔偿责任。

五、违法制裁

违法是指有社会危害性的、有过错的不合法行为。违反学前政策法规是指实施了不符合教育法律规范的要求,超出教育法规以外的活动。违法以其社会危害性的程度不同可以分为严重违法行为和一般违法行为。严重违法行为即犯罪,指有重大社会危害性的、触犯刑律的、应受刑罚处罚的行为。一般违法与犯罪不同,虽然它也是侵犯了法律所保护的社会关系,但没有达到犯罪的程度,一般违法又可分为民事违法和行政违法。法律责任是违法者实施违法行为所引起的法律后果。可见,法律责任必须同违法相联系,如果没有构成违法,则不能承担法律责任。法律责任必须有法律规范的事先规定,《教育法》第九章规定了违反教育法应承担的法律责任。法律责任是由国家强制力保证实施,由国家司法机关和其他授权机关依法追究,其他任何个人或社会组织都不能行使这一职权。

法律制裁与法律责任是法律保护的两个相关方面。法律制裁是国家对违法者的一种权利,而法律责任是违法者对国家必须承担的一种义务。所以,法律制裁是国家对违法者实施违法行为的惩罚,其目的正是充分发挥教育法的作用,实现教育法律的目的、宗旨。

我国法律制裁分为两大类:一类是司法制裁;一类是行政制裁。

司法制裁是指国家司法机关对违法犯罪行为所实施的惩罚措施。司法制裁又分为刑事制裁、民事制裁和经济制裁。对违反教育法律规范行为的制裁,主要是刑事制裁和民事制裁。教育法律规定依法追究法律责任的状况有:违反国家财政制度、财务制度,挪用、克扣学前教育经费构成犯罪的,依法追究刑事责任;结伙斗殴、寻衅滋事、扰乱幼儿园教育教学秩序,破坏校舍、场地及其他财产,构成犯罪的,依法追究刑事责任;明知园舍或教育教学设施有危险,而不采取措施,造成人员伤亡或者重大财产损失的,依法追究刑事责任;体罚学生情况严重,依法追究刑事责任等。教育法律规定依法承担民事责任的情况有:侵占学校及其他教育机构的园舍、场地及其他财产的,依法承担民事责任;侵犯教师、幼儿、幼儿园或其他教育机构的合法权益,造成损失损害的,应当依法承担民事责任等。

行政制裁是指由特定的国家行政机关对违反有关教育行政法规,尚不够刑事处分的人所采取的一种强制性措施,对违反教育行政法规的行为,根据情节不同,给予行政处罚或行政处分。行政处罚是由法律授权的国家行政机关给予有轻微违法行为而不够刑事处分的人的一种制裁。教育法律对于承担行政处罚责任的情况做了具体的规定:扰乱学校秩序,侮辱、殴打教师、学生,严重体罚学生,霸占或破坏园舍、场地和设施等,由公安机关给予处罚。行政处罚的方式有没收、罚款、警告、拘留、劳动教养等。行政处分是国家机关、企业事业单位按照行政隶属关系,给予犯有轻微的违法失职行为、尚不够刑事处分的所属人员的一种惩罚措施。教育法律规定了应给予行政处分的情况有:违反国家有关规定,不按照预算核拨学前教育经费,情况严重的则对直接负责的主管人员和其他直接责任人员依法给予行政处分;违反国家财政、财务制度,挪用、克扣学前教育经费的依法给予行政处分;幼儿园违反国家有关规定向受教育者乱收取费用,对直接负责的主管人员和其他直接责任人员依法给予行政处分。行政处分的方式主要有警告、记过、记大过、降级、降职、撤职、留用察看、开除等。

总之,对违反教育法律规范行为的制裁是保护公民合法权利的重要保证,它不仅有利于对广大人民群众进行广泛的法律教育,而且也能够实现教育法律的立法目的。

案例 5-11

幼儿园为逃避责任藏尸案[①]

2011年,云南省玉溪市智多星幼儿园1岁零8个月的翔翔饭后被异物阻塞气管出现生命垂危症状,园长唐某和另一名老师郭某遂将翔翔送往医院,经医院抢救无效后死亡。害怕承担责任的园长唐某不仅没有及时通知幼儿家长,反而和郭某一起将翔翔的尸体掩埋,并谎报翔翔出走。

公安机关介入调查后,通过尸检,认定翔翔属于吸入性窒息死亡,排除了他杀嫌疑。公安机关根据《中华人民共和国治安管理处罚法》第六十条第2项之规定,认定唐某谎报案情,处以8日行政拘留、200元的罚款;认定郭某提供虚假证言,处以5日行政拘留、200元的罚款。翔翔的父母难以接受这样的决定,随后在律师的建议下,翔翔的父亲将园长唐某、老师郭某以及另一位幼儿园合伙人龙某等三人告上法庭,起诉唐某等被告严重侵犯了翔翔的生命权、健康权和身体权,给原告带来了巨大的精神痛苦和经济损失,要求进

[①] 陈滇剑.这个幼儿园园长怎么会如此荒唐?[J].婚姻与家庭(社会纪实),2011(8):65.

行民事赔偿。法院公开审理后,一审判决被告赔偿家长丧葬费、死亡赔偿金和精神抚慰金等近18万元。

分析:本案中,公安机关对唐某、郭某等人进行行政拘留和罚款属于行政制裁;而法院判决被告赔偿家长丧葬费、死亡赔偿金和精神抚慰金等近18万元属于司法制裁。由于我国现行的《刑法》中没有规定隐藏和隐匿尸体属于犯罪行为,因此本案中唐某等人的行为并不构成刑事案件,属于民事案件。

知识拓展 5-3

违法和犯罪的区别①

违法是指一切违反国家的宪法、法律、法令、行政法规和行政规章的行为,其外延极为广泛。

犯罪则必须符合我国《刑法》关于犯罪的规定,必须具备以下特征:第一,犯罪是危害社会的行为。行为对社会的危害性,是犯罪最本质的特征。第二,犯罪是触犯刑律的行为。也就是说,危害社会的行为必须同时是触犯《刑法》规定的行为,才构成犯罪。第三,犯罪必须是应受刑罚处罚的行为,只有应受刑罚处罚的危害社会的行为,才被认为是犯罪。上述特征是确定任何一种犯罪行为必须具备的缺一不可的条件。《刑法》同时还规定,情节轻微、危害不大的行为,不认为是犯罪。这就说明,行为的情节和对社会危害的程度是区分违法和犯罪的界限。

第四节 学前教育政策与法规的实施效果

教育法规在一个国家实施的效果如何,不仅体现在国家的教育水平上,同时也体现国家的法制化程度。中国目前学前教育政策法规实施已经取得了很大的成就,但是仍存在很多不足。因此,必须采取积极措施,不断提升学前教育政策与法规的实施效果。

一、学前教育政策与法规实施取得的成绩与存在的不足

(一)各项政策法规的贯彻实施促使学前教育事业获得了巨大的发展和进步

自2009年开始,学前教育受到了党和政府的高度重视和全社会的广泛关注。2009年颁布的《国家中长期教育改革和发展规划纲要(2010—2020年)》提出"基本普及学前教育""明确政府职责""重点发展农村学前教育";2010年发布的《国务院关于当前发展学前教育的若干意见》提出"把发展学前教育摆在更加重要的位置""多种形式扩大学前教育资源"等发展学前教育的十条意见,这两项学前教育政策的颁布使发展学前教育事业成

---

① 桂焱炜.违法和犯罪一样吗?[J].云南农业,2002(3):65.

为国家教育近十年甚至更长时间发展的重点。根据《国家中长期教育改革和发展规划纲要(2010—2020)》和《国务院关于当前发展学前教育的若干意见》,2011年以来,各地以县为单位实施学前教育三年行动计划,国家实施8个学前教育重大项目,学前教育改革发展取得了历史性成就,突出表现在以下四个方面。

1. 普惠性学前教育资源快速增加

一是加快公办园建设。各地科学制定幼儿园建设规划,在资源严重不足的地区新建幼儿园,利用农村中小学布局调整的富余资源和其他公共资源改扩建幼儿园,依托农村小学增设附属幼儿园。据初步统计,各地已新建2.5万余所幼儿园,改扩建3.4万余所幼儿园,增设小学附属幼儿园4.6万余所。二是把城镇小区配套幼儿园办成普惠性幼儿园。各地积极研究制定规范城镇小区配套幼儿园建设和管理办法,新建、补建、回收了一批配套幼儿园,办成公办园或委托办成普惠性民办园,使小区配套幼儿园成为扩大城镇普惠性学前教育资源的主渠道。三是积极扶持企事业单位办园、集体办园和普惠性民办园。各地采取补助生均经费、以奖代补、派驻公办教师、免费培训教师等方式,已经扶持6.9万所幼儿园,受益幼儿约1 000万人。四是在偏远地区开展学前教育巡回指导。中央财政学前教育巡回支教项目支持陕西、贵州等13个省(区、市)设立支教点1 500余个,聘用乡村幼儿园老师和志愿者4 000余名,受益幼儿约4万人。

2021年全国普惠性幼儿园达到了24.5万所,占幼儿园总量的83%,其中公办园12.8万所,比2011年增长了149.7%。普惠水平大幅提升,2021年全国普惠性幼儿园在园幼儿占比达到87.8%,全国共有幼儿园29.48万所,在园幼儿4 805.21万人。随着普惠性幼儿园数量不断提升,学前教育市场得到进一步规范,并逐步解决"入园难、入园贵"的问题。教育部等九部门印发《"十四五"学前教育发展提升行动计划》,明确提出:到2025年,全国学前三年毛入园率达到90%以上,普惠性幼儿园覆盖率达到85%以上,公办园在园幼儿占比达到50%以上。"入园难"的问题得到了初步解决。

2. 学前教育投入大幅增长

一是财政投入持续增加。2011—2021年中央财政累计安排支持学前教育发展资金1 730亿元,带动地方加大投入力度,加快推进学前教育事业发展。经过中央与地方共同努力,全国学前教育三年毛入园率由2010年的56.6%提高到2021年的88.1%,普惠性幼儿园覆盖率达到87.78%,持续扩大普惠性教育资源供给,深化体制机制改革,建立健全幼儿资助制度,加快推进学前教育事业发展。2022年支持学前教育发展资金230亿元,比上年增长15%。分配资金时,对乡村振兴重点帮扶县给予倾斜。同时,要求各地继续加大对脱贫地区学前教育支持力度。二是社会投入力度不断加大。各级政府积极采取措施,创新购买服务等方式,鼓励企业事业单位、集体和公民举办幼儿园。幼儿园的办园体制已从过去单一的以公办为主转为多元化办园的格局,民办幼儿园数量激增,占比已超过幼儿园总数的2/3。

3. 幼儿园教师队伍持续壮大

一是多种方式配备补充幼儿园教师。教育部颁布了《幼儿园教职工配备标准》，各地加快核定公办园教师编制，通过特岗计划、小学教师培训后转岗、接收免费师范生、公开招聘等多种途径，充实幼儿园教师队伍。2021年，学前教育教师素质明显提高，全国幼儿园园长和专任教师总数超过350万人，比2011年增加200万人，生师比从2011年的26∶1下降到2021年的15∶1，基本达到了"两教一保"配备标准，师资短缺问题得到有效缓解。二是加大培养力度。2021年专科以上学历的园长及专任教师占比达到87.8%，比2011年提高了24%。2012年至2020年累计投入43亿元，培训幼儿园教师超过243万人次，教师专业水平明显提升。三是加大培训力度。根据资金预算表显示，全国2023年用于中小学幼儿园教师国家级培训的经费为19.8亿元，高于前两年的19.656亿元。自实施"国培计划"以来，中央累计投入200亿元，培训校长教师1 800多万人次，极大地提升了幼儿教师专业素养。

4. 幼儿园办园水平和保教质量不断提高

一是国家出台了《幼儿园收费管理暂行办法》《3～6岁儿童学习与发展指南》《幼儿园保育教育质量评估指南》《"十四五"学前教育发展提升行动计划》，教育部组织修订了《幼儿园工作规程》《幼儿园建设标准》《幼儿园玩教具配备标准》。二是各地积极完善幼儿园准入制度，加强幼儿园收费、安全、卫生、办园质量等方面的管理。各级各类幼儿园深入贯彻落实《3～6岁儿童学习与发展指南》，提高幼儿园教师专业素质，防止和纠正"小学化"现象。三是举办全国学前教育宣传月活动，多种形式宣传普及科学保教知识，提高家长科学育儿能力。

（二）各项政策法规的实施中存在执行偏差

在我国学前教育快速发展的今天，学前政策法规建设的现状仍存在很多问题：一方面，虽然国家近几年颁布了很多学前教育相关法规，但是并没有一部专门针对学前教育的法律，这就导致学前教育领域许多方面的法律关系还缺少足够的规范和调整，立法空白点还有很多；另一方面，已经颁布的学前教育政策法规并没有得到很好的执行，在实施过程中存在很多问题，主要表现为政策法规执行偏差，即政策法规未按照原来设想被执行，或政策执行带来的结果并非政策制定者所要求的一种不协调状态。其具体表现在以下几个方面：

1. 选择性执行

选择性执行，即执行者选择部分政策法规内容进行执行，使政策法规为我所用，有利则落实，无利则摒弃，从而以部分代替整体，导致出现政策目标无法有效实现的现象。如部分地方执行机构选择《教师资格条例》中的部分条款予以执行，而对担任幼儿教师须具备教师资格的政策则敷衍了事，沿用新中国成立后提出的政策，用"培训合格证书"取代教师资格证书作为幼儿教师入职门槛来缓解地方幼儿教师的紧缺现状，严重影响了幼儿教师队伍的质量。

案例 5-12

幼儿园教师无证上岗

因为遭到幼儿园无故辞退,湖南长沙某幼儿园的马女士愤而在家长群内曝光幼儿园大部分老师无证上岗。调查后发现,涉事幼儿园承认确实存在老师无证带班的情况,并表示将配合教育局进行整改。幼儿园方面认为马女士"有不满可以当面解决,这种话发到了家长群里,是很有负能量的",在他们看来,幼儿园教师无证上岗,最大的问题恐怕在于损害了幼儿园的形象,而不是教师无证上岗本身。

分析:幼师的要求是:取得幼儿园教师资格,应当具备幼儿师范学校毕业及其以上学历。《教师法》第十六条规定,实行教师职务制度,具体办法由国务院规定。

《教育法》和《教师资格条例》有规定,结合对于教师管理的规定和师资队伍建设规划,所有在教学岗位上的教师须持证上岗,理论教师须具备国民教育系列专科以上相关专业学历。无证者应尽快获得资格证,凡无证者不得在教学一线。

因此这家幼儿园存在大部分幼师无证这一情况,如果该园没有整改此事,那么他们是没有办学资格的。

2. 照搬式执行

照搬式执行,又称机械式执行,指政策执行主体不结合当地实际,照搬照抄地执行中央政策。如各地为确保幼儿园的合理收费而制定了依据园所级别进行收费的政策,然而在执行过程中缺乏灵活性,对于保教质量正在发展的园所来说,所在级别最高收费标准限制势必使园方减少保教活动数量,降低质量,或缩减教学管理人员以降低成本。表面上幼儿家长需要缴纳的保教费减少,但最后幼儿的利益受到损害,且阻碍了园所的发展。

3. 象征性执行

象征性执行即政策执行主体以口头形式或书面形式支持政策,然而只做政策宣传,并不真正按照中央意愿执行的现象。这是我国当前学前教育政策执行过程中存在的最突出的偏差。如幼儿教师待遇政策,尽管《教师法》规定幼儿教师包含在"中小学教师"群体之内,享受与其他中小学教师相同的待遇,且各地也响应中央政策而做出相关规定,然因学前教育政策体系内缺乏有力规范执行者行为的法律法规,在实际操作过程中,政策执行人员将"中小学教师"惯常地理解为九年义务教育范围内的教师,使"幼儿教师与其他中小学教师享有同等待遇"的政策并未真正执行,或只在部分公办幼儿园中得到执行。

案例 5-13

幼儿园教师工资偏低问题不容小觑

深圳某幼儿家长感慨幼教工资太低,普通幼儿园教师月薪 2 800 元,用这样低的工资,能招到什么样的幼儿教师呢?这着实让人担心。幼儿园教师工资低于当地平均工资水平,是非常普遍的现象。幼儿园教师工资低不仅很难吸引到高素质的教师,还很难保障教师的教学质量,与这个行业的重要性不相匹配。幼儿园教师的月薪在很多大城市有三四千元,中小城市只有两三千元,并未真正执行"幼儿教师与其他中小学教师享有同等待遇"的政策。幼师群体普遍面临着福利待遇低、工作压力大、职业发展受限等问题,生存现状亟须改善。

4. 附加式执行

附加式执行又称为执行扩大化,即在原有政策基础上增加不恰当的内容,使政策的调控对象、范围、力度、目标超出原有政策要求,从而使政策执行出现偏差的现象。幼教机构收取赞助费即是学前教育政策执行扩大化的典型案例之一。《幼儿园管理条例》规定幼儿园可向幼儿家长收取保育费、教育费,但是在当前我国优质学前教育资源分配不均的现实条件下,部分幼教机构以各种名义收取幼儿家长的赞助费、助学费等现象仍然十分普遍。

5. 替代性执行

替代性执行是政策执行偏差最为严重的表现形式,即政策执行表面与政策一致而实际上却背离政策目标,使政策的精神实质遭到严重扭曲的现象。如《教育部关于规范幼儿园保育教育工作 防止和纠正"小学化"现象的通知》规定"幼儿园不得以举办兴趣班、特长班和实验班为名进行各种提前学习和强化训练活动",《幼儿园收费管理办法》规定严禁以开办兴趣班、特色班、实验班、课后培训班等特色教育为名向家长另行收取费用。然而,在实际执行过程中仍然有部分幼儿园表面上响应中央政策,实则将兴趣班等办成社团形式,照样收费,换汤不换药。

二、提升我国学前教育政策法规实施效果的举措

(一)提高学前教育政策法规执行人员专业素质

学前教育的专业特性与固有规律不仅在政策制定时应蕴含于政策本身,而且学前教育政策法规的实施作为将学前教育政策目标由理想转化为现实的关键性系列活动,也应一以贯之,以防止政策目标的根本性偏离。而提升当前我国学前教育政策法规执行人员的专业素养成为将学前教育的专业特性与固有规律有效融入政策执行过程的基本前提。高素质的学前教育政策法规执行人员能够帮助组织有效解读学前教育政策目标,深入了解学前教育政策精髓,帮助组织成员达成共识。学前教育政策法规执

行人员尤其是学前教育行政管理人员应当具备明确的专业意识和伦理、结构合理的专业知识与能力,理解学前教育对象的特殊性并认同学前教育的性质、目的与价值。学前教育政策执行机构应根据政策特征确立合格的政策执行人员标准,按照标准配备、督导和评估政策执行人员。

(二) 合理确定学前教育政策执行目标和方案

学前教育政策解读与细化既是下级政府对上级政府出台政策的执行过程,又是下级政府依据所在地方的政策执行条件资源制定具体政策的过程。地方政府具备了上级政策的执行者与地方政策的制定者的双重角色,发挥着至关重要的作用。由中央出台的学前教育政策一般原则性强,须通过各级地方政策的层层解读与细化才能得以顺利执行。为制定合理的具体政策,各级政府在确立具体政策特别是作为政策执行核心的政策执行目标时,应当依托于当前政治、经济、社会文化的发展现实,及学前教育事业发展的基础,在保证国家规范的最低执行标准的基础上因地制宜。

(三) 有效配置学前教育政策执行资源

学前教育政策执行资源包含权威资源、人财物资源、信息资源等,是政策执行依托的基础。在实际政策执行过程中,尽管政策内容在条文规范上的政策执行对象范围包括城市与农村,但因政策缺乏对处于各方面弱势地位的农村进行政策执行条件与资源的保障,与城市相比,农村学前教育事业发展较少受到甚至失去了政策的庇护。因此,对于农村地区、农村学前教育机构、农村幼儿等更需要有关政策性支持却反而享受不到支持的情况,中央及各级地方政府应在政策制定时考虑城乡间政策资源的统筹均衡,特别是在政策执行过程中要考虑对农村政策执行条件与资源的支持性保障,以提高农村学前教育政策执行的有效性。

(四) 加强政策执行管理的科学性与规范性

学前教育政策执行管理涉及学前教育政策执行过程中的组织、监督、协调、评估等各类活动,可谓贯穿于政策执行整个过程。我国学前教育行政管理采取"地方负责,分级管理,各部门分工合作"的原则,涉及机构内、平行机构间、上下级机构间的共同运作。然而政府缺乏有效的部门协调机制,对各部门职责范围规范不清,在现实操作过程中,部门间多以利益至上为宗旨,有利则管,无利则推,管理部门间多头管理或互相扯皮的现象较多。因此,为提高学前教育政策执行的有效性,防止学前教育政策执行变形走样,当务之急即在规范层面确立学前教育工作的专门协调机构,明确各部门在各项学前教育政策执行中的职责权限,确立各部门针对各项学前教育政策执行的具体评估标准,增加各机构在政策执行过程中的凝聚力。

(五) 提高执行主体及目标群体的政策认同度

目标群体对政策的认同度是政策执行顺利与否的重要影响因素。目标群体对政策的依从度与认同度越高,政策执行的难度越小。学前教育政策制定与执行的公益取向,是激励目标群体做出符合政策规范行为的重要因素。对于学前教育来说,其公益取向将有助于政策执行者及政策目标群体形成对政策目标的一致认同,有助于形成学前教育政策顺利执行的政策环境与社会心理氛围。特别要加强对有关学前教育政策中科学的学前儿童观与学前教育观的宣传,提高政策执行主体、目标群体及公众对幼儿发展权利的认同度,减弱科学的学前教育政策在执行过程中遇到的潜在阻力。

(六)协调学前教育政策执行中的利益冲突

学前教育政策执行实际上就是把内隐于政策文本中的利益分配方案、协调利益关系的政策内容予以实现。学前教育政策执行涉及多方主体利益,因此协调政策执行过程中的各方利益对政策顺利执行大有裨益。理论上,学前教育政策执行的利益协调应从政策制定入手,通过相对公平的利益分配达成各方主体间的利益均衡。但在实际操作过程中,以文本形式出现的政策内容往往不能对各方的利益均衡进行协调,此时则需要一个外在的监督机制来对政策所涉主体进行监督评估,建立相关的奖惩制度,以防止因利益冲突而造成利益主体行为偏差。为此,建立独立的学前教育政策执行监管机构,规范政策执行过程中利益主体行为偏差,成为学前教育政策有效执行的又一前提。

知识拓展 5-4

学前教育三年行动计划简介

实施学前教育三年行动计划是国务院为加快发展学前教育、有效缓解"入园难"问题而做出的一项重大决策。《国务院关于当前发展学前教育的若干意见》明确要求各省(区、市)以县为单位编制实施学前教育三年行动计划。具体要求如下:

一是明确了未来三年学前教育发展目标,逐年落实了建设任务;

二是围绕扩大学前教育资源、加强幼儿园教师培养培训等内容安排了一批工程项目,纳入了为民办实事的重要工程予以保障;

三是围绕幼儿园教职工编制标准、加强幼师培养培训、规范小区配套幼儿园管理、提高保教质量等,制定了一系列政策措施。

为更好地实施三年行动计划,地方各级政府普遍建立了由政府分管领导牵头的学前教育联席会议制度或三年行动计划领导小组,完善了督促检查和问责机制,健全了工作推进机制。为支持各地实施好学前教育三年行动计划,2010年起,国家启动实施一系列重大项目,重点支持中西部地区发展农村学前教育。

本章政策研读

《国务院关于当前发展学前教育的若干意见》

本章检测

一、判断题

1. 学前教育政策法规的制定比实施更重要。（　　）
2. 教育行政机关是实施学前教育政策与法规的主要机构。（　　）
3. 学前教育政策不仅指导着学前教育立法的过程，而且指导着学前教育法规的运行和实施，是学前教育法规的灵魂。（　　）
4. 《幼儿园工作规程》的颁布，标志着我国的学前教育进入一个新的阶段。（　　）
5. 民办学校出资人依法可获得合理回报。（　　）
6. 《中华人民共和国教师法》是我国的教育基本法。（　　）
7. 幼儿园可以以培养幼儿某种专项技能为由，另外收取费用。（　　）
8. 教育法律责任是指教育法律关系主体因实施了违反教育法的行为，依照有关法律、法规的规定应当承担的否定性的法律后果。（　　）
9. 针对目前的"入园难""入园贵"等教育问题，为改善学前教育需求与供给严重失衡的现象，国家出台的政策是《幼儿园教育指导纲要（试行）》。（　　）
10. 我国举办、管理和评估幼儿园的基本依据是《幼儿园管理条例》。（　　）

二、简答题

1. 如何理解学前教育政策法规实施的重要价值？
2. 学前教育政策法规实施的机构有哪些？最主要的是哪几个机构？
3. 我国学前教育政策与法规的实施手段包括什么？
4. 举例说明当前我国在学前教育政策与法规实施中，需要遵循哪些原则。
5. 学前教育政策法规的实施途径有哪些？
6. 请你谈一谈我国学前教育政策法规的实施效果。
7. 举例说明当前我国在学前教育政策法规实施的过程之中，还存在哪些问题与不足，并提出相关的改进措施。

三、案例分析

幼儿午睡下床摔伤案

某幼儿园中班的孩子们正在午睡,值班刘老师由于疲倦,就在寝室一张空的幼儿床上睡着了。幼儿小海想起床上厕所,但看不到老师,一直憋着不敢起来,后来实在憋不住了,只好自己急急忙忙从床上下来去上厕所。结果由于匆忙,一下子从床上摔下来,被床边的椅子碰破了头,又由于憋尿太久摔倒在地,造成膀胱受损。刘老师听到跌倒声和哭声后立即起来,将其送往医院救治。随后,小海的父母将刘老师和幼儿园一并告上了法庭,要求经济赔偿。

分析:谁应为小海的意外事故承担法律责任?

第六章
国外学前教育政策与法规

- 掌握国外学前教育政策与法规相关概念
- 领会国外学前教育政策与法规的特征
- 理解国外学前教育政策与法规的发展理念
- 学会分析国外有关学前教育政策与法规的案例

　　本章共分四个小节。第一节首先阐述美国的学前教育政策与法规,着重介绍了"开端计划"项目,并分析了美国学前教育政策法规发展的特点。第二节阐述英国的学前教育政策与法规,包括"确保开端"项目、《每个儿童都重要》《儿童保育十年战略》《早期奠基阶段规划》等。第三节阐述德国的学前教育政策与法规,包括其发展历史和具体内容两个方面。第四节阐述日本的学前教育政策与法规,着重介绍了其学前教育体制和典型的学前教育相关法规。在本章中,我们要求学习者了解并识记主要发达国家的学前教育政策与法规,并结合我国实际,思考其对我国学前教育发展的启示意义。

美国"开端计划"的启示①

　　学前教育备受美国政府和社会的关注,美国早期出台了早期教育干预项目——"开端计划"来发展学前教育。"开端计划"(Project Head Start),也称之为先行计划、起点平等计划,是美国专为低收入家庭儿童所提供的一项入学前的早期教育补偿项目,旨在消除贫困,使所有的儿童拥有公平的起点。英国是世界上学前教育最为发达的国家之一。近年来,英国政府对学前教育进行了大刀阔斧的改革,其中免费学前教育作为工党的重

---

① 吴琼.美国开端计划的教育公平取向及其启示[J].幼儿教育(教育科学版),2008(6):24.

点改革政策之一,在全国推展开来。该政策旨在为3~5岁幼儿提供免费的学前教育,以期为幼儿创造良好的人生开端。

思考:美国和英国出台有关学前教育的政策会给我国学前教育事业的发展带来哪些启示?你还知道哪些国家出台的有关学前教育的政策?

第一节　美国的学前教育政策与法规

一直以来,宣扬民主与法治的美国,善于通过法律手段来保障教育事业的发展,研究美国的教育政策在一定程度上就是研究美国的教育法案,在学前教育方面也不例外。从20世纪60年代起,美国联邦和各州颁布了一系列的教育法案,其中很多涉及学前教育的项目和规划。在这50多年的时间里,美国的学前教育得以不断地发展和完善,其学前教育的政策法规也相应地发生了一定的变化。

美国从1965年开始施行的教育项目"开端计划"(Project Head Start),被称为是美国历史上"最富有雄心、最有影响和最有争议的社会计划之一"。在美国历史上,它是首次由联邦政府创办、为贫困家庭儿童提供学前教育及健康保健服务的一项综合性计划,旨在为低收入家庭儿童提供一个良好的教育开端,为其发展奠定坚实的基础,从而截断贫困的循环链条。最初的先行计划只是1965年《机会经济法》(*Economic Opportunity Act*)中的一个社区行动方案,到1994年克林顿签署"开端计划"重新授权法案,迄今,它依然发挥着重要作用。它培育的幼儿累计约2 000万,帮助了广大家长提高了教养水平,训练了大量教师与助手,制定了一系列教育标准,开展了诸多科学研究,成效十分显著。通过对这个历时50多年的教育项目发展的分析,可以了解美国教育政策发展的特点。

一、20世纪60年代之前的学前教育政策法规回顾

在20世纪60年代以前,同世界上的大多数国家一样,学前教育并没有引起美国政府的足够重视,并没有专门的与之相关的全国性的法律或者教育项目出台。

美国最早关于学前教育的法律文本是第二次世界大战期间颁布的《朗哈姆法案》(Lanham Act),规定"联邦政府和地方政府拨专款资助与战争有关的工厂设立学前教育机构"。

1956年,美国政府通过了《社会安全法案》,提出应该为职业妇女提供托儿服务。

1957年,苏联人造卫星成功发射,震惊了美国朝野,促使美国政府开始反思自己的教育并付诸行动。

1958年,美国颁布了《国防教育法》,提出提高教育质量,实施天才教育,因为提到教育应该从幼儿抓起,这在一定程度上促进了学前教育的发展。

从上述20世纪60年代之前美国出台的有关教育政策中,我们可以看出学前教育在当时的一些法案中只是简单被提及,作为当时社会战争、经济发展的附属物,并没有实质性的发展。

二、20世纪60年代之后"开端计划"(Project Head Start)的发展

20世纪60年代之后,科学技术不断发展,特别是脑科学、儿童心理学、社会经济研究的不断发展,不同领域的专家学者开始着手进行相关的研究,并从不同方面论证了学前教育的重要性,至此,学前教育的重要性才开始逐渐被大家所认识。如发展心理学的研究证明,0~6岁的儿童拥有适当的发展环境,得到良好的教育对他们将来的身心发展具有十分积极的作用,这个年龄阶段受到的影响有些甚至是不可逆的。经济学家研究证明,对学前教育的投资是所有教育阶段中回报率最高的。

(一)"开端计划"(*Project Head Start*)的提出

20世纪50年代以来,随着"二战"的结束,美国工业得到迅速发展,国家经济水平大大提高,而与此同时国内贫富差距也不断扩大。此外,在战后,美国急剧膨胀的人口数量、蓬勃发展的黑人运动、下层人民对民主和受教育机会均等的呼吁都给美国发展带来巨大冲击。1963年,麦克尔·哈林顿(Michael Harrington)发表了《另一个美国:美国的贫穷》一书。他指出,在美国有四分之一的人生活在贫困线以下,有300万人极度贫困,他们的子女根本无法得到适当的早期教育,入小学也很难适应学习环境。这本书引起了美国市民以及肯尼迪当局对于下层贫困人民的关注。肯尼迪总统提出为预防孩子成年时的贫困与依赖性,必须从幼儿开始。随后约翰逊总统提出了"向贫穷宣战"的口号,指出不仅要缓解贫困,并且要救治贫困,最重要的是要防止贫困。

在这样的社会背景下,1964年,《机会经济法》(*Economic Opportunity Act*)被颁布了,"开端计划"初期只是1964年《机会经济法》中的一个社区行动方案。

联邦政府明确规定,从对象的选取来说,3~5岁在低于贫困线以下家庭生活的孩子至少要占90%以上。它的目的是:①改善儿童身体健康和体育技能;②增进情感和社会发展;③改善认知能力,尤其是运用语言和概念方面的技能;④建立能使将来学习获得成功的态度和信心;⑤帮助儿童与其家庭建立积极的联系,反之亦然;⑥帮助儿童和他们的家庭发展对社会有责任的态度,同时鼓励社会帮助穷人;⑦增进儿童和家庭的自尊和尊严。

1965年3月18日,约翰逊总统发布赞成意见,同意建立1 676个先行计划项目,建立9 508所中心,为375 842个儿童提供服务。在先行计划开始的1966年,只有夏季计划(为期9个月,半日制)。到1972年,大多数参加先行计划的儿童已在一年制的方案中学习。

(二) 20 世纪 90 年代,《开端计划法》(Head Start Act) 的三次授权

1990 年,《开端计划发展扩展和质量提高法案》(Head Start Expansion and Quality Improvement Act)(简称《法案》)由国会通过,并由乔治·布什总统签署。

《法案》第一次明确提出"开端计划"的服务扩展到所有符合条件的儿童。《法案》规定"授权调拨足够款额服务于所有符合条件的儿童,直至 1994 年"。根据这一条款,"开端计划"适用于每一个符合相应条件的儿童,使得这项政府津贴计划首次真正面向全体贫困儿童。《法案》还提出了"到 2000 年,实现每一个儿童都要为学习做好准备"的发展目标,这预示着在新的世纪,"开端计划"将扩展到所有的学前儿童。《法案》指出将全额资助开端计划。国会宣称,1991 年拟拨款 24 亿美元,并承诺此后逐年增加,4 年之内增加到此计划预算的 4 倍。《法案》采纳了此小组的建议,并决定用一定比例的资金作为质量促进基金。这是"开端计划"实施以来首次专门为提高质量而保留资金,也是 1990 年重新授权的法案中影响较为深远的条款。《法案》规定每年拿出一定数额的资金专门用于改进现有的服务[①]。

1994 年,克林顿总统签署了《开端计划重新授权法案》,提出了服务于婴幼儿的早期"开端计划",旨在加强儿童的发展与健康,这是将"开端计划"第一次正式扩展到婴幼儿服务领域。同时,也是首次要求对"开端计划"中的绩效标准进行审查和修改,法案要求新的绩效标准要包括早期"开端计划"的内容,覆盖 0~5 岁的所有婴幼儿,这是 20 年来第一次对"开端计划"绩效标准的重新修订。

1998 年,克林顿总统签署最终议案,开端计划授权法案公布实施。此次将改革重点明显向提高教育项目质量倾斜。其中特别研究了促进儿童读写能力的标准及改进措施,尤其是针对问题儿童读写能力。90 年代以后,两位任职的总统也不遗余力地支持学前教育的发展,克林顿总统和布什总统先后颁布了《五年幼儿教育计划》和《良好的开端,聪明地成长》两篇学前教育发展动议。

(三) 21 世纪《开端计划法》(Head Start Act) 的修订

2003 年修订案中规定,2004—2008 年联邦政府应在每个财政年度保证对该项目 68.7 亿美元的拨款,几乎是 20 世纪 80 年代拨款总额的 7 倍。

2007 年,美国国会重新授权《开端计划法》,增加对此项目的科研拨款数额作为授权的重要内容之一。该法案规定联邦政府应在 2008 年向"开端计划"提供 73.5 亿美元的资金支持,还增加了无家可归儿童、流动儿童、身体残疾儿童及非英语母语儿童参与"开端计划"项目的机会[②]。

---

① 孔维景. 教育公平视域下美国联邦政府学前教育政策的演进研究:基于"开端计划"至"2013 国情咨文"的文本分析[D]. 北京:首都师范大学,2013:35-37.

② 孔维景. 教育公平视域下美国联邦政府学前教育政策的演进研究:基于"开端计划"至"2013 国情咨文"的文本分析[D]. 北京:首都师范大学,2013:56.

2008年所有"开端计划"的新入职教师必须持有学士学位,所有助理教师在2010年前必须获得儿童发展联合会的认证资格,所有教师一年中至少要参加15个学时的专业培训。

2010年的《开端计划儿童发展与早期学习框架(3~5岁)》中指出,学习品质是表明儿童能够参与社会互动和学习体验的可观察行为。这些可观察的行为涵盖主动性与好奇心、坚持性与注意、合作等,儿童保持注意、兴趣,以及参与活动的能力能够支持一系列的积极结果,包括认知、语言、社会情感发展。

2015年的《开端计划早期学习结果框架(0~5岁)》指出,学习品质着重于幼儿如何学习,它涉及幼儿参与学习时使用的技能(Skills)及行为(Behaviors)。

三、美国学前教育政策法规发展的特点

(一)学前教育由注重数量到注重质量

1965年"开端计划"出台之时,正是美国社会水深火热之时,社会贫富差距不断加大,少数民族、贫困家庭的矛盾日益突出。面对当时的社会问题,联邦政府意识到必须改变贫困家庭的情况,使贫困家庭的子女能够获得相对平等的受教育机会,才有可能改变他们的命运,从而减少社会矛盾。所以,"开端计划"的实施对象明确规定为"至少要有90%以上生活在贫困线以下家庭的3~5岁的孩子"。

从1990年开始的三次授权法案围绕着提高质量这个中心,既有承接延续,又各有侧重,基本形成了一整套保证"开端计划"服务和教育的质量支持体系,在新法案的指导和调控下,"开端计划"的工作重心从20世纪90年代以前注重扩大规模,逐渐转移到了加强质量建设方面,提高质量标准、加强质量监督和质量评估成为"开端计划"的主要任务,向质量进军构成了20世纪90年代"开端计划"发展的主旋律。

21世纪颁布的《不让一个孩子掉队法》的立法宗旨是:"为了确保所有儿童有一个公平、平等的机会,获得高素质的教育,并至少能够达到具有挑战性的国家标准和国家学业成绩学术评估",其中直接提出并强调"高素质"的教育。

(二)始终关注弱势群体

"开端计划"的最初目的就是为了使低收入家庭的儿童能够获得相对平等的受教育机会,以此来达到改变命运的目的。之后,该计划的受益对象越来越广泛,不断加大的资金投入使越来越多的儿童受益。

在美国,残障儿童的学前教育甚至要走在一般儿童学前教育的前面,这和一直宣扬民主、平等的美国法治精神是分不开的。关注社会弱势群体,进行早期补偿教育,一直是美国学前教育的一大特点。在正常学前教育普及率只有24%的1975年,美国即颁布了为所有残障幼儿提供适当和免费的学前教育的法律,并逐步严格地在全国范围内实施这一法律,使得残疾儿童学前教育的发展速度远远领先于正常儿童的学前教育。

在美国所颁布的教育法案中,无论是"开端计划",还是《2000年目标:美国教育法》《不让一个孩子掉队法》,一直保持着对弱势儿童的特别关注。奥巴马政府提出的"0~5岁教育计划"中的"支持亲子计划"将为低收入家庭及初次妈妈提供家访计划,由专业人员对孕产妇、婴儿的身体及精神健康提供有效的帮助。

(三)建立评估督导制度,不断改革

通过对项目实施效果的定期评估、对项目实施过程的督导、对出现的问题进行分析和解决,来保障实施项目的有效性,这是美国开展各类教育项目的一大特点。

如在1994年颁布"开端计划"的重新授权法案之前,健康和公共事业服务部组建了高级别的部长顾问委员会,其由两党成员组成,全面而彻底地审查整个"开端计划"。通过6个多月的努力,顾问委员会总结了5项结论,并指出"开端计划"发展所面临的最大问题是管理问题。为此,他们建议,要求提高质量标准,重新制定项目评估指标。因此,随后颁布的法案承诺提高员工的资质,增加培训的机会,同时提出修订"开端计划"绩效标准,建立和完善科学的质量监督和评估体系。

"开端计划"为监控各项目的实施状况制定了统一的标准、建立了严格的评价体系,并依此决定拨款与否或拨款多少,从而实现宏观管理。此外,未设置全国性的课程,而是积极倡导各州和社区根据当地的需要,在全国统一指导框架下灵活地制定课程。根据计划执行标准,课程指的是基于儿童成长和学习的发展原则的计划,包括儿童发展和学习的目标、儿童达成这些目标需要的经验、职员和家长帮助儿童达成这些目标要采取的步骤和支持课程实施所需的材料①,针对在实施过程中出现的问题,及时研讨有效的措施。

知识拓展 6-1 >>>

值得借鉴的美国幼儿园的 4 件小事

浙江学前教育网报道了美国幼儿园让家长感动的 9 件事,引起了社会的强烈反响,对提升我国学前幼儿园的办园质量起到一定的借鉴作用,这里摘录了其中 4 件事。

1. 让孩子参与到事情中

在美国的一家幼儿园中,上午的点心大部分是老师现做的。有一天,孩子们吃的是香蕉奶昔。香蕉奶昔就是把香蕉、冰淇淋和牛奶放到搅拌器里打碎。老师预先准备好食物材料,然后让孩子们一个一个地过来操作。首先,老师给孩子们介绍搅拌器,让孩子们敲一敲、摸一摸,告诉孩子们这个搅拌器的材质和用途;然后,让每个孩子参与剥香蕉皮、舀冰淇淋、倒牛奶的过程;最后搅拌的时候,老师又让孩子们过来按按钮。所有的孩子围

---

① 童宪明.美国、日本、韩国幼儿教育政策法规的特点及启示[J].教育导刊,2010(10):23.

在一起,好奇地参与到整个事情中,虽然并没有真正帮上什么忙,但是,孩子们知道了喝到嘴里的香蕉奶昔是怎么来的,在操作的过程中也学到了不少知识。更重要的是,老师让孩子们参与,是对他们的肯定与尊重,孩子们自然能感觉到。

【启示】美国幼儿园中的让孩子"参与到整个事情中"这一原则体现了教师把孩子看成了独立的个体,培养孩子动手操作、发现问题、分析问题以及解决问题的能力。这在我国幼儿园是十分罕见的,一般情况下,教师为了不让孩子惹出麻烦,尽量都会选择让孩子老老实实待在教室里,听从教师的指挥,这无疑会抹杀孩子活泼好动的天性。

2. 吃饭的规则

吃饭前,老师一边唱着《洗手歌》,一边带着孩子们洗手。洗完手后,每个孩子都规规矩矩地坐在桌子前,等待老师把饭拿过来。大部分孩子在吃饭前都不会乱动,更不会随意跑动。吃完饭后,孩子们必须自己把桌上的东西包起来,丢到垃圾桶里。由于手很小,很多孩子都要跑几次。其中有个小女孩丢完餐垫后,纸杯子没丢就去玩了。老师叫了她好几次,她也不愿意过去。于是,老师把她牵到桌子前,告诉她自己的事情自己做,小女孩就乖乖地照办了。

【启示】在我国的幼儿园和家庭中,有多少幼儿园教师及家庭让孩子养成了饭后收拾自己碗筷的规矩呢?参看美国幼儿园教师对孩子吃饭规矩意识的培养,我国幼儿园教师也应培养孩子做事讲究规矩,饭后收拾自己的东西,从小事做起,树立责任感的意识。

3. 给孩子足够的自由

自由活动时间,孩子们都分散在教室的各个角落,各自玩各自的。教师在她的区域里做一些准备工作。家长站在园外观察,很少看到教师指挥孩子不要这样、不要那样。孩子们都在自由自在地玩,只有当他们出现非常危险的举动或小纠纷时,老师才会过去处理一下。不忙的时候,教师会在孩子们身边坐下来,看着他们玩,或者在孩子们的邀请下一起玩。

【启示】我国的幼儿园教师害怕孩子在幼儿园出现任何闪失,家长来幼儿园吵闹。近些年,由于幼儿教师在园期间过度管教孩子或过失教学引起家长与幼儿园之间的教育纠纷频频发生,因此,国内的幼儿园有明确的规定,教师必须看好孩子,不能让孩子有过度的自由。"不要这样、不要那样"是对孩子的束缚。"给孩子足够的自由"值得我们国内幼儿园借鉴。

4. 鼓励孩子的每一个举动

在教室的一个角落里放着一面镜子和一箱衣服,班里的女孩们最喜欢不停地换上她们喜欢的衣服。有的孩子很小,教师就一边帮她们穿,一边说:"这件衣服特别适合你,你就像一个小公主!"她有时还会提点意见:"我觉得这条裙子配上那个头纱会更像一个新娘!"教师不厌其烦地帮孩子们搭配衣服,称赞她们漂亮,鼓励她们的创意。

【启示】我国的幼儿园教师并没有更多的耐心去关注每个孩子的举动,他们本着"不出事,不惹事"的原则,不会让孩子有过多的自主行为。教师不妨多赞赏孩子的创意,即使是一些不合年龄的创意,也要鼓励孩子多尝试新鲜事物,孩子只有通过不断尝试才能有创新意识。①

第二节　英国的学前教育政策与法规

近十几年以来,英国政府对学前教育的发展越来越重视,尤其在进入 21 世纪以后,英国政府更是加大了对学前教育领域的干预力度,制定了一系列学前教育政策,如"确保开端"项目(Sure Start Programme,1998)、《2002 年英国教育法》(Education Act 2002)、《每个儿童都重要》(Every Child Matters,2003)、《父母的选择,儿童最好的开端:儿童保育十年战略》(Choice for Parents, the Best Start for Childern: A Ten-year Strategy For Childcare,2004,简称《儿童保育十年战略》)、《早期奠基阶段规划》(Early Years Foundation Stage,2005)等,这些学前教育政策都极大地推动了英国学前教育的发展,并取得了良好成效。此外,这些政策无论从制定的时间还是内容来看,都有其内在的关联性,也有其自身的特点,主要表现为:内在一致的价值取向、各项政策制定与实施的连续性与稳定性、政府在制定学前教育政策时所体现出来的高瞻远瞩性等。

一、"确保开端"项目(1998)的开展

(一)"确保开端"项目出台的背景

"确保开端"项目开始于 1998 年,当时英国在对 5 岁以下儿童提供的教育服务方面与其他发达国家相比较落后,政府也没有给予足够的重视,不同地区为学前儿童及家庭提供的早期保教质量及内容也存在极大差别。与此同时,英国少年妈妈数量比过去有增无减,青少年犯罪事件也日益增多,很多成人和儿童在读写及数学方面能力欠缺。此外,由于父母受教育程度低以及贫困的影响,导致子女不能接受高质量的学前教育,由此形成"文盲—贫困—文盲"的恶性循环等。基于以上现状,英国政府决定对 5 岁以下的学前教育发展进行改革,为达到"到 2010 年前将贫困儿童人数减少一半"的目标而行动。

此外,随着知识经济的发展,对教育质量的要求也越来越高,作为基础教育阶段的学前教育质量亦不例外,英国政府希望通过教育政策的改革来提供高质量的公共服务以使得幼儿拥有良好的开端,从而全面提高学前教育质量。

---

① 卢丹丹.美国幼儿园让我感动的 10 件小事[J].生活教育,2010(9):57.

(二)"确保开端"项目的目标

"确保开端"项目的目标主要有四个:

(1) 促进儿童社会性和情感发展:通过增进亲子依恋加强家庭成员之间的紧密联系,同时对儿童的情感和行为发展困难加以鉴定,并提供相应支持。

(2) 促进儿童的身体健康发展:通过提倡父母对孩子的抚育教育,促进儿童健康发展。

(3) 促进儿童学习能力发展:通过提供高质量的教育环境和儿童教养服务来促进儿童早期学习能力的发展,并为有特殊需要的儿童提供早期鉴定和支持服务。

(4) 加强家庭和社区建设:鼓励儿童家长参与社区建设,以保证项目计划的延续,同时也为贫困家庭提供摆脱贫困的机会。

(三)"确保开端"项目的主要内容

学前教育:儿童语言发展计划,向处境不利的儿童提供免费的高质量的学前教育,与有关部门和社区合作共同监督和改善学前教育质量,建立流动的玩具图书馆,针对残疾儿童的"参与计划",男性公民参与计划。

儿童保育:一些家庭为了摆脱贫困,父母亲需要外出工作,"确保开端"项目的志愿者提供的托儿服务解决了他们的后顾之忧,使他们安心于工作,这些志愿者多是一些退休的人员,在他们提供托儿服务之前,该项目要对他们进行短期的托儿知识和技能培训,以使他们能胜任托儿的工作。

家庭支持:第一,提供就业信息,进行技能培训,帮助父母就业;第二,设立家庭联络员,进行咨询和干预;第三,健康饮食计划;第四,向父母提供工作税贷款;第五,"少年妈妈"服务计划。

医疗卫生:良好的医疗卫生条件可以为儿童的健康保驾护航,"确保开端"项目从儿童出生之前就开始关心孩子的健康问题,为了保证孩子的健康,该项目向孕妇们提供了一系列医疗卫生服务。孩子出生后,则对母子同时提供相应的服务项目。另外,该项目还对家庭进行健康评估。

(四)"确保开端"地方项目

"确保开端"地方项目(Sure Start Local Programmes,简称 SSLP)即"确保开端"项目在各个地方试点的具体实施项目,自"确保开端"项目实施起,就建立了很多的地方项目,该项目是一个以区域为基础的项目,将健康及家庭支持服务整合在一起,这些家庭支持服务包括为游戏、学习及处境不利地区的儿童提供保育机会,通过这些服务为他们提供生命中的良好开端,并且确保他们为入学做好准备。此外,该项目还旨在减少儿童贫困和社会排斥,通过一系列广泛的以儿童及家庭为对象的服务团队,为4岁以下生活在英国处境不利地区的儿童加强"生活的机会",为0~4岁儿童及其家庭改变现有可利用的服务,在差异明显之处发展新的服务,该项目的核心思想是通过革新、拓展增加现有服务的价值,扩大儿童、家庭及社区所在地区的潜在发展前景①。

二、《每个儿童都重要》(2003)的颁布

(一)《每个儿童都重要》颁布的背景

一方面,英国的学前教育存在着问题:2000年2月,英格兰8岁女孩维多利亚·科里比亚(Victoria Climbie)受虐待致死,在英国引起了极大的轰动,英国政府成立了专门的调查组调查此事件。通过调查研究,英国政府认为,这件事情主要是由于儿童社会服务机构、卫生部门和警方之间联系力度不够导致的,应该改革与儿童有关的机构与制度,加强对儿童的保护。通过对公众的调查,人们普遍认为政府应该改变和改进儿童保护体系,此外,仍然有部分儿童存在逃学、沉溺网络等行为问题,儿童肥胖问题也有待解决。另一方面,英国的学前教育也取得了很大的成果,与1997年相比,低收入家庭中的儿童人数减少了50万;重新犯罪的青少年人数已经减少了22%;1998年以来18岁以下的青少年中怀孕比率已经下降了10%。这些成果给予了英国政府和公众改善学前教育极大的信心,因此,英国财政部于2003年颁布了《每个儿童都重要》绿皮书,将政策转向以预防为主,以期为英国的学前教育发展提供更好的条件和环境②。

《每个儿童都重要》绿皮书针对的是英国所有儿童,此政策和计划包含所有英格兰的地区,除了相关的没有被移交的办公设备,以及适用于威尔士的相关内容等,威尔士政府议会和苏格兰执行者对此事已经表示出了极大的兴趣,并且打算随时关注该绿皮书的发展状况。《每个儿童都重要》的实质性改革措施是构建并完善跨部门合作的儿童服务体系,该合作涉及教育与技能部、卫生部、财政部、文化部和工商部等十几个部门,体现了政府对儿童管理方式所做出的重大改革,由此促进儿童全方位的整合式发展。该政策是英国政府为促进儿童安全、健康地全面发展而制定的最基本的框架和行动计划。

(二)《每个儿童都重要》的主要内容

《每个儿童都重要》主要包括支持父母及抚养者;早期干预及有效的防护;责任性与集成性——本地的、区域的及国家的;劳动力改革四个方面的内容。

(1) 支持父母及抚养者

政府计划将对父母及抚养者的支持放在促进儿童生活的核心位置,并且宣布通过相当数量的资金投入来增加本地区的拓展力度,政府将在一个比较长的时期内通过以下方式促进对父母及家庭的支持。

提供普遍性的服务:如学校、健康及社会服务,提供儿童保养信息,建议及向父母保证支持他们子女的发展。

专业及定向的支持:向需要支持的儿童父母提供额外的支持。

---

① 张红娟. 近十年来英国学前教育政策研究[D]. 昆明:云南师范大学,2011:18.
② HM Treasury. Every Child Matters(Green Paper)[R]. London:The Stationery Office,2003.

强制性行为:通过教养方式的调整减少或降低逃学行为、反社会行为、犯罪行为的发生。

(2) 早期干预及有效的防护

促进信息资源共享:在每个服务点之间确保所有当地官方都拥有本地区的儿童名单,对每个儿童的服务之间都是互通的,与此相关的还有为儿童服务的相关工作人员。政府不仅通过克服法律上的障碍实现更畅通的信息共享,还将在信息记录上建立共用的数据标准,并通过创建一个独一无二的识别码来克服信息共享中遇到的技术障碍。

建立一个共用的评估体系:包括特殊教育需求、机构之间的互相合作、青少年犯罪队伍、健康服务,以及儿童社会服务。

引进专业性指导:通过多学科团队整合工作人员,对识别处于危险期的儿童负有相关责任,同儿童及家长一起工作以确保为他们的需求提供针对性服务。学校确保开端儿童中心和初级护理中心及其周围提供当地一体化的服务。在所有的相关团体中都树立确保儿童防护有效性的意识。

提供及时性服务:该服务主要是为前线教师、保育人员及一般服务机构中的其他工作人员提供多元的训练。

(3) 责任性与集成性——当地的、区域的和国家的

将儿童作为政策的核心部分,并且围绕他们的需要组织开展服务,根本性的改革需要打破组织之间的界限,政府应当成为当地和区域内承担责任和改进儿童生活的负责人,并且促使为儿童提供关键性服务的组织机构成为一个整体和完整的组织体系。

政府将通过以下方式达到该目的:一是通过法律形式设立儿童服务助理的职位,该职位对当地官方教育和儿童社会服务负有责任;二是通过法律形式设立为儿童服务的理事会成员;三是儿童基金会将被列为当地官方的一部分,当地被推选的成员名单将被予以公示;四是涉及儿童保护方面的事宜,政府将创立当地儿童安全理事会,作为地区儿童防护委员会的法定继承者;五是为了支持当地的整合,政府已经在教育与技能部推举了新的儿童、青少年和家庭部长来促进政策的协调,并且已经承担起儿童社会服务、家庭政策、青少年怀孕、家庭法律以及儿童和法院咨询及支持服务等方面的责任;六是发挥儿童信托的作用。通过儿童信托将各项服务整合在一起,包括当地教育、儿童社会服务、儿童健康服务及青少年犯罪组织提供的服务,并且同公众、私人、志愿者之间密切协作;七是加强当地机构之间的联系。确立当地警局及国民健康组织在儿童安全及良好发展方面新的职责,为与儿童相关的机构确立清晰的实践标准,对执行目标、计划、资金分流、财政职能及指标进行合理说明,为儿童服务构建整合性的审查框架。

(4) 劳动力改革

政府的建议是以最近学校、社会福利、健康和政策的劳动力改革为基础。随着时间的推移,政府将建立一个有偿劳动力战略模式,即作为儿童劳动力的补充和保留,并促进

其技能和有效性的发展。政府将通过以下方式达到该目的：

开展以促进儿童劳动力技能和有效性为目的的劳动力改革策略，打破专业障碍，成立积极高效的团队，发展具有高技能的劳动力，从而使得和儿童一起工作成为一项有吸引力的事业选择。这些需要通过儿童的亲身体验来审查奖励、激励和相关因素。

在招聘时应该有明确的立场和要求；对综合的工作量进行调查。

通过社会福利工作开展更灵活和更吸引人的培训方式，包括为毕业生拓展以工作为基础的培训方式。

通过儿童的实践把普通的职业标准和模式化的资格证书连接起来，允许工作者在各项工作之间更容易地迁移。

为那些单独与父母、儿童在一起工作的人员及拥有多重角色的工作人员（如提供专业化服务的人员和警察）确立一个通用的训练核心。

儿童劳动力单位是建立在教育与技能部基础上的，该单位将和相关的雇主、职员及政府部门一起发挥作用，为儿童青少年服务成立一个技能部门委员会，一起促进该战略关键步骤的实现。

三、《儿童保育十年战略》(2004)的实施

(一)《儿童保育十年战略》的制定背景

2005年英国将举行新一轮大选，公众对布莱尔在伊拉克战争上不明朗的态度极为不满，工党为了赢得选票保住其执政党的地位，对儿童社会福利政策进行了相应改革，并在原来的"确保开端"项目基础上提出新的项目——"最好开端"计划，以获得民众支持。此外，"确保开端"实行的是项目管理，即边实行边评估研究边整改，2004年首轮评估结果出来后，根据项目评估结果，要对该项目进行改进，因此对"确保开端"项目必然要求有新的发展。并且，家长们对幼儿保教工作存在的问题以及诉求，也促使这个项目做出必要的调整。如一些家庭发现找到适合自身环境及孩子成长的保育服务仍然很困难；他们觉得仍然难以支付起昂贵的儿童保育服务；儿童保育服务的质量不稳定，更糟糕的是会给孩子的发展带来负面影响；服务的衔接性方面有缺陷，使得它们更难为家长所用；父母亲们将更乐意接受灵活的工作安排，使得他们能够有更多的时间和孩子在一起；很多家长们，尤其是母亲们，在孩子出生后更愿意回到工作岗位发展自己的事业，但是由于消费原因和其他经济原因使得她们无法如愿等，一系列问题都需要学前教育做出改进。

基于以上原因，2004年12月，教育与技能部(Department for Education and Skills)和工作与养老部(Department for Work Pensions)联合出台了《父母的选择，儿童最好的开端：儿童保育十年战略》(简称《儿童保育十年战略》)的草案，并公开咨询公众意见，最终于2005年3月制定完成，此报告标志着"确保开端"项目进入新的发展阶段。

(二)《儿童保育十年战略》的主要内容

《儿童保育十年战略》是在《每个儿童都重要》的基础上,对其中的学前教育与保育而制定的专门深入的战略规划。该政策对21世纪第一个十年内英国学前教育发展的宗旨、原则、核心目标等做出了阐释与规划。它的目的是要给英国孩子提供全世界最好的学前教育,使他们有一个最好的人生开端,旨在明确并加强政府在发展学前教育与保育、促进家庭生活与工作间平衡,以及财政投入中的责任,以此促进学前教育的发展、社会的安定及经济的繁荣。该战略确定了三条基本原则:一是确保每个儿童尽可能拥有生命中最好开端;二是在应对就业模式转变需求的过程中,确保家长尤其是母亲们可以继续其职业生涯;三是确保家长在其平衡工作和家庭生活上所做出的选择的合法性。

除此之外,《儿童保育十年战略》还提出了英国学前教育与保育改革发展的多项核心目标:①自2007年4月开始,将目前的带薪产假延长至9个月,此后远期目标则为1年;②为家长提供更多的财政援助,从2005年4月开始,增加"儿童保育个人所得税"减免额度(每个孩子175英镑);③将3~4岁儿童免费学前教育服务时间从2006年起延长至每年38周,长远目标是每周20小时;④到2010年,每个社区均要有"确保开端"儿童中心,提供整合的学前教育、保育和家庭服务活动。

《儿童保育十年战略》报告共分为九章:第一章是摘要和简介,简要介绍了《儿童保育十年战略》关注的四个重点:选择及灵活性、可利用性或实效性、质量及家庭的支付能力,并且确定了前文提到的政府十年保育战略的三个关键原则;第二章是政策的立论基础;第三章是进步和挑战;第四章是选择和灵活性;第五章是确保实效性;第六章是注重质量;第七章是担负能力;第八章是申明当地的着眼点;第九章是讨论会及下一步的计划。综观这个报告,具体内容可以归纳为四个大的方面:有关学前儿童教育的战略、有关学前儿童保育的战略、有关家庭服务支持的战略以及明确的地方政府职责。

1. 有关学前儿童教育的战略。这方面提出了如下举措:①提高学前儿童教育质量。《儿童保育十年战略》在第六章中指出,为了确保每个孩子都尽可能地有最好的人生开端,政府需要提供高质量的保教服务,以此来满足所有家庭以及儿童的需要①。除了对学前教育增加经济投入和提供服务之外,加强对学前教育质量的评估。"教育标准办公室"与"儿童保育十年战略"部负责对学前教育质量进行评价,概括地讲,主要包括对财政拨款、使用情况的评价;对儿童发展的评价;对早教服务机构提供服务的评价;对课程的评价等。②推出学前儿童早期课程方案。该报告制定出了配合《儿童保育十年战略》实施的"早期课程方案"。该方案指出,为了解决英国长期以来存在的由于缺乏全国统一的学前教育服务质量标准(课程标准)以及5岁以下儿童的入学准备水平严重不足等问题,政府应该推出针对5岁以下儿童的早期课程学习方案项目。③向弱势儿童提供免费的高

---

① HM Treasury, Department of Education and Skills, Department of Work and Pensions. Choice for Parents, The Best Start for Children: A Ten-year Strategy for Children[Z]. 2004: 1.

质量的保教服务,《儿童保育十年战略》指出,生活在贫困家庭中的弱势儿童应该有机会享用免费的高质量的学前儿童保教服务,并能获得其他服务的支持。此外,该政策还强调,处境不利的3~4岁儿童比其他儿童更需要高质量的学前儿童保教服务。该政策在第五章中专门制定出了针对弱势儿童的学前教育计划,其主要内容包括以下四个方面:身体与心理健康状况、学会合作与生存、基本能力以及创新能力。

2. 有关学前儿童保育的战略。其主要举措有:①延长保育时间。延长儿童每年接受早期保育服务的周数,从2005年12月起,儿童每周获得12.5小时的早期教育和保育周数将从目前每年的33周扩大至38周。延长儿童每周接受早期教育和保育时间的时数,从2006年4月起,为所有3~4岁的儿童提供每年38周/每周15个小时的儿童保育时间,到2010年,在每年38周的基础上,将每周15小时的儿童保育时间提升至20小时。②针对残障儿童的"参与计划"。第一,采用更先进的残疾儿童鉴定技术,提高对残疾儿童鉴定的准确性。第二,《儿童保育十年战略》的每一个计划或者项目,都要创造条件,让残疾儿童能够参与该项目。第三,成立家长交流协会。

3. 有关家庭支持的战略。①提供孕产带薪休假。《儿童保育十年战略》规定:从2007年4月起,母亲带薪产假的时间由此前的6个月延长至9个月,长远目标是,从2008年12月年起延长至1年。此外,从2005年4月起,法定的母亲带薪休假的补贴从每周84英镑调整到每周106英镑,到2010年,力争达到每周206英镑。②向家庭提供儿童税和工作税贷款。《儿童保育十年战略》规定:从2005年4月起,增加"儿童保育个人所得税"的减免额度(每个孩子每月175英镑)以及要求地方政府向更多家长提供儿童税贷款和工作税贷款,并且设定了从2008年开始,强制地方政府担当《儿童保育法》《拨款法》所规定职责的一个框架。③向父母提供就业咨询服务,在《儿童保育十年战略》出台之始,就联合了英国"劳工部",试图通过向家长提供人才市场信息、扩大就业机会、推荐就业岗位等措施,来帮助父母就业。④医疗、卫生以及儿童营养健康。第一,定期对孕妇提供身体检查;第二,对孕妇的营养状况进行评估,并对其饮食搭配提供科学指导;第三,向孕妇进行健康生育宣传,特别是对于一些有不良嗜好的孕妇进行干预;第四,学前教育机构、项目服务中心必须对儿童进行体检,并将儿童的健康状况直接报告给父母;第五,地方卫生部门必须定期检查早教服务机构中的卫生,并对其辖区内的儿童健康问题负责。

4. 明确地方政府的职责。①地方政府的管理、评估职责。它包括:为家庭提供财政援助服务;为父母提供必要的就业咨询与服务;提升学前儿童保教服务质量,并确保每个儿童都能得到提高与发展;努力为父母提供灵活的工作方式;努力与其他单位或者组织寻求合作;负责制定本地区的学前教育发展计划;负责对本地区的早教服务机构进行监督、测评。②地方政府的立法职责。中央政府要求地方政府在发展本地区学前教育的过程中,必须立法保证:儿童及其家庭服务的提供者;儿童保育的可负担性和持续性;负责提供高质量的学前儿童保育与教育;承担家庭以及社区等的合作者角色。

四、《早期奠基阶段规划》(2005)的出台

(一)《早期奠基阶段规划》颁布的背景

英国政府认为儿童早期获得经验对其将来的生活有重要的影响,安全信任的童年对个体的成长具有极大的重要性,政府要在他们成长的阶段尽力为其创造条件以促进其能力和天分的发展,并支持其满足自身潜能的发展需求,要创造条件使得每个儿童都拥有生命中最好的开端,因此英国政府于 2005 年推行了《早期奠基阶段规划》,它是《儿童保育十年战略》的一个中心部分,同时也是《2006 儿童保育法》的一个里程碑。《早期奠基阶段规划》是一个综合性的法定框架,该框架为 0~5 岁的儿童学习、发展及保育确立了标准。所有的保育提供者都要求使用该规划以确保无论父母做出何种选择,孩子们都能接受到高质量的服务,以促进幼儿获得较好的保育、学习及发展。

《早期奠基阶段规划》通过整合 0~3 岁早期保教框架、"基础阶段"规划,以及 8 岁以下日间看护国家标准三方面的政策及其实践,力图在英国建立一个从出生开始的统一、连续而灵活的早期教育系统,旨在促进儿童早期的全方位发展与学习,改进所有儿童的生活质量,并使处境不利儿童在高质量的保育和教育中更多地获益,以此缩小弱势儿童与一般儿童之间的差距。

(二)《早期奠基阶段规划》的主要内容

《早期奠基阶段规划》的主要内容有:一是整合 0~3 岁保教、3~5 岁奠基阶段以及 0~8 岁儿童保育,使之成为一个连续的儿童早期发展和学习体系;二是依法对早期儿童保教机构和个人实行强制注册,加强指导和监管,保证所有儿童在不同机构中都能获得高质量的学前教育;三是制定学前教育发展领域目标,包括身体、社会与情感发展,交往、语言和认读能力,问题解决、推理与计算能力,对世界的认识和理解与创造性发展等。

五、《2006 儿童保育法》(2006)的出台

(一)《2006 儿童保育法》颁布的背景

《儿童保育十年战略》及《早期奠基阶段规划》颁布之后,对儿童保育的相关问题进行了战略规划,同时也对英国的学前教育制定了未来的改革与发展的行动框架。为了进一步明确政府职责,2006 年 7 月 11 日英国政府通过了《2006 儿童保育法》(*Childcare Act*,2006),它是一部具有开拓性的法律——是第一部专门关注早期儿童和保育的法律,它将有助于转换英格兰世代以来的早期儿童保育法,并落实了《儿童保育十年战略》中的关键承诺,同时对 1989 儿童法案中的第十部分进行了重新修订。

政府制定《2006 儿童保育法》的目的是协助父母实现儿童保育所规定的目标,为儿童选择最好的开端。此外,该法案改革及简化了早期教育的管理及检查条款,将其整合为新的教育及为学前儿童提供的保育质量框架,并形成了新的教育标准办公室儿童保育注

册体系。

(二)《2006儿童保育法》的主要内容

该法分为四部分。第一部分规定有关英格兰地方当局的新职责。第二部分规定有关威尔士地方当局的新职责。法案明确提出,地方当局必须确保有工作的父母和那些准备工作的父母对儿童实施充分的保育;地方当局有责任定期评估当地儿童保育经费的需求和供应状况,并以提供信息、咨询和培训的方式支持当地托幼机构。第三部分是有关英格兰儿童保育管理和检查制度的规定。该部分对实施建议建立了立法规定,改革《儿童保育十年战略》规定的监管和检查建议,如引入新的法律框架,综合监管和检查早期教育及托儿服务;建立一个单一的框架,为从出生到5岁的儿童提供学习和发展的高品质综合教育和保育。第四部分是其他和通则,规定了提供儿童保育有关人员信息的收集等。此外,在该法案中对当地政府的职责提出了要求:为所有学龄前儿童促进五项《每个儿童都重要》成果,降低这些成果之间的不均衡性;为双职工父母提供足够安全的儿童保育服务;提供更好的家长信息服务。

六、《儿童计划》(2007)的出台

(一)《儿童计划》的出台背景

在过去的十年里,学前教育有了很大的进展,登记注册的儿童护理机构增加了一倍;学校教育质量的标准也得以全面提高,11岁、14岁、16岁和18岁儿童达到了迄今为止的最高水平,更多的年轻人进入了大学;相对贫困儿童的数量降低到了60万以下,青少年犯罪的比例达到了20年以来的最低水平;少女未婚先孕的比例亦有大幅下降。此外,由于《每个儿童都重要》项目的实施,当地政府已经开始改变他们对儿童及青少年服务的管理方式。但是,在取得较大成绩的同时,英国的学前教育依然存在着很多问题,如来自弱势家庭的儿童成绩依然较差;影响教育质量的因素依然存在,儿童的潜能并没有发挥到最佳状态,很多儿童的童年依然过得很不快乐,更多的父母发现很难平衡家庭与工作之间的事情,并且对儿童单独出去玩耍的室外环境感到担忧;父母意识到建立健康生活体系的重要性,他们觉得儿童不应当把更多的时间花费在电视和高脂肪食物上等。布朗政府执政后延续了布莱尔政府重视教育的思想,为了更好地发展和管理儿童教育事业,将原教育与技能部分为儿童、学校和家庭部以及创新、大学技能部,自从儿童、学校和家庭部成立后,英国政府就广泛收集社会各界意见,以促进英国基础教育的改革,家长们希望消除商业和网络对儿童的不良影响,也希望由于经济原因导致的学习机会不均等问题能得到合理解决。面对这一系列问题,英国政府于2007年12月发布了《儿童计划:构建更加美好的未来》(简称《儿童计划》),该报告将儿童和家庭的需要摆在教育工作的中心地位,成为指导英国儿童教育的纲领性文件,为英国的基础教育描绘了一幅新蓝图,希望将英国建设成世界上最适合儿童成长的国家。

(二)《儿童计划》的主要内容

《儿童计划》规划"以工党 10 年的改革为基础,将学校置于一整套改革举措的中心,帮助学校更有效地与家庭和其他社会服务机构合作,为英国的儿童事业与基础教育勾勒出框架,其要旨是提高教育质量,加强政府对家庭的支持,促进家长对学校教育的参与,以便为儿童和青少年的课外活动提供更好的条件"。

该计划分为七章,这七章内容既充分体现了政府对儿童教育的重视,也对未来的儿童教育工作做了规划与展望。自《儿童计划》实施以来,儿童及家庭得到了多方面的支持,不仅仅包括抚养方面,还涉及参与儿童学习等方面。经过调查研究,在早期学习方面,有 44 000 名儿童在年满 5 岁时都被认为获得了更好层面的发展,从 2007 年的 45% 上升到 2009 年的 52%。

 知识拓展 6-2 >>>

英国免费学前教育政策简介①

英国是世界上最早实行免费学前教育政策的国家,该国的学前教育处于世界领先水平。英国的免费学前教育是一项重大的惠民工程,政策强调教育的免费性,同时推动学前教育的公平也是其主要任务。为保障学前教育的免费及公平,英国政府明文规定:禁止免费学前教育机构以任何借口收取费用;确保来自不同郡县的迁徙幼儿也能享有同等的免费学前教育;促进教育公平和全纳教育,满足特殊幼儿的需要,实现其潜能的充分发展。此外,政府为促进家庭更好地享受免费学前教育,特向某些特殊家庭提供了额外的经济补助。如家长是工作人员、单亲父母或者还处于求学阶段,便可获得额外的政府补助用于幼儿的学前教育。

该项政策面向的对象是英国所有 3 岁和 4 岁的幼儿,直至他们达到义务教育的年限,即年满 5 周岁。英国免费学前教育并非全日制,而是兼学制的,其时间为每周 15 小时,全年 38 周,共计 570 小时。政府规定免费学前教育的时间安排要富有灵活性,既要确保能够随时满足幼儿的需要,同时也要满足家长的时间安排。英国政府并没有统一指定具体的免费学前教育机构,而是规定所有的学前教育机构均要承担,但前提是必须保证满足教育部制定的基本标准,以保证免费学前教育机构拥有较高的质量。目前,英国许可的提供免费学前教育的机构类型主要包括:日托中心、私立的托儿所、附属在小学的幼儿学校以及幼儿班;幼儿园和游戏小组;获得授权的保姆中心;确保开端儿童中心等。英国对免费学前教育的教育目标做出了规定:免费学前教育应注重培养幼儿的社会性,促进幼儿身体和精神的发展,帮助幼儿做好进入小学的准备。国家颁布的《早期奠基阶

---

① 贾婧.英国早期基础阶段儿童学习与发展标准研究[D].重庆:西南大学,2014:48.

段规划》(Early Years Foundation Stage)是免费学前教育的主要内容,该框架设置了0~5岁幼儿的学习、发展以及保育标准。《早期奠基阶段规划》及其设置的标准应成为全部免费学前教育机构的基本遵循,确保儿童的健康与安全,以促其更好地学习与发展。

第三节 德国的学前教育政策与法规

一、德国学前教育政策的发展历程

德国的学前教育发展源远流长,在文艺复兴以前,家庭教育是德国学前儿童的主要教育形式,母亲扮演了十分重要的角色。福禄贝尔1837年在家乡附近的勃兰根堡开办了一所学龄前儿童教育机构,1840年将它正式命名为幼儿园(Kindergarten),这成为世界上第一所真正的幼儿教育机构,德国成为幼儿园的发祥地。福禄贝尔极具特色的教育实践、理论和方法,是德国学前教育事业发展中一次质的飞跃,同时也深刻影响世界学前教育的发展,至此,世界幼儿教育进入崭新的阶段。此后,德国越来越重视学前儿童的教育,学前教育逐步走上正轨,学前教育成为一个独立的学科发展起来,并具有鲜明的特色。幼教法治健全是德国学前教育政策最大的特点。

随着德国学前教育事业的飞速发展,关于学前教育的法规与体制也随之发展起来。1578年,德国颁布《学校规程》,规定了从事幼儿保教工作的责任和各个注意事项。18世纪德国的学前教育政策带有强迫教育特征,5~6岁的学龄前儿童被提前纳入学龄期。19世纪上半期,德国各邦的幼儿教育政策是:①将幼教机构视为私人或团体的慈善设施而鼓励设立,并加强监督管理。②在幼儿学校及托儿所中加强对贫民子女的宗教、道德教育,并把这作为抵制当时革命运动及维持社会秩序的一种手段。③认为贫民幼教不应像英、法的幼儿学校和托儿所那样进行读、写、算等正规学校课程的教学,而应主要给予幼儿家庭式的照料和安排,进行室外游戏以保持身体健康。这些总的政策倾向于"控制但不援助",与英、法等国家"控制但援助"的政策形成鲜明对比。"一战"后,德国于1922年制定了《青少年法》,其中强调要设立"白天的幼儿之家",诸如幼儿园、托儿所及幼儿保护机构等,同时提出训练修女担任看护工作,此外,还要求加强幼儿教师的培训。在此期间,幼儿园得到极大发展,演变为德国幼教事业的主流。政府颁布的幼儿园条例指出:凡招收2~5岁儿童的各种幼儿教育机构,均称为幼儿园。另外,政府规定了所有幼儿园由政府监督,隶属于教育、卫生部门;幼儿园儿童具体由地方儿童局监督,学校教养必须经由儿童局许可。若儿童在家不能得到正常教养者,则由儿童局将其遣之入学、入园。

"二战"后,德国开始着手教育事业的恢复与重建,制定了一系列的教育政策:《德国学校民主化法律》规定,幼儿园是隶属于国民教育体系的非义务教育机构;《德国教育民主化的基本原则》中称,保证一切儿童享有同等的教育机会,在一切教育机构里实行免费教育,并为生活困难的学生提供生活补助;《关于统一的社会主义教育制度的法律》中明确规定,学前教育机构是统一的社会主义教育制度的组成部分;《教育结构计划》中要求,大力发展学前教育,将其列入学校教育系统,3~6岁的幼儿教育被纳入教育体系的基础部分,属于初等教育范围,其中5~6岁的幼儿教育被列入义务教育,作为初等教育中的入门阶段。此后,年龄大于5岁幼儿普遍入学,3~5岁幼儿入园率不断提高。

德国统一后,为了统一两德的儿童和青少年福利政策,促进儿童教育统一发展,联邦政府颁布了《社会法第八部(SGB Ⅷ):儿童与青少年扶助法(KJHG)》(简称《儿童与青少年扶助法》)。该法是联邦一级的中央法律,规定了所有联邦州都必须遵守的一般准则,详细的内容规范由各个州制定,并在本地一级实施。《儿童与青少年扶助法》的福利包括提供促进家庭养育的建议、促进幼儿园的发展、提供资助等。该法规定:处于不同生活状况和教育状况的家庭可以根据需要和兴趣以及家庭经验提供家庭教育;幼儿园应帮助儿童,使他们发展成为独立的、有社会责任感的公民,支持和补充家庭养育,帮助父母更好地平衡就业和抚养子女;幼儿园的任务是保育、教育、照顾儿童,包括儿童的社交、情感以及身心发展;幼儿园的课程与服务应基于儿童年龄、发展水平、语言技能、民族等并适应儿童和家庭的需要。

进入21世纪后,受国际学前教育发展影响以及PISA测试结果的刺激,德国加快了学前教育的发展。与之前的学前政策相比,联邦政府的学前教育政策呈现出更为全面的公平性,同时追求学前教育的高质量发展。这一时期,学前教育政策在之前的基础上进一步扩大了受益面以保障教育公平,在提高质量方面,学前教育的政策制定者提出了更加明确的儿童发展目标与要求,通过课程制定、教师培养、质量评估体系构建等全方位提高育儿质量。此外,因为难民潮等原因,德国的难民、移民儿童学前教育问题也成了这一时期的关注重点,学前教育政策的目标也包含了促进全纳教育与融合教育。

21世纪以来德国的学前教育政策更加追求公平与质量。这一时期的学前教育政策除了对残疾儿童提供更多支持外,还出台了"进入日托"计划、语言计划等支持难民儿童以及移民儿童等弱势儿童的学前教育,让他们拥有了平等的教育机会。虽然以往的政策赋予了他们的受教育权利,但在现实中的入学率却不高,这些政策专门为弱势儿童定制,并且划拨了大量的资金支持政策执行,极大促进了教育公平的推进。加上这一时期联邦政府重视学前教育质量提升,在学前教育改革中丰富了学前教育课程内容,促进了儿童个性发展,进一步对学前教育教师培养进行改革,同时加快学前教育学科研究,建立了统一的国家学前教育质量评估体系,全方位助力德国学前教育政策向高质量发展。

二、德国学前教育政策与法规的具体内容

德国学前教育政策与法规分为两个层面:一个是联邦层面的学前教育政策;另一个

是州层面的学前教育政策。

（一）联邦层面的学前教育政策与法规

德国联邦层面涉及学前教育的法律主要有《社会法》和《儿童促进法》。此外，《联邦和州财政平衡法》《扩大幼儿园教育联邦经济资助法》《所得税法》《联邦教育促进法》《收养中介法》《联邦休假法》等都有涉及学前教育的相关条例。

1.《社会法第八部（SGB Ⅷ）：儿童与青少年扶助法（KJHG）》

该法于1990年6月26日颁布，于2011年12月22日最新修订，最直接涉及学前教育的是其第二章第三部分"促进儿童幼儿园和托儿所教育"以及第三章第二部分"儿童和青少年在家庭和机构中的保护"，对幼儿入园的权利、学前机构设立和运营的审批、当地的审核、机构申报和备案义务、取消运营资格等都做了具体规定。

• 入园权利

该法规定满3岁至入小学前的儿童有权进入幼儿园，公共青少年扶助机构有义务设法使这一年龄段的儿童得到相应的全日制幼儿教育，并尽可能为3岁以下的儿童提供所需的幼儿教育；不满3岁儿童的家长或监护人有工作或正在找工作的，或正在参加职业教育、中学教育或大学教育的，应使其子女得到幼儿园教育的机会。

• 经营许可

个人或机构每周在家庭以外照顾1个或多个儿童超过15小时并收费，持续3个月以上的，需要申请托儿所许可证。全日制或非全日制照顾儿童或青少年的机构须申请经营许可证。该机构不得同时经营青少年业余活动机构、青少年教育机构、青年旅社等，须有相应的场地，在专业、经济和人员配备上满足机构的目标和想法，要有相应的规章制度来保障儿童和青少年的权利。申请许可证须提交机构的设想、质量保证措施、工作人员的培训资格证明，以及按《联邦中央注册法》规定申请获得的无刑事犯罪记录证书。

• 当地审核

当地主管部门将派人核查经营机构的场地，实地参观和检查，与儿童和青少年联系，向员工提问等。

• 申报备案

托儿所开业后须立即向主管部门备案机构主管的姓名及地址，机构的类别、地点和规模，负责人及工作人员的姓名和职业培训情况，以及影响儿童的事件或可能要关闭该机构的情况[①]。

2.《儿童促进法》

其全称为《3岁以下儿童幼儿园和托儿所促进法》，于2008年12月10日颁布，主要是对《儿童与青少年扶助法》多个条款的修改以及对《扩大幼儿园教育联邦经济资助法》

---

① 潘孟秋.德国学前教育立法简况[J].基础教育参考,2013(7):65-67.

的颁布。另外还包括对《联邦和州财政平衡法》《所得税法》《联邦教育促进法》《收养中介法》等法律中有关条款的修改。

《扩大幼儿园教育联邦经济资助法》规定,联邦政府在2008—2013年期间向各州提供21.5亿欧元,给州、地方和地方协会为3岁以下儿童的幼儿教育提供经费补贴。州每年向联邦报告新增幼儿教育名额、经费补贴的使用情况、所支持项目的数量和类别等情况。联邦家庭、老人和妇女儿童部以及联邦财政部与各州签订管理协议,规定这些投资项目的具体实施,主要是关于投资的种类、金额、时间,各州配套资金的投入,投资经费的使用和结算,资金使用的审核和返还等①。

3. 社会法其他各部

社会法的其他各部也对学前教育的多个领域做出了相关规定,包括《社会法第二部:失业人员基本保障》《社会法第四部:法定社会保险》《社会法第五部:法定医疗保险》《社会法第六部:法定养老保险》《社会法第七部:法定意外事故保险》《社会法第十部:社会管理程序和社会信息保护》《社会法第十二部:社会救济》《联邦子女补贴法》等,如《社会法第七部》第二条规定学前教育机构中的儿童也享受意外事故保险②。

(二) 州层面的学前教育政策与法规

《幼儿园和托儿所促进法》由各州各自颁布并具体实施,规定学前教育的任务和宗旨,地方政府的整体责任和规划,开办学前教育机构的条件、范围、程序、人员和设施的配置,质量管理,幼儿园和托儿所的学制、组织、经费、管理,幼儿的报名,健康措施和家长的参与,等等。另外还有州法律以及其他相关涉及学前教育领域的实施细则,如《学前教育机构经费分摊法》《儿童与青少年扶助法》等。

知识拓展 6-3

德国学前教育观③

德国提倡的口号是:培养一个完整的人。因为孩子是一个活泼的、完整的人。德国学前教育的特色是把教育的责任归之于父母,认为父母是婴幼儿阶段家庭教育的主人。德国宪法明文规定:教养儿童是父母的自然权利和义务,政府对学前教育站在辅助的立场,真正担任教育责任的是父母。学前教育是社会教育的一部分,还未纳入学校教育系统,由少年军领导管理。他们持有如下观点:

第一,孩子是一个人,但他需要时间去发展成为一个人;

第二,孩子是一个历史的人,他总是出生在某个空间、社会的某个阶层以及某个时代

---

① 潘孟秋.德国学前教育立法简况[J].基础教育参考,2013(7):65-67.
② 潘孟秋.德国学前教育立法简况[J].基础教育参考,2013(7):65-67.
③ 李秀芳.国外学前教育均衡发展策略初探[J].继续教育研究,2009(9):36.

背景,他还将面对未来不断变化的历史;

第三,孩子是生活在一个与他互动的社会空间,他需要与同伴、成人、社区以及乡土文化建立各种各样的关系(非常重视幼儿的社会性);

第四,孩子生活在一个与他息息相关的生态环境中,海水、太阳、石子、树林、沙子等都是他所要探索和利用的(重视孩子发展与自然、社会的关系)。

德国的学前教育突出表现为两点,第一点:家长是教育的主人;第二点:孩子就是孩子,幼儿园是孩子发展的地方,要对孩子提供帮助、支持和鼓励,引导孩子用自己的方式来获得自我发展的能力①。

第四节　日本的学前教育政策与法规

一、日本的学前教育体制

日本的学前教育机构主要分为两大类:一类是根据文部省颁布的《学前教育法》设立的幼儿园机构系统,收托3~6岁的儿童;另一类是根据厚生省颁布的《儿童福利法》设立的保育所机构系统,主要收托0~6岁儿童。二者在办学宗旨、服务对象、招生年龄、作息时间等方面存在差异。从法律意义上说,教育是前者的主要任务,而后者的主要任务则是保育。但随着社会政治、经济的发展,二者的教育内容都发生了很大变化,有相互融合的趋势②。

(一) 幼儿园

日本的幼儿园属于学校的体系范围之内。明治维新以前,日本的幼儿基本上在家接受教育。明治维新以后,日本受欧美国家的影响,于1876年建立了第一所幼儿园——东京女子师范学校附属幼儿园,此后日本幼儿园的数量逐渐增加。1948年,日本的幼儿园有1 529所,当时日本只有47个都道府县,平均每个县有32.5所幼儿园。此后,日本幼儿园的数量再不断增加。《学前教育法》第七十七条明确规定:"幼儿园是以养育学前阶段的幼儿,提供适应的环境,发展健全的身心为目的的幼儿教育机构,招收3岁至入学前的幼儿,通常按照年龄来分班,每班人数在40人以下。"

日本的幼儿园分为国立、公立和私立三种。国立幼儿园主要附属于大学教育系,占0.3%;公立幼儿园由市、镇和村设立,多属于公立小学,占40.7%;私立幼儿园主要是由私人或各种法人开办,占59%,它受政府当局监督及政府资助。国立幼儿园的经费由国家提供,公立幼儿园的经费由地方政府支持,但私立幼儿园则由开设团体或个人负责。

---

① 燕子.德国人的儿童观[J].中华家教,2004(7):43.
② 刘存刚,张晗.学前比较教育[M].2版.北京:科学出版社,2012:44.

一般来说,国立和公立幼儿园的收费较低,相比之下,私立幼儿园的收费较高。文部省对幼儿园负有总的责任,它对有关幼儿园的学制、活动时间、建筑标准、设备、训练、教师人数、校长以及课程大纲等做出决定。

(二)保育所

除了幼儿园之外,保育所也是日本学前教育机构,在行政上它属厚生省管辖。它是专为家长无法亲自照看的孩子所设置的,必须出具父母双方都在职、在学等无法照看孩子的证明才能入所。日本最早的保育所创办于1890年,当时是由在新潟市创办私立学校的赤泽钟美夫妻由于慈善动机而创办起来的。据日本厚生省统计,1988年全国共有保育所22 747所,入所儿童1 742 470人。日本的保育所分为公立和私立、日托和全托,全年开放。保育所的入所年龄是0岁至入学前,孩子每日的入所时间是上午七点半到九点之间,家长来接的时间一般是下午五六点,可根据家长的需要,延长保育时间至更晚。在1~2岁儿童班级,师幼比例大约是1:3;在3岁以上的儿童班级,师幼比例大约是1:20。教师施教遵循《保育所指南》,尽量让孩子感到像在家里一样度过每一天是保育目标。保育所的收费一般在每月0~6万日元,公立和私立之间没有差别,收费多少主要是根据儿童所在家庭的收入和儿童的年龄而决定的,家庭收入越高,缴纳的保育费越高;儿童年龄越低,缴纳的保育费越高。当然具体收费标准因所在的市、村可能会稍有不同。

(三)函授课程

函授课程也是日本独特的学前教育形式。1987年,班尼斯公司为6岁及6岁以下儿童创办了"可多摩挑战"函授课程,开设了5种不同的课程。例如,为1~2岁的儿童提供"微型"课程,为2~3岁的儿童提供"口袋"课程等。参加函授教育的各个家庭,每个月都能收到一套录像带、录音带和图书、杂志,鼓励家长帮助孩子观赏卡通人物画、玩文字数字游戏、学习简单的卫生常识和礼貌。现在,越来越多的家庭在孩子上幼儿园或小学之前,就为他们报读函授课程,参加者的年龄也越来越小。

二、日本两部重要的学前教育法规简介

日本的《幼儿园教育要领》《保育所保育指针》是明确幼儿园、保育园、"认定儿童园"等学前教育机构应该如何进行保育和教育的纲领性文件,是日本学前教育最基本的政策与法规。《幼儿园教育要领》是具有法律效力的文部科学大臣告示,2009年修订后的《保育所保育指针》和《幼儿园教育要领》一样,也成为具有法律效力的厚生劳动大臣告示。

(一)《幼儿园教育要领》

1.《幼儿园教育要领》的相关要求

2008年3月,日本政府公布了修订后的《幼儿园教育要领》,此次修订的主要方向是:

①依据修订后的《教育基本法》进行修订；②以"生存能力"为共同的基本理念；③学习基础的、基本的知识和技能；④养成思考能力、判断能力、表现能力等；⑤确保必要的授课时数，以培养扎实的学习能力；⑥提高学习意愿，养成学习习惯；⑦加强指导，以培养丰富的内心世界和健康的体魄。

从上述的七点要求中我们可以看出，"生存能力"的形成是日本学前教育的核心理念。培养幼儿学习基础的、基本的知识和技能，养成思考能力、判断能力、表现能力，培养丰富的内心世界和健康的体魄也是日本学前教育十分重视的内容。

2. 幼儿园的作用

《幼儿园教育要领》进一步明确了幼儿园的作用，将幼儿园的作用分为如下四个主要方面：

第一，幼儿园自身发挥着独特的功能。保证幼儿的游戏是幼儿园尤为关心的。幼儿是游戏的主体力量，幼儿能感受到作为生存能力基础的生存的喜悦。幼儿园要充分保证幼儿的游戏，让幼儿接触到在家庭中不能体验的社会、文化、自然等，幼儿在教师的帮助下，去接触认识幼儿时期特有的世界的丰富性。幼儿园具有作为这种场所的独特的作用。

第二，幼儿园具有培养社会感觉的作用。通过游戏，幼儿从发挥主体力量到进行自我表现，逐步培养对周围世界的好奇心，并开始探索、实践尝试，逐步形成积蓄知识的基础。

第三，幼儿园具有为以后各个阶段的学校生活和学习打基础的作用。幼儿园应该与家庭协作开展教育。

第四，幼儿园具有学前教育中心的作用。针对家长等方面的咨询和学前教育的各种问题，期待通过与社区的相关机构以及与学校的合作等，不断发挥其应有的作用。

从日本《幼儿园教育要领》对幼儿园作用的规定中我们可以看出，日本政府重视幼儿园游戏在幼儿身心发展中的作用，要求各幼儿园根据幼儿身心发展的特点，给予幼儿充分的时间来挖掘幼儿在游戏中的天赋。

3. 教学内容

《幼儿园教育要领》中规定幼儿园的教学内容要围绕"健康、人际关系、环境、语言以及表现"五个方面。这五个领域的要求都要围绕幼儿的实际生活，帮助幼儿积累生活技能和学习经验，使他们学会与人沟通，学会做人，积极自我表现以及保持良好心态。

（1）健康

该领域主要着眼于培养幼儿健康的身心，创造健康安全的生活能力。健康维度的内容包括：第一，加强老师和小朋友之间的相互接触，使之在活动中有安全感；第二，通过各种游戏，充分活动身体；第三，让幼儿主动参加户外游戏；第四，让幼儿积极、快乐地参加各种活动；第五，养成健康的生活规律；第六，保持清洁卫生，能自己穿脱衣服、吃饭、大小便等;第七,熟悉幼儿园的作息时间,自己整理生活场所;第八,注意自己的健康,积极预防疾病;第九,让幼儿学会远离危险场所、危险游戏以及应付灾害的办法,在行动中树立安全意识①。

(2) 人际关系

该领域主要着眼于培养儿童与他人友好相处的能力。人际关系维度的内容主要包括:第一,高高兴兴上幼儿园,和老师小朋友友好相处;第二,独立思考,自主活动;第三,自己能做的事自己做;第四,在同小朋友的交往中共同感受喜忧;第五,能表达自己所想,并能领会别人的意思;第六,让幼儿感受和小朋友游戏、工作的快乐;第七,让幼儿知道在与别人相处时哪些不能说、哪些不能做;第八,让幼儿懂得与小朋友相处中公共规则的重要;第九,爱护公用的玩具和用具,并能大家共用;第十,教育幼儿同生活中关系密切的人保持亲近感②。

(3) 环境

该领域主要着眼于培养幼儿认识大自然与各种社会现象的积极态度,以及幼儿在其环境中的生活能力。该维度的主要内容包括:第一,在与大自然的接触中,让幼儿了解自然界的宏大、美丽及奥妙;第二,让幼儿了解自然和生活随季节的变化而变化;第三,引导幼儿关心自然和周围事物,并学会利用其进行游戏;第四,引导幼儿与周围的动植物亲近接触,并照顾、爱护它们;第五,让幼儿爱惜周围的物品;第六,学会利用身边的物品进行游戏,并积极想办法、动脑筋;第七,关心玩具和用具结构、构造;第八,注意日常生活中的数量和图形;第九,拥有对日常生活中关系密切的信息与设施的兴趣和关心;第十,通过幼儿园内外的仪式或活动让幼儿亲近国旗。

(4) 语言

该领域主要着眼于让幼儿把自己经历的事、想法用语言表达出来。语言维度的内容主要包括:第一,认真和有兴趣地和老师、小朋友交谈,讲故事;第二,将自己所做的、所看到的、所听到的以及所感受的事情和心情用完整的语言进行表达;第三,能将自己想做的、希望别人替自己做的事用语言表达出来,并能用语言向他人请教不懂的地方;第四,学会倾听他人谈话,并能将想说的话讲清楚;第五,能分辨生活里不可缺少的语言,并学会使用;第六,遇见别人时,能热情打招呼;第七,在生活中能感受语言的美好与使用语言的乐趣;第八,参加各种活动以丰富语言印象、增加词汇量;第九,提高幼儿欣赏画册的本领,感受倾听、想象时产生的乐趣;第十,关心日常生活中简单的标记和文字。

(5) 表现

该领域主要是培养幼儿丰富的感性思维来表现自己所感受的和所想的东西的欲望,

---

① 王幡. 论日本学前教育中的"五个领域"[J]. 外国教育研究,2014(1):84-91.
② 王幡. 论日本学前教育中的"五个领域"[J]. 外国教育研究,2014(1):84-91.

以此来丰富幼儿的创造性。该维度的内容主要包括：第一，让幼儿感受并喜欢生活中各种各样的声音、色彩、形象、触摸感受和动作等；第二，让幼儿在生活中接触美好的或触动自己内心的事件，丰富感性印象；第三，让幼儿相互交流对各种事情的感受，从而体验其中的乐趣；第四，把所感受的、思考的东西用声音、动作等加以表现，或自由地描画、制作；第五，让幼儿接触各种素材并想办法利用此素材来游玩；第六，让幼儿欣赏音乐，体味唱歌、使用简单的节奏乐器的快乐；第七，喜欢画画和制作手工作品，并将其在游戏中用来作为玩具或装饰；第八，让幼儿用动作、语言表达自己的想象，使其感受表演游戏的乐趣。

（二）《保育所保育指针》

2008年，日本对《保育所保育指针》进行了第三次修订，在统合各个年龄段的幼儿发展的内容方面，其教育的"目标"与《幼儿园教育要领》采用了一样的语言表述。《保育所保育指针》规定，"要重视儿童自发地、积极主动地参与环境的形成，以及儿童的主体活动和儿童间的关系。特别是为了让儿童获得符合婴幼儿时期的体验，要通过儿童的生活和游戏综合实施保育"。保育工作要让儿童"在丰富多彩的游戏中充分地活动身体""不断地到户外游戏""享受接触水、沙、土、纸、黏土等各种各样的材料的乐趣""在各种各样的事情中，体验相互交流感动的乐趣"等。由此可见，《保育所保育指针》也充分重视游戏在婴幼儿发育成长过程中的作用和地位①。

 知识拓展 6-4

日本学前教育的三条目标

日本幼儿教育的三条目标，非常明细且有实际的教化意义：能够不麻烦别人的事情一定要自己去做；用完之后的东西要放回原处；与父母朋友及其他人约好的时间要提前十分钟等待。

目标一：能够不麻烦别人的事情一定要自己去做。

能够不麻烦别人的事情一定要自己去做，倡导孩子从小自立。自呱呱坠地起，孩子都要从自然人过渡到社会人。从本能上说，幼儿都渴望开阔视野、提升能力，并不断探寻自主地去完成某些事情。然而，家长教师往往会低估孩子的能力，替孩子做决定、帮孩子处理好一切，这样无形地剥夺了孩子做力所能及事情的权利。这种过多的"关爱"，并不利于孩子的成长。

只有独立地完成任务，孩子才能真正地在其中获取自信；只有自主地去做事，孩子才能学会处理与社会、他人交往的关系；力所能及的事情不麻烦别人，要明白请求帮助，实质上是在麻烦别人，从而对帮助你的人多一份感恩和敬重。一个充满自信、能够协调各

---

① 王幡. 论日本学前教育中的"五个领域"[J]. 外国教育研究，2014(1)：84-91.

种关系、满怀感恩之心的人,是一个内心强大的人。这样的人步入社会,才能够说是自力更生、自强不息,也才能艰苦奋斗、顽强拼搏。

目标二:用完之后的东西要放回原处。

用完之后的东西要放回原处,倡导从小培养孩子有序的习惯,对事情要做到善始善终。很多人有过这样的体验:一件曾经被自己收起来的东西,某天突然需要它,费很大劲去寻找,但最终也没找到。这就是平常生活无序造成的。有序对工作、生活都十分重要,需要从小培养,是幼儿教育的重要的目标。

用完的东西要放回原处,从表面上来说,是要培养孩子生活、学习中的位置感,清楚某件物品平时放在何处,并知道原因,用完放回原位。延伸出去,就是强调对待事情的"善始善终"。就像进行一场表演,演出前的准备、演出过程的投入、演出后的谢幕以及与现场观众的互动都需要进行关注,力求做好每一个环节。

从学习的角度来讲,在知识、概念的学习中,情境的创设能够使学生更清晰对其进行理解。从生活中感悟学科知识、概念很重要,这只是学习的一个环节,还需要将知识、概念具体运用于生活。新知识,只有与孩子原有的经验进行接洽与融合,整合到孩子的认知体系中,才能真正被理解、掌握。

目标三:与父母朋友及其他人约好的时间要提前十分钟等待。

"与父母朋友及其他人约好的时间要提前十分钟等待"这个规定旨在培养幼儿的契约精神与规则意识。人与人之间,机构与机构之间,人与机构之间,认真履行成文的、不成文的各种契约,信守承诺,勇担责任,对别人、对社会有一种永恒的负责态度,受人之托,终人之事……等等这些,都可以归纳到契约精神中来,就是每一个体的每一个行为的细节都充满着对别的个体的在意(责任)和默契。规则意识,实质是源于内心、以规则约束自己行动意识。比如说,按次序排队是法治,每人都可以去排队是民主,那么,每个人都愿意去排队则是规则意识。规则意识的具体体现于遵守大家做出的约定。现代社会是一个紧密互动、关系复杂的社会,要想立足于社会,遵守契约、规则就显得十分重要。从小培养孩子这方面意识、精神,是日本教育深思熟虑的体现。

本章政策研读

《学前教育督导评估暂行办法》
《儿童权利公约》

本章检测

一、判断题

1. "开端计划"是美国历史上"最富有雄心、最有影响和最有争议的社会计划"。
（　　）

2. 日本《幼儿园教育要领》中的五个维度是指健康、人际关系、环境、语言、表现。
（　　）

3. 美国的"开端计划"（Head Start）发起的年代是20世纪60年代。（　　）

4. 20世纪下半期美国政府开始实施"开端计划"，主要是为了实现教育机会均等。
（　　）

5. 美国"开端计划"中许多学前教育课程方案主要是在人本主义理论指导下设计的。
（　　）

6. 德国是世界上最早实行免费学前教育政策的国家，该国的学前教育处于世界领先水平。（　　）

7. 学前教育政策不仅指导着学前教育立法的过程，而且指导着学前教育法规的运行和实施，是学前教育法规的灵魂。（　　）

8. 我国《幼儿园管理条例》在第五章规定了幼儿园的保育和教育工作。（　　）

9. 我国改革开放之后的学前教育方针规定在《中华人民共和国教育法》中。（　　）

10. 学前政策与学前教育法规的区别：制定者不同、约束力不同、表现形式不同、执行方式不同、稳定程度不同、调整范围不同。（　　）

二、简答题

1. 简述美国政府出台的"开端计划"。
2. 简述美国学前教育政策法规发展的特点。
3. 简述英国"确保开端"项目（1998）的政策特点。
4. 简述英国《早期奠基阶段规划》（2005）的政策特点。
5. 简述德国学前教育政策与法规的发展史。
6. 简述德国学前教育政策与法规的主要内容。
7. 简述日本《幼儿园教育要领》的主要内容。
8. 简述日本的学前教育体制。

三、案例分析

查阅柏林《幼儿园促进法》，分析其优点，并给我国学前教育立法提些建议。

第七章

对我国主要学前教育政策与法规的解读

- 掌握我国学前教育政策与法规的发展脉络
- 领会我国学前教育政策与法规的基本精神
- 理解我国学前教育政策与法规的发展理念
- 学会用有关学前教育政策与法规的理论分析相关案例

  本章共分八个小节,主要介绍我国学前教育政策与法规的发展脉络。第一节介绍了《国务院关于当前发展学前教育的若干意见》的背景、主要内容和目标。第二节介绍了《幼儿园管理条例》的背景、主要内容和目标。第三节介绍了《幼儿园工作规程》的背景与意义、主要内容,以及幼儿园工作的规定在主要法律条款中的体现。第四节介绍了《幼儿园教育指导纲要(试行)》的特点与意义,及其主要内容。第五节介绍了《托儿所幼儿园卫生保健管理办法》的背景、主要内容和目标。第六节介绍了《学前教育督导评估暂行办法》的背景、主要内容和目标。第七节介绍了《关于加强幼儿园教师队伍建设的意见》的背景、主要内容和特点。第八节介绍了《3~6岁儿童学习与发展指南》的背景、意义和主要内容。

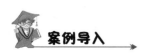

未经注册的幼儿园出现事故谁来承担?

  河南一家名为爱立达幼儿园(未登记注册)于2020年11月30日上午11时40分许,在爱立达幼儿园3层第三教室内,因小明吃饭时不听话,幼师曹某某伙同赵某某用一根塑料工具扎了两次小明的屁股,将小明的屁股扎伤。小明家人介绍,11月30日下午3时许,从幼儿园回到家中的小明说屁股疼。家人发现,其屁股上有5个"红点"。下午4时许,小明家人来到幼儿园要求查看监控视频,被拒后报警。经小明家人送至医院检查,郑州市儿童医院出具了诊断证明书并记载:"4岁2个月大的小明软组织损伤(臀部刺伤),需注射破伤风免疫球蛋白,加强侧面护理。"随后,经郑州市公安局立案调查,小明家人再次查看监控视频发现,除11月30日外,11月6日小明亦被扎屁股。同时,新闻媒体的记者经梳理视频也发现,幼师坐在板凳上,被反向放在腿上的小明挣扎着这一幕悲剧的画面。

思考:幼儿园未登记注册违反了哪个学前教育政策法规的规定?在此故事中,谁应该负主要损害责任?

第一节 《国务院关于当前发展学前教育的若干意见》的解读

幼儿教育是一种集社会公益性和教育性一体化的初等教育。政府对幼儿教育具有一定的责任,幼儿入园难、入园贵是一种学前教育过度市场化的非正常现象,需要政府的合理引导。公众期盼政府担当起幼儿教育责任,希望幼儿教育能成为义务教育的组成部分。教育是决定社会分层结构或促成社会流动的一个重要因素,不论是社会上层成员要防止向下流动,还是社会下层成员要实现向上流动,都必须在教育上取得优势。教育直接影响受教育者的社会流动方向和社会地位高低。《国务院关于当前发展学前教育的若干意见》(简称《若干意见》)的出台,为"入园难"提供了解决的方法和途径,必定能推动幼儿教育的发展。

一、《国务院关于当前发展学前教育的若干意见》制定的背景

(一)"入园难""入园贵"已成为一种社会现象

由21世纪教育研究院编写的《教育蓝皮书:中国教育发展报告(2011)》在京发布。蓝皮书称,国内35个被调查城市中,针对"入园难""入园贵"的调查,北京高居"榜首"。蓝皮书调查显示,幼儿园"入园难""入园贵"问题十分突出,从全国35个城市来看,北京、深圳、天津、西安、南京、青岛、银川、成都、郑州9个城市,被公众认为"非常突出"。其中,北京超过五成的公众认为"入园难""入园贵"问题"非常突出",居35个城市之首。"入园难,难于上大学"已经成为市民们茶余饭后的顺口溜。党中央、国务院对2010年发生的"为争公办幼儿园入园名额排队九天八夜"等事件给予了高度关注。发表在新华社2010年6月8日的《国内动态清样》,是胡锦涛总书记做出的重要批示,他指出,在贯彻落实《教育规划纲要》时,要切实做好学前教育问题的专题研究,着力解决幼儿"上学难""上学贵"问题。"上学难""上学贵"反映出我国学前教育发展畸形、学前教育资源不足的现象,导致供不应求,加剧了幼儿入园机会的不均等现象。而《若干意见》的出台是对这一社会

现象焦点问题的直接回应。

(二) 教育市场泛滥诱发学前教育秩序混乱

"入园难""入园贵"的背后是我国学前教育市场的过度化现象严重,以及政府责任的缺位与财政投入的严重不足。20世纪80年代以来,一些地方政府为了甩包袱,减少投入,以教育体制改革为名,陆续将学前教育推向市场,开始了学前教育市场化改革。一段时间内,许多公办幼儿园被出售、转让,大量企事业单位办、集体办幼儿园被强行推向市场,让它们自生自灭。与此同时,民办幼儿园开始兴起,尤其是在2003年《民办教育促进法》颁布以后,民办幼儿园在数量上逐渐占据优势,形成了"以社会力量办园为主体"的格局,然而,缺乏政府的有效干预和调控,过度市场化的结果使学前教育成为社会游资淘金的热土。一些民办幼儿园成为老板赚钱的工具,对私利的追逐逐渐演变成一种无序状态。学前教育领域可谓乱象丛生,公办幼儿园"稀缺化"、民办幼儿园"两极化"、优质资源"特权化"、收费"贵族化"等现象显著。事实证明,过去对市场机制的迷信在一定程度上导致了一些地方政府的不作为和学前教育的大滑坡,这也说明了在学前教育事业发展中政府发挥主导作用的必要性。从这一意义上说,《若干意见》的出台是对当前学前教育领域过度市场化倾向的拨乱反正。

案例 7-1

"入园难"现象何时了

近些年,我国一线、二线城市出现了幼儿"入园难""入园贵"的现象。幼儿入园要至少提前一年预约,甚至稍有点知名度的幼儿园需要提前报名亲子班"占位"。家住深圳某区王女士的孩子是2014年1月份出生的,现在1岁多。最近这两天,王女士跟老公、公公、婆婆四个人开始发愁:"孩子明年就得上幼儿园了,得开始给孩子找幼儿园了!"从2014年9月份,王女士就开始打听哪个幼儿园好,哪个幼儿园更适合自己的孩子。王女士当时觉得市南区某公办幼儿园不错,打电话问了一下幼儿园,人家已经招生满额了!

分析:案例中王女士的遭遇是我国幼儿"入园难""入园贵"的一个缩影。而我国是社会主义国家,福利性和普惠性是我国学前教育的本质属性。因此,如何发挥党和政府在促进学前教育事业健康有序发展中的主导作用,强化对学前教育事业的管理、协调和引导,是当前我国学前教育发展的重要议题。

(三) 学前教育是各级各类教育中发展最为缓慢的一环

改革开放以来,我国学前教育事业取得了长足的发展,普及程度逐步提高,但总体上看,学前教育仍是各级各类教育中的短板,主要表现为教育资源短缺、财政投入不足、师资队伍不健全、体制机制不完善、城乡区域发展不平衡等。学前教育发展的问题已经严重制约了我国教育整体水平和国民素质的提高,成为影响我国教育现代化目标实现的最大瓶颈。"入园难""入园贵"等问题至今仍是学前教育发展的一大难题。一个国家教育发展的好坏，主要看该国的基础教育的发展，而基础教育中最基础的又是学前教育。目前学前教育中呈现出的"入园难""入园贵"现象制约了我国教育的发展。如要使学前教育得到长足发展，就势必要制定促进学前教育发展的法律法规，这也是新形势下推进教育科学协调发展的必然选择。

二、《国务院关于当前发展学前教育的若干意见》的主要内容

（一）把发展学前教育摆在更加重要的位置

学前教育是终身学习的开端，是国民教育体系的重要组成部分，是重要的社会公益事业。改革开放特别是21世纪以来，我国学前教育取得长足发展，普及程度逐步提高。但总体上看，学前教育仍是各级各类教育中的薄弱环节，主要表现为教育资源短缺、投入不足、师资队伍不健全、体制机制不完善、城乡区域发展不平衡，一些地区"入园难"问题突出。办好学前教育，关系亿万儿童的健康成长，关系千家万户的切身利益，关系国家和民族的未来。

发展学前教育，必须坚持公益性和普惠性，努力构建覆盖城乡、布局合理的学前教育公共服务体系，保障适龄儿童接受基本的、有质量的学前教育；必须坚持政府主导，社会参与，公办民办并举，落实各级政府责任，充分调动社会各方面的积极性；必须坚持改革创新，着力破除制约学前教育科学发展的体制机制障碍；必须坚持因地制宜，从实际出发，为幼儿和家长提供方便就近、灵活多样、多种层次的学前教育服务；必须坚持科学育儿，遵循幼儿身心发展规律，促进幼儿健康快乐成长。

各级政府要充分认识发展学前教育的重要性和紧迫性，将大力发展学前教育作为贯彻落实教育规划纲要的突破口，作为推动教育事业科学发展的重要任务，作为建设社会主义和谐社会的重大民生工程，纳入政府工作重要议事日程，切实抓紧抓好。

（二）多种形式扩大学前教育资源

大力发展公办幼儿园，提供"广覆盖、保基本"的学前教育公共服务。加大政府投入，新建、改建、扩建一批安全、适用的幼儿园。不得用政府投入建设超标准、高收费的幼儿园。中小学布局调整后的富余教育资源和其他富余公共资源，优先改建成幼儿园。鼓励优质公办幼儿园举办分园或合作办园。制定优惠政策，支持街道、农村集体举办幼儿园。

鼓励社会力量以多种形式举办幼儿园。通过保证合理用地、减免税费等方式，支持社会力量办园。积极扶持民办幼儿园发展，特别是面向大众、收费较低的普惠性民办幼儿园。采取政府购买服务、减免租金、以奖代补、派驻公办教师等方式，引导和支持民办幼儿园提供普惠性服务。民办幼儿园在审批登记、分类定级、评估指导、教师培训、职称评定、资格认定、表彰奖励等方面与公办幼儿园具有同等地位。

城镇小区没有配套幼儿园的,应根据居住区规划和居住人口规模,按照国家有关规定配套建设幼儿园。新建小区配套幼儿园要与小区同步规划、同步建设、同步交付使用。建设用地按国家有关规定予以保障。未按规定安排配套幼儿园建设的小区规划不予审批。城镇小区配套幼儿园作为公共教育资源由当地政府统筹安排,举办公办幼儿园或委托办成普惠性民办幼儿园。城镇幼儿园建设要充分考虑进城务工人员随迁子女接受学前教育的需求。

努力扩大农村学前教育资源。各地要把发展学前教育作为社会主义新农村建设的重要内容,将幼儿园作为新农村公共服务设施统一规划,优先建设,加快其发展。各级政府要加大对农村学前教育的投入,国家尽快实施推进农村学前教育项目,重点支持中西部地区;地方各级政府要安排专门资金,重点建设农村幼儿园。乡镇和大村独立建园,小村设分园或联合办园,人口分散地区举办流动幼儿园、季节班等,配备专职巡回指导教师,逐步完善县、乡、村学前教育网络。改善农村幼儿园保教条件,配备基本的保教设施、玩教具、幼儿读物等。创造更多条件,着力保障留守儿童入园。发展农村学前教育要充分考虑农村人口分布和流动趋势,合理布局,有效使用资源。

(三)多种途径加强幼儿教师队伍建设

加快建设一支师德高尚、热爱儿童、业务精良、结构合理的幼儿教师队伍。各地根据国家要求,结合本地实际,合理确定师生比例,核定公办幼儿园教职工编制,逐步配齐幼儿园教职工。健全幼儿教师资格准入制度,严把入口关。2010年国家颁布《幼儿教师专业标准》,公开招聘具备条件的毕业生充实幼儿教师队伍,中小学富余教师经培训合格后可转入学前教育。

依法落实幼儿教师地位和待遇。切实维护幼儿教师权益,完善落实幼儿园教职工工资保障办法、专业技术职称(职务)评聘机制和社会保障政策。对长期在农村基层和艰苦边远地区工作的公办幼儿教师,按国家规定实行工资倾斜政策。对优秀幼儿园园长、教师进行表彰。

完善学前教育师资培养培训体系。办好中等幼儿师范学校,办好高等师范院校学前教育专业,建设一批幼儿师范专科学校。加大面向农村的幼儿教师培养力度,扩大免费师范生学前教育专业招生规模,积极探索初中毕业起点五年制学前教育专科学历教师培养模式,重视对幼儿特教师资的培养。建立幼儿园园长和教师培训体系,满足幼儿教师多样化的学习和发展需求。创新培训模式,为有志于从事学前教育的非师范专业毕业生提供培训。三年内对一万名幼儿园园长和骨干教师进行国家级培训,各地五年内对幼儿园园长和教师进行一轮全员专业培训。

(四)多种渠道加大学前教育投入

各级政府要将学前教育经费列入财政预算。新增教育经费要向学前教育倾斜。财政性学前教育经费在同级财政性教育经费中要占合理比例,未来三年要有明显提高。各地根据实际研究制定公办幼儿园生均经费标准和生均财政拨款标准。制定优惠政策,鼓励社会力量办园和捐资助园。家庭合理分担学前教育成本。建立学前教育资助制度,资助家庭经济困难儿童、孤儿和残疾儿童接受普惠性学前教育。发展残疾儿童学前康复教育。中央财政设立专项经费,支持中西部农村地区、少数民族地区和边疆地区发展学前教育和学前双语教育。地方政府要加大投入,重点支持边远贫困地区和少数民族地区发展学前教育。规范学前教育经费的使用和管理。

(五)加强幼儿园准入管理

完善法律法规,规范学前教育管理。严格执行幼儿园准入制度。各地根据国家基本标准和社会对幼儿保教的不同需求,制定各种类型幼儿园的办园标准,实行分类管理、分类指导。县级教育行政部门负责审批各类幼儿园,建立幼儿园信息管理系统,对幼儿园实行动态监管。完善和落实幼儿园年检制度。未取得办园许可证和未办理登记注册手续,任何单位和个人不得举办幼儿园,对社会各类幼儿培训机构和早期教育指导机构,审批主管部门要加强监督管理。

分类治理、妥善解决无证办园问题。各地要对目前存在的无证办园进行全面排查,加强指导,督促整改。整改期间,要保证幼儿正常接受学前教育。经整改达到相应标准的,颁发办园许可证。整改后仍未达到保障幼儿安全、健康等基本要求的,当地政府要依法予以取缔,妥善分流和安置幼儿。

(六)强化幼儿园安全监管

各地要高度重视幼儿园安全保障工作,加强安全设施建设,配备保安人员,健全各项安全管理制度和安全责任制,落实各项措施,严防事故发生。相关部门按职能分工,建立全覆盖的幼儿园安全防护体系,切实加大工作力度,加强监督指导。幼儿园要提高安全防范意识,加强内部安全管理。幼儿园所在街道、社区和村民委员会要共同做好幼儿园安全管理工作。

(七)规范幼儿园收费管理

国家有关部门2011年出台《幼儿园收费管理暂行办法》。省级有关部门根据城乡经济社会发展水平、办园成本和群众承受能力,按照非义务教育阶段家庭合理分担教育成本的原则,制定公办幼儿园收费标准。加强民办幼儿园收费管理,完善备案程序,加强分类指导。幼儿园实行收费公示制度,接受社会监督。加强收费监管,坚决查处乱收费。

(八)坚持科学保教,促进幼儿身心健康发展

加强对幼儿园保教工作的指导,教育部发布《3~6岁儿童学习与发展指南》。遵循幼儿身心发展规律,面向全体幼儿,关注个体差异,坚持以游戏为基本活动,保教结合,寓教于乐,促进幼儿健康成长。加强对幼儿园玩教具、幼儿图书的配备与指导,为儿童创设丰富多彩的教育环境,防止和纠正幼儿园教育"小学化"倾向。研究制定幼儿园教师指导用书审定办法,建立幼儿园保教质量评估监管体系,健全学前教育教研指导网络,要把幼儿园教育和家庭教育紧密结合,共同为幼儿的健康成长创造良好环境。

(九)完善工作机制,加强组织领导

各级政府要加强对学前教育的统筹协调,健全教育部门主管、有关部门分工负责的工作机制,形成推动学前教育发展的合力。教育部门要完善政策,制定标准,充实管理、教研力量,加强学前教育的监督管理和科学指导。机构编制部门要结合实际合理确定公办幼儿园教职工编制。发展改革部门要把学前教育纳入当地经济社会发展规划,支持幼儿园建设发展。财政部门要加大投入,制定支持学前教育的优惠政策。城乡建设和国土资源部门要落实城镇小区和新农村配套幼儿园的规划、用地。人力资源和社会保障部门要制定幼儿园教职工的人事(劳动)、工资待遇、社会保障和技术职称(职务)评聘政策。价格、财政、教育部门要根据职责分工,加强幼儿园收费管理。综合治理、公安部门要加强对幼儿园安全保卫工作的监督指导,整治、净化周边环境。卫生部门要监督指导幼儿园卫生保健工作。民政、工商、质检、安全生产监管、食品药品监管等部门要根据职能分工,加强对幼儿园的指导和管理。妇联、残联等单位要积极开展对家庭教育、残疾儿童早期教育的宣传指导。充分发挥城市社区居委会和农村村民自治组织的作用,建立社区和家长参与幼儿园管理和监督的机制。

(十)统筹规划,实施学前教育三年行动计划

各省(区、市)政府要深入调查,准确掌握当地学前教育基本状况和存在的突出问题,结合本区域经济社会发展状况和适龄人口分布、变化趋势,科学测算入园需求和供需缺口,确定发展目标,分解年度任务,落实经费,以县为单位编制学前教育三年行动计划,有效缓解"入园难"的问题。2011年3月底前,各省(区、市)行动计划报国家教育体制改革领导小组办公室备案。

地方政府是发展学前教育、解决"入园难"问题的责任主体。各省(区、市)要建立督促检查、考核奖惩和问责机制,确保大力发展学前教育的各项举措落到实处,取得实效。各级教育督导部门要把学前教育作为督导重点,加强对政府责任落实、教师队伍建设、经费投入、安全管理等方面的督导检查,并将结果向社会公示。教育部会同有关部门对各地学前教育三年行动计划进展情况进行专项督查,组织宣传和推广先进经验,对发展学前教育成绩突出的地区予以表彰奖励,营造全社会关心支持学前教育的良好氛围。

三、《国务院关于当前发展学前教育的若干意见》的主要目标

从《若干意见》的主要内容中我们可以看出其主要目标如下:

(1)全方位促进学前教育均衡、优质发展。

(2)建立普惠性学前教育幼儿园,体现"以人为本""教育平等""效益优化"的价值观。

(3)建立并完善学前教育公共服务体系,加大对偏远山区学前教育幼儿园的投入

（4）健全幼儿园师资队伍，完善学前教育经费制度，规范幼儿园监管制度，强化保教质量评估与监督。

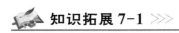

知识拓展 7-1

印度《国家儿童行动计划》(2005)内容概要①

早在1992年印度就曾出台过一部《国家儿童行动计划》。制定新的《国家儿童行动计划》的行动发起于2002年，新的《国家儿童行动计划》(National Plan of Action for Children, NPAC)征求了来自各方面的意见与信息，如各政府中心部门、各邦和地方政府、儿童福利与发展部门、非政府与志愿者组织、社会工作者和专家等。此外，还通过报纸向公众征求了意见。《国家儿童行动计划》的内容十分详细，对每一部分的工作内容都做了较详细的安排与部署。儿童在一个适合环境中成长可以促进他们的健康、教育与大脑的发展，这是一个重要的命题。该计划首先就提出，"国家经济与社会的发展规划应以满足儿童的各种需要为目的，通过传播儿童生存、发展和保护的信息来创造有利于儿童发展的环境。"还明确规定"保护儿童权利的责任在于中央、各邦和地方政府"。而在财政分配上更是规定"儿童预算和计划部门应确保100%的投入，而且应考虑巨大的儿童数量而加强预算；在预算分配上要优先那些属于最弱势群体的儿童"。

总的来看，该计划的内容包括六个部分：

- 序言；
- 儿童生存：儿童健康、母亲健康、营养、水源与卫生；
- 儿童发展：学前儿童保育与教育、女童的权利、青春期儿童、残疾儿童、儿童与环境；
- 儿童保护：处境不利儿童、犯罪儿童、性剥削与儿童色情、非法交易儿童、反对童工、感染艾滋病和艾滋病毒的儿童；
- 儿童参与；
- 资源的调配、计划的执行与监管。

该计划较详细地提供了一份改善儿童生存、生活与发展的路线图，对每一部分的每一节内容都提出了总目标和分目标以及具体的实施策略。

---

① 钱晓玲.近十年来印度学前教育政策研究[D].昆明：云南师范大学，2011：46-48.

第二节 《幼儿园管理条例》的解读

园所规章制度,是为了实现托幼机构目标,对园内各项工作和各类人员的要求加以条理化、系统化,规定出必须遵守的行为准则和工作规程。《幼儿园管理条例》是经国务院批准,国家教育委员会(今教育部)发布实施的。这是国家宏观管理各级各类幼教机构的法令法规,是举办幼儿园必须遵守和贯彻执行的。

一、《幼儿园管理条例》制定的背景

(一)现实的幼儿园管理不够规范,需要规范的制度做支撑

现实状态下,幼儿教师职责不明确,家长与幼儿教师间的矛盾凸起。《幼儿园管理条例》是为了实现幼儿园目标,对幼儿园各项工作和各类人员的要求加以条理化、系统化,规定出必须遵守的行为准则和工作规程。这是幼儿园根据党和国家有关方针、政策、法规,按照教养工作规律和园所的实际情况,采用条文的形式,对全园教职工的工作、学习和生活等行为活动提出的具有约束力和一定强制性的准则和规范,即幼儿园的"法"。通过管理条例的建立和执行,使管理工作程序化、规范化、科学化,保证完成幼儿园的工作任务。只有通过制定规范的制度才能实现教师教书育人、幼儿快乐成长的美好愿景。

(二)规范的《幼儿园管理条例》能够确保幼儿园教育教学秩序的有效开展

"没有规矩,不成方圆。"《幼儿园管理条例》是实现幼儿园科学化管理的一项基础性工作。它具有规范性、强制性,制约组织成员按一定的要求去行动。通过建立健全幼儿园工作制度和各类人员岗位职责规程,力争做到事事有章可循,人人职责明确,从而确保幼儿园教育教学秩序的有序开展,以便能够使园所工作正常运转,在此基础上才能够有效改进教育教学研究工作,提高质量。现实状态下的公立、私立幼儿园的管理存在缺位与越位的现象,在一定程度上制约着幼儿园的发展。而《幼儿园管理条例》的出台正是基于幼儿园管理上的缺失与越位行为的考虑,以此来提高幼儿园管理工作效率,实现幼儿园管理目标的多元化发展。

(三)规范的《幼儿园管理条例》有利于规范人们的行为,增强责任意识,建设良好园风

制度是组织活动的准则,它与高效的管理有着内在的联系。园所需要建立起一整套合理的管理条例,各部门、各层次、各方面人员对应当做什么、不应当做什么、怎样做事等有章可循、有法可依、有所适从,可发挥对行为的制约规范作用。同时,管理条例还起着协调各方面工作和各类人员行为的作用,既分工负责、各司其职、各得其所,又协调配合,使各方面力量有效地组织在共同的组织目标上,将群众的积极性纳入科学

管理的轨道,提高工作效率和管理效能。《幼儿园管理条例》有着明确的目的要求,它表明这个组织提倡什么,禁止什么,应该怎样,不该怎样,既是组织活动准则,也反映社会的道德规范和优良的文化传统,可以为全体组织成员指明行动的方向。在贯彻执行《幼儿园管理条例》的过程中,各类人员各司其职,各负其责,逐步将外部的制约规范内化为行为主体的责任意识,自觉地加以执行,从而培养出良好的工作作风,并在全国形成健康的园风、园纪。

二、《幼儿园管理条例》的主要内容

《幼儿园管理条例》1989年8月20日经国务院批准,1989年9月11日中华人民共和国国家教育委员会令第4号发布,1990年2月1日起施行。《幼儿园管理条例》主要包括审批程序、教育职能、行政事务、奖惩规定四大核心内容。

(一) 举办幼儿园的基本条件和审批程序

1. 必须具有合格的教师、保育、医务人员

《幼儿园管理条例》第九条规定:"举办幼儿园应当具有符合下列条件的保育、幼儿教育、医务和其他工作人员:(1)幼儿园园长、教师应当具有幼儿师范学校(包括职业学校幼儿教育专业)毕业程度,或者应当经教育行政部门考核合格。(2)医师应当具有医学院校毕业程度,医士和护士应当具有中等卫生学校毕业程度,或者取得卫生行政部门的资格认可。(3)保健员应当具有高中毕业程度,并受过幼儿保健培训。(4)保育员应当具有初中毕业程度,并受过幼儿保育职业培训。慢性传染病、精神病患者,不得在幼儿园工作。"

2. 必须有符合规定标准的保育教育场所及设施、设备等

幼儿园根据其性质、层次和规模的不同要求,必须具备相应的园舍、场地、教学仪器、设备、图书资料等硬件。《幼儿园管理条例》第八条规定:"举办幼儿园必须具有与保育、教育的要求相适应的园舍和设施。幼儿园的园舍和设施必须符合国家的卫生标准和安全标准。"

3. 必须通过审批

《幼儿园管理条例》第十二条规定:"城市幼儿园的举办、停办,由所在区、不设区的市的人民政府教育行政部门登记注册。农村幼儿园的举办、停办,由所在乡、镇人民政府登记注册,并报县人民政府教育行政部门备案。"

(二) 幼儿园的卫生保健制度和安全防护制度

1. 幼儿园应当建立卫生保健制度

《幼儿园管理条例》第十八条和第二十条规定,"幼儿园应当建立卫生保健制度,防止发生食物中毒和传染病的流行。""幼儿园发生食物中毒、传染病流行时,举办幼儿园的单位或者个人应当立即采取紧急救护措施,并及时报告当地教育行政部门或卫生行政部门。"

《幼儿园管理条例》第十八条和第二十条都提到对食物中毒和传染病流行应采取的措施，必须建立卫生保障机制和采取紧急防护措施，特别规定传染病流行期间，幼儿园发现情况后如何进行消毒隔离等。

2. 幼儿园应当建立安全防护制度

《幼儿园管理条例》第七条规定："举办幼儿园必须将幼儿园设置在安全区域内。严禁在污染区和危险区内设置幼儿园。"

《幼儿园管理条例》第八条规定："举办幼儿园必须具有与保育、教育的要求相适应的园舍和设施。幼儿园的园舍和设施必须符合国家的卫生标准和安全标准。"

《幼儿园管理条例》第十九条规定："幼儿园应当建立安全防护制度，严禁在幼儿园内设置威胁幼儿安全的危险建筑物和设施，严禁使用有毒、有害物质制作教具、玩具。"

（三）幼儿园保育和教育工作

幼儿园必须贯彻保教结合的原则，促进幼儿全面发展。《幼儿园管理条例》在第十三条规定："幼儿园应当贯彻保育与教育相结合的原则，创设与幼儿的教育和发展相适应的和谐环境，引导幼儿个性的健康发展。幼儿园应当保障幼儿的身体健康，培养幼儿的良好生活、卫生习惯；促进幼儿的智力发展；培养幼儿热爱祖国的情感以及良好的品德行为。"因此，以幼儿为教育、服务对象的幼儿园的所有工作人员，都要学习、掌握并在各岗位上贯穿这一原则。

《幼儿园管理条例》第十六条规定："幼儿园应当以游戏为基本活动形式。幼儿园可以根据本园的实际，安排和选择教育内容与方法，但不得进行违背幼儿教育规律，有损于幼儿身心健康的活动。"

（四）促进幼儿多元智能全面发展

《幼儿园管理条例》在第一章"总则"的第三条指出："幼儿园的保育和教育工作应当促进幼儿在体、智、德、美诸方面和谐发展。"在第三章"幼儿园的保育和教育工作"的第十三条中指出："幼儿园应当贯彻保育与教育相结合的原则，创设与幼儿的教育和发展相适应的和谐环境，引导幼儿个性的健康发展。幼儿园应当保障幼儿的身体健康，培养幼儿的良好生活、卫生习惯；促进幼儿的智力发展；培养幼儿热爱祖国的情感以及良好的品德行为。"

（五）培养幼儿良好生活习惯

"习惯"指的是逐渐形成而不易更改的行为，它是经过长期的复习和练习而逐步养成的，不易改变且经常重复的行为方式。《幼儿园管理条例》中强调了对幼儿良好生活习惯的培养，对幼儿的发展具有积极作用。

（六）幼儿游戏的核心价值

《幼儿园管理条例》在第三章"幼儿园的保育和教育工作"的第十六条中规定："幼儿园应当以游戏为基本活动形式。幼儿园可以根据本园的实际，安排和选择教育内容与方法，但不得进行违背幼儿教育规律，有损于幼儿身心健康的活动。"

1. 正确理解幼儿游戏活动的价值

正确理解幼儿游戏活动的价值,是开展幼儿游戏活动的前提条件。教师要认识到幼儿是喜欢游戏的,游戏是幼儿的生命,是幼儿的主要活动。幼儿通过游戏学习,有利于他们的成长。幼儿园的教学只有寓于游戏之中,才能取得最佳的效果。

2. 通过多种形式丰富幼儿游戏活动

教师要通过不同的形式,拓宽幼儿的生活范围,增长幼儿的见识。教师既要自己多率领幼儿走出幼儿园,让幼儿亲近大自然,在社会中探索发现,同时,也要鼓励家长带着孩子走出去,体验不同的生活环境。

(七)体罚幼儿的危害及防护措施

《幼儿园管理条例》在第三章"幼儿园的保育和教育工作"的第十七条中指出,"严禁体罚和变相体罚幼儿";在第五章"奖励与处罚"的第二十八条中指出:"违反本条例,具有下列情形之一的单位或者个人,由教育行政部门对直接责任人员给予警告、罚款的行政处罚,或者由教育行政部门建议有关部门对责任人员给予行政处分:(1)体罚或变相体罚幼儿的;(2)使用有毒、有害物质制作教具、玩具的;(3)克扣、挪用幼儿园经费的;(4)侵占、破坏幼儿园园舍、设备的;(5)干扰幼儿园正常工作秩序的;(6)在幼儿园周围设置有危险、有污染或者影响幼儿园采光的建筑和设施的。前款所列情形,情节严重,构成犯罪的,由司法机关依法追究刑事责任。"

(八)违反《幼儿园管理条例》行为的法律责任

《幼儿园管理条例》第五章第二十七条、第二十八条对下列行为规定了相应的法律责任:(1)未经登记注册,擅自招收幼儿的;(2)园舍、设施不符合国家卫生标准、安全标准,妨害幼儿身体健康或者威胁幼儿生命安全的;(3)教育内容和方法违背幼儿教育规律,损害幼儿身心健康的;(4)体罚或变相体罚幼儿的;(5)使用有毒、有害物质制作教具、玩具的;(6)克扣、挪用幼儿园经费的;(7)侵占、破坏幼儿园园舍、设备的;(8)干扰幼儿园正常工作秩序的;(9)在幼儿园周围设置有危险、有污染或者影响幼儿园采光的建筑和设施的。

(九)幼儿园行政事务

1. 教育行政部门的职责

《幼儿园管理条例》第二十二条明确规定:"各级教育行政部门应当负责监督、评估和指导幼儿园的保育、教育工作,组织培训幼儿园的师资,审定、考核幼儿园教师的资格,并协助卫生行政部门检查和指导幼儿园的卫生保健工作,会同建设行政部门制定幼儿园园舍、设施的标准。"教育行政部门作为政府管理教育的职能部门,职责十分重要。

2. 园长负责制

《幼儿园管理条例》第二十三条规定:"幼儿园园长负责幼儿园的工作。幼儿园园长由举办幼儿园的单位或个人聘任,并向幼儿园的登记注册机关备案。幼儿园的教师、医师、保健员、保育员和其他工作人员,由幼儿园园长聘任,也可由举办幼儿园的单位或个人聘任。"由此看出,《幼儿园管理条例》规定幼儿园实行园长负责制,并指出了幼儿园园长、教职工的聘任方式。

3. 幼儿园收费及财务管理

《幼儿园管理条例》第二十六条规定:"凡具备下列条件之一的单位或者个人,由教育行政部门和有关部门予以奖励:(1)改善幼儿园的办园条件成绩显著的;(2)保育、教育工作成绩显著的;(3)幼儿园管理工作成绩显著的。"

案例 7-2

幼儿园变相多收园服费的案例[①]

2011年9月,广州市某公办幼儿园在开学当天即发给家长一份"收费通知":孩子入园前需一次性购买28套园服,费用总计为1 069元。且该园在《新生园服明细和操作提示》中明确要求家长"于家长会当天在班主任处领取园服订购回条,并于新生家长会后交回"。

部分家长认为幼儿园卖园服是乱收费,是幼儿园众多的"创收"手段之一。幼儿园解释说购买园服只是建议,家长可自愿购买,幼儿园并没有通过园服"创收"。

分析: 幼儿园变相强收园服费这一行为应属违规收费。一般来说,幼儿园收费项目大致有两种:应收费和代收费。保教费、寄宿费、伙食费等为应收费,这类收费应经主管机关批准或备案。《广州市幼儿教育管理规定》第十七条规定:"公民个人及境外具有法人资格的机构或个人与境内具有法人资格的机构合作举办幼儿园的,可自行制定收费标准,但应报物价管理部门及教育行政部门备案;其他各类幼儿园实行收费许可证制度,按级收费,不得擅立收费项目和提高收费标准。"涉案机构为公办幼儿园,任何收费均应获得收费许可。根据此规定,在公办幼儿园核准的收费项目里,园服费并不在此列,它应该归入代收费。而代收费是幼儿园代为收取的与幼儿学习生活有关的费用,如各类书本费、保险费等。对代收费,幼儿园要坚持"幼儿(及其监护人)自愿、据实收取、及时结算、定期公布"的原则,但是从《新生园服明细和操作提示》与"收费通知"的字里行间看不出任何可自愿选择的意思,实际上该幼儿园是利用优势地位而实施的一种变相强制收费行为。

三、《幼儿园管理条例》的主要目标

从《幼儿园管理条例》的主要内容中,我们可以看出其发展目标如下:

(1) 明确举办幼儿园的基本条件和审批程序。

(2) 规范幼儿园保育和教育工作的内容和发展目标。

(3) 关注幼儿身心健康和幼儿园日常政务管理。

(4) 规范幼儿园收费及财务管理制度。

---

① 李小红.有关园服事件的法律分析[J].早期教育(教师版),2011(12):48.

(5) 建立和谐的家校关系,建设和谐幼儿园。
(6) 彰显人文关怀的学前教育特色服务理念。

知识拓展 7-2

韩国《第一个中长期保育计划(2006—2010)》的主要内容①

一、推行课题

(一) 奠定公共儿童保育的基础

(二) 减轻父母的育儿负担

(三) 提供各种保育服务

(四) 造就以儿童为中心的保育环境

(五) 强化儿童保育服务的管理体系

二、主要指标(2005 年→2010 年)

政府的财政负担比率:35.8%→60.0%

国家公立保育设施:1 352 所→2 700 所

利用保育设施的儿童:99 万名→125 万名

接受保育津贴的儿童:41.1%→80.8%

幼儿支援设施利用率(婴儿,幼儿):47.0%(21.1%,68.6%)→60.0%(33.4%,87.8%)

第三节 《幼儿园工作规程》的解读

《幼儿园工作规程》是我国幼儿园管理的一个纲领性文件,旨在提高幼儿教育的保育和教育质量。它的颁布,最早可追溯到 1952 年。在苏联专家戈林娜等人的指导下,经过部分地区试验和修改而制定了《幼儿园暂行规程》和《幼儿园暂行教学纲要》,于 1952 年 3 月 18 日由教育部颁布并在全国试行。此后,教育部分别于 1979 年和 1981 年颁布了《城市幼儿园工作条例(试行草案)》《幼儿园教育纲要(试行草案)》。这些文件都为《幼儿园工作规程》的颁布奠定了基础。

一、《幼儿园工作规程》制定的背景与意义

1989 年国家教委颁布了《幼儿园工作规程(试行)》(简称《规程》),经过 5 年的试行,

---

① 白仙姬.韩国儿童保育津贴政策及争议[J].社会保障研究(北京),2007(12):37.

在修改后正式颁布,于1996年6月1日起施行;2016年3月1日新修订的《幼儿园工作规程》开始实施。《幼儿园工作规程》(简称《规程》)的正式颁布是时代的要求,也是我国幼教史上的一个里程碑。我国的幼儿教育正处于稳步发展阶段,21世纪又对我们提出了更新更高的要求,这就需要有权威性、指令性的文件来规范我们的幼教工作,给幼教工作指明方向。《规程》的正式颁布正是顺应了时代的这一要求。

《规程》的颁布是我国幼教史上的一件大事。《规程》是一个方向性的文件,也是里程碑性的文件。《规程》在试行期间,已经对我国幼教事业的发展、教师素质的提高、教学科研观念的更新起到了重要的指向作用。《规程》的正式颁布,将会对世纪之交的中国幼儿教育产生深远的影响和作用。在这样一个重要文件出台之际,幼教理论工作者、幼教行政人员和幼儿园园长、教师等在一起从不同角度来学习贯彻《规程》,是很有意义的。

《规程》是国家教委发布的关于幼儿园管理的第一个法规。《规程》颁布之后,各级政府、教育行政部门十分重视,及时制定和印发了实施办法或意见,深受广大幼教工作者的青睐。《规程》根据我国社会主义现代化建设对人才素质的要求和国家的教育方针、政策,总结、继承了我国几十年特别是改革开放以来幼儿教育工作的成功经验,也在充分考虑了我国社会、经济以及幼儿教育事业的现状和发展前景的基础上,较为全面、科学地规范了幼儿园的管理可行性,具有较强的操作性。

《规程》的试行也加强了教育行政部门对各类幼儿园的宏观管理,推动了幼儿园的全面改革,提高了幼儿园的管理水平和保教质量,使幼儿教育逐步走上依法办学的轨道。现在城乡幼儿教育事业发展较快,全国17.4万所幼儿园中,绝大部分是由社会力量举办的,特别是公民个人办园的数量增长更快,因此,迫切需要有权威性的国家法规来规范幼儿园的管理。国家教委在广泛征求各方意见的基础上,将试行稿修改后予以正式颁布,这从法制上给予了进一步的确认,以使《规程》充分发挥效力。

从微观层面上来讲,制定《规程》的目的就是为了"提高保育和教育质量""幼儿园是对3周岁以上学龄前幼儿实施保育和教育的机构""幼儿园的任务是:贯彻国家的教育方针,按照保育与教育相结合的原则,遵循幼儿身心发展特点和规律,实施德、智、体、美等方面全面发展的教育,促进幼儿身心和谐发展"。这些提法,将幼儿园的办园目的、性质和任务都规定得十分明确。这就是说,在幼儿园中,不仅有教育问题,而且还有保育问题,两者是相互渗透、相互联系的,检验一个幼儿园的质量,不仅要检验其教育质量,而且要检验其保育质量。

二、《幼儿园工作规程》的主要内容

《规程》中规定幼儿园的任务是:实行保育与教育相结合的原则,对幼儿实施德、智、体、美全面发展的教育,促进其身心和谐发展。

《规程》中幼儿园保育和教育的主要目标是:"(一)促进幼儿身体正常发育和机能的

协调发展,增强体质,促进心理健康,培养良好的生活习惯、卫生习惯和参加体育活动的兴趣。(二)发展幼儿智力,培养正确运用感官和运用语言交往的基本能力,增进对环境的认识,培养有益的兴趣和求知欲望,培养初步的动手能力。(三)萌发幼儿爱祖国、爱家乡、爱集体、爱劳动、爱科学的情感,培养诚实、自信、友爱、勇敢、勤学、好问、爱护公物、克服困难、讲礼貌、守纪律等良好的品德行为和习惯,以及活泼开朗的性格。(四)培养幼儿初步感受美和表现美的情趣和能力。"

《规程》第四章"幼儿园的卫生保健"第十七条规定:"幼儿园必须切实做好幼儿生理和心理卫生保健工作。幼儿园应当严格执行《托儿所幼儿园卫生保健管理办法》以及其他有关卫生保健的法规、规章和制度。

第十八至第二十四条,明确规定了幼儿园应当制定有关制度,对在园幼儿的衣、食、住、行全面照管及对幼儿进行安全教育,这些制度即是幼教工作者必须遵守的法规。

第七章"幼儿园的教职工"第四十五条是奖惩条款。如果教职工在安全、卫生、保健等方面出现失职,显然适用本条的罚则。

第九章"幼儿园、家庭和社区"第五十二条规定:"幼儿园应主动与幼儿家庭沟通合作,为家长提供科学育儿宣传指导,帮助家长创设良好的家庭教育环境,共同担负教育幼儿的任务。"

案例 7-3

一场幼儿园老师扇幼儿耳光的风波[①]

晨间接待时,小(10)班××小朋友的父母来到园长室反映老师昨天在幼儿午餐时间打了孩子一个耳光。起因是昨天下午奶奶接孩子时发现××小朋友左侧脸红,像手掌印,经过奶奶反复询问,孩子终于承认是老师打了一个耳光。家长当时拍了照片(说这是证据),要讨个公道。园长听完家长的反映后,平静地对家长说,一般情况下老师绝不可能打人,家长听到园长"袒护"老师,情绪即刻变得很激动,反驳道:孩子是不会撒谎的,要不我们反映到上面去。正在此时,该老师听到有家长反映她打人的事,气愤地走进了园长室。

园长问该老师昨天午餐时,××表现怎样?老师说:很好啊,她在班级里各方面表现都不错,饭也吃得快,我打她没有理由啊。家长坚持说:孩子是不会撒谎的。这时园长说,午餐时间有那么多孩子在一起吃饭,如果老师打了你孩子耳光,其他孩子一定都看到的,那我们现在到教室里去,听听孩子们怎么说的。园长和家长一起走进了小(10)班,园长耐心地询问其他小朋友,小朋友们都非常坚定地回答道:老师没有打××小朋友,××小朋友平时的表现也很好。

---

① 龚凤娥.幼儿园管理案例:老师被"冤枉"以后[J].科学大众(科学教育),2014(7):56-61.

园长把××带到午睡室,同时叫了家长一起进来。园长把××搂在怀里,轻轻地问××,你昨天吃饭的时候,没有小朋友看见老师打人,那你怎么跟妈妈说老师打了你一个耳光。还没等园长把话说完,××从园长的怀里挣脱出来,她扭过身子,低下了头大声说:妈妈不在家。这时爸爸说:"昨天妈妈上晚班,是奶奶看见孩子半边脸红了,大小跟手掌一样大,就认为孩子被打耳光了。"园长示意爸爸稍等再说,先让孩子回班级上课。过后,爸爸继续说:"平时孩子在家不肯自己吃饭,一直由奶奶喂的,奶奶就想,会不会孩子吃饭时不听话,老师就打耳光了。刚开始问,孩子说没有打耳光。奶奶又以为老师打了人,还不许孩子说出来,所以就反复问。吃完晚饭后,奶奶又启发引导孩子说真话,答应孩子如果说出来就去吃肯德基,买玩具。最后孩子有点不耐烦地说,是老师打了一个耳光。我们也不相信这是真的,错怪了老师,真是对不起了。"

分析:园长是办好幼儿园的中心人物,能否使幼儿园更好地发展,促进幼儿健康成长,同时使家长安心、放心,园长起着十分重要的作用。园长在家园纠纷面前要敢于承担责任,姿态要高,注重沟通、宽容、理解、重情。如果园长妥善处理好家园问题,园长的威信一定更高,一定会得到家长和老师的尊重、信赖和拥护。案例中的园长工作十分到位,善于运用沟通技巧,积极地与幼儿家长进行正面沟通,了解真实情况,为我们树立了正确的教育观、儿童观。同时,案例中的园长在发现问题后,及时询问当时情况,引导教师把《幼儿园工作规程》精神转变为教育行为,促进了教师与家长间的沟通,化解了误会。

该案例也给我们今后的幼儿园管理带来三点启示:第一,要善于"卑微"自己,"倾听"别人。善于倾听家长、教师的叙述。发生冲突时,双方都很想表达自己的观点,说明自己的理由,这时园长应放下一切事情,静下心来倾听。倾听,不要带框框,不要选择性倾听,要全盘性的倾听。可先让家长充分宣泄情绪,园长只是在一旁适时说几句安慰的话,让他们感到自己是受园长尊重和被园长接受的。第二,要善于保护孩子的自尊心。在处理整个事情的过程中,园长在全体幼儿面前只是解决了一个问题,即老师没有打人,这是关键。正如家长所说:孩子是不会撒谎的。让全班孩子来证实,老师没有打人,家长就一定能信服。第三,要善于理解家长的心情。理解家长的心情,不埋怨家长,正确引导家长不训斥孩子撒谎。在家长的道歉声中,园长微笑地说:"一场误会解除了。希望你们回家后不要在孩子面前再谈及此事,以免对孩子心理造成阴影。也希望孩子的奶奶以后不要误导孩子,坚持正面教育。"从家长的角度出发,理解家长的心情,共同做好孩子的教育工作。

三、《幼儿园工作规程》在主要法律条款中的体现

(一)《民法典》中有关幼儿园工作的规定

《民法典》第一千一百九十九条规定:"无民事行为能力人在幼儿园、学校或者其他教育机构学习、生活期间受到人身损害的,幼儿园、学校或者其他教育机构应当承担侵权责任,但是,能够证明尽到教育、管理职责的,不承担侵权责任。"

(二)《教育法》(2021年版)中有关幼儿园工作的规定

《教育法》(2021年版)第四十五条:"教育、体育、卫生行政部门和学校及其他教育机构应当完善体育、卫生保健设施,保护学生的身心健康。"

《教育法》(2021年版)第七十三条:"明知校舍或者教学设施有危险,而不采取措施,造成人员伤亡或者重大财产损失的,对直接负责的主管人员和其他直接责任人员,依法追究刑事责任。"

(三)《未成年人保护法》中有关幼儿园工作的规定

《未成年人保护法》第三章"学校保护"第二十六条:"幼儿园应当做好保育、教育工作,遵循幼儿身心发展规律,实施启蒙教育,促进幼儿在体质、智力、品德等方面和谐发展。"

第二十七条:"学校、幼儿园的教职员工应当尊重未成年人人格尊严,不得对未成年人实施体罚、变相体罚或者其他侮辱人格尊严的行为。"

第三十五条:"学校、幼儿园不得在危及未成年人人身安全、身心健康的校舍和其他设施、场所中进行教育教学活动。

"学校、幼儿园安排未成年人参加文化娱乐、社会实践等集体活动,应当保护未成年人的身心健康,防止发生人身伤害事故。"

第四章"社会保护"第五十五条:"生产、销售用于未成年人的食品、药品、玩具、用具和游戏游艺设备、游乐设施等,应当符合国家或者行业标准,不得危害未成年人的人身安全和身心健康。"

第五十九条:"任何人不得在学校、幼儿园和其他未成年人集中活动的公共场所吸烟、饮酒。"

第八章"法律责任"第一百一十九条:"学校、幼儿园、婴幼儿照护服务等机构及其教职员工违反本法第二十七条、第二十八条、第三十九条规定的,由公安、教育、卫生健康、市场监督管理等部门按照职责分工责令改正;拒不改正或者情节严重的,对直接负责的主管人员和其他直接责任人员依法给予处分。"

第四节 《幼儿园教育指导纲要(试行)》的解读

为进一步贯彻第三次全国教育工作会议和全国基础教育工作会议精神,落实《国务院关于基础教育改革与发展的决定》,推进幼儿园实施素质教育,全面提高幼儿园教育质量,教育部于2001年7月2日印发了《幼儿园教育指导纲要(试行)》(简称《纲要》),并从2001年9月起试行。

一、《幼儿园教育指导纲要(试行)》的特点与意义

《纲要》中所表现出来的主体性思想,主要体现在幼儿教育活动中的选择性、自主性、能动性和创造性,这些特征是幼儿主体的最本质的、最主要的特征,是幼儿教育中幼儿地

位的重大体现,也是我们一贯追求的教育目标。《纲要》是在"以幼儿发展为本"这一理念的前提下,真正把幼儿当成学习过程中的主体,真正让幼儿成为一个自主发展的人。

(一)《纲要》的特点

现实生活是幼儿生存的具体方式,幼儿是具体的人、现实存在的人,是这个世界中生长着的人。幼儿园课程不能仅仅把幼儿当做未来的成人,幼儿园课程更应该关照幼儿现在的环境与生活,把幼儿作为一个"我"同时又具有可持续发展的内容。瑞吉欧教育提出"假如眼睛跃过围墙,那么幼儿的生活世界将是广阔的"。正如《纲要》中指出幼儿园课程内容具有如下特征:"各领域的内容要有机联系,相互渗透,注重综合性、趣味性、活动性,寓教育于生活、游戏之中。""充分用各种教育资源。""贴近幼儿的生活来选择幼儿感兴趣的事物和问题,有助于拓展幼儿的经验和视野。"这些都体现了幼儿教育活动只有扎根于幼儿的生活中,教育才能发挥作用,教育才真正有意义。以下是《纲要》体现的幼儿特点。

1. 幼儿的选择性

首先,《纲要》中充分确立了孩子是从主体"我"的角度进行选择的理念,强调了幼儿在学习过程中,有机会选择那些自己认为最有趣、最有价值的内容作为学习的客体,进行接收、加工、整合和改造,从而内化为自己的认知系统。如《纲要》中的要求传递出一种观点,教师必须保证幼儿每天有适当的自主选择和自由活动时间,不能以安全或环境问题为借口,取消或缩短幼儿自由活动的时间和内容。同时一些幼儿园为幼儿安排的集中学习太多,孩子没有自己选择的机会,或者说没有太多自由玩耍的机会。由于《纲要》的出台,许多地方教育行政管理部门对幼儿园提出明确的要求,规定幼儿园确保儿童每天必须有两个小时的户外自由活动的时间,而且制定出较为详细的幼儿自主活动区域的创设和划分的要求和规定,在环境创设和活动材料投放等方面都有明确的细化规定,这就是《纲要》作为指导性文件在主体性教育思想理论指导下发挥的力量和作用。

其次,《纲要》中强调教师应给幼儿更多的选择机会,无论是活动材料还是学习方式都应给幼儿更大和更自由的选择空间;同时要求教师应引导幼儿做出明智的选择,这样才能使幼儿洞察客观世界的真、善、美,否则将会使幼儿误入歧途。《纲要》第四部分科学领域中提到:为幼儿提供的活动材料和玩教具要丰富多样,能让孩子有充分选择的机会,同时能通过孩子自己的探索来建构认知。艺术领域中强调引导幼儿学会利用身边的各种材料或是废旧材料进行艺术表现活动,比如打击乐活动中可引导孩子自制打击乐器,用旧报纸做手工等,能用自己喜欢的方式进行艺术表现活动。由于每一个孩子学习的策略、方法以及学习能力都存在差异,我们的教育只有综合考虑到孩子们的这些差异,学习才能达到最佳的效果。《纲要》中强调要提供适应幼儿认知和实践能力以及幼儿主体需要的选择条件。在健康领域中提出要以幼儿的现有的发展水平来选择和确定教育的内容和方法,要充分考虑到幼儿的身体生长发育水平,不能过度超越幼儿的极限,"尊重幼儿在发展水平、能力、经验、学习方式等各方面的个体差异,因人施教,努力使每一个幼儿都能获得满足和成功。强调个性化的学习,允许每一个孩子选择自己喜欢的方式来学习"。长期以来我们的教师更多考虑的是如何教,而常常忽视了孩子如何学的问题,没有真正从儿童的需要和认知能力出发来进行教育,教师更多地关注孩子学习的结果,很少观察和理解儿童学习过程中的情绪体验和感受。

2. 幼儿的自主性

我们知道每一个孩子都具有自己独特的发展模式,他们学习的最好方式是亲自动手、掌握亲身的经验和体会。我们可以看到,在《纲要》中强调要给孩子们提供一个适合每一个孩子积极表现自我的环境,能充分满足他们的独特需要,尽可能减少过度保护和包办代替,鼓励幼儿学会自理和自立。科学领域中提出为幼儿的探索活动创造宽松的环境,让每一个幼儿都有机会参与尝试,支持、鼓励他们大胆提出问题,发表不同意见,学会尊重别人的观点和经验,从中我们可以看出在《纲要》中强调使幼儿在集体生活中情绪安定、愉快,学会快乐地与人交谈,懂得讲话的礼貌。创造一个自由宽松的交往环境,使幼儿对周围的事物、现象感兴趣,有好奇心和求知欲;把幼儿感兴趣的事物、游戏和偶发事件中所隐含的有教育价值的信息和内容都吸纳到幼儿园的教育中。

3. 幼儿的能动性

幼儿的需要、动机、兴趣可以帮助幼儿选择学习的内容和信息,调整学习方式,激活情感意志,从而为整个学习活动提供运行动力。相反,动机、兴趣和情感对幼儿学习也会产生影响,学习的内容和学习的程度受到幼儿动机、兴趣的影响。学习内容的新颖性、趣味性、适宜的难度,以及我们给幼儿提供的选择的机会,使得幼儿在自己有能力完成的情况下,学习的内在动机都会被激发出来。《纲要》中提出幼儿教师要引导幼儿"对周围的事物、现象感兴趣,有好奇心和求知欲""善于发现幼儿感兴趣的事物、游戏和偶发事件中所隐含的教育价值,把握时机,积极引导""重在激发幼儿的认识兴趣和探究欲望"等,显然把幼儿学习的内在的主观能动放在一个十分重要的位置。

4. 幼儿的创造性

幼儿期是儿童创造思维的萌芽时期。许多研究者认为,除了做游戏、绘画、讲故事之外,创造民主的家园环境,让幼儿能够毫无约束地发表自己的见解,是培养他们创造性思维的重要环节。基于这样的理念,新《纲要》非常注重幼儿创造性思维培养问题,提出"为幼儿创造和谐、民主的家园环境,激发幼儿自主性和创造性"。

(二)《纲要》的意义

《纲要》带给我们的不仅是欣喜,它更是一次彻头彻尾的洗礼,一场重大的变化,一个艰巨的挑战。

《纲要》的挑战性首先体现于教师。教师是幼儿园教育中最重要、最基本的力量,是高质量幼儿教育最主要、最直接的创造者。《纲要》要求教师以新的基础教育理念来审视和反思自己的工作,自觉地规范自己的行为,理性地建构自己的教育观念。《纲要》需要教师创造与儿童生命特性相适应的教育,它应源自于教师对生命的热爱、珍惜与敬畏,对生命规律和生命潜力的认识、理解与尊重,对生命早期智慧的敏感、惊喜与理解;也源自于教师深刻懂得生命的整体性,懂得愉快的童年生活对于生命发展的独特价值,懂得这一阶段教育对每个幼儿个体生命的重要影响。《纲要》还要求教师成为幼儿学习活动的支持者、合作者、引导者,成为有专业素养的专业性教师。

《纲要》的挑战性也体现于管理。怎样从检查书面计划笔记了解师幼互动的实际情况、从教学评比观摩到促使教师反思澄清和提升认识?怎样从固定的作息与教育目标到给予教师更多的自主与创造?怎样促进教师树立明确的教育方向和正确的价值观,促进教师专业的成长,相互的学习、合作、支持与沟通?这些都是幼儿园管理所面临的挑战。

《纲要》的挑战性还体现于发展。在当今社会经济体制下,幼儿园的生存和发展承受着来自各方面的压力,《纲要》所体现的现代教育思想否定着传统的应试教育,在应试教育制度没有彻底改变的情况下,现代教育思想被人们接受还有一段距离,因此加强沟通与宣传是幼儿园发展必须面临的挑战。

二、《幼儿园教育指导纲要(试行)》的主要内容

《纲要》的内容主要包括四大部分:总则、教育目标与内容要求、教育活动的组织与实施,以及教育评价。

第一部分总则主要介绍了《纲要》的制定依据、幼儿教育的重要意义以及幼儿园的主要职责概括等基本内容。总则提出,《幼儿园教育指导纲要(试行)》以《中华人民共和国教育法》和《幼儿园教育条例》《幼儿园工作规程》为依据制定,幼儿教育是基础教育的组成部分,是学校教育和终身教育的起始阶段。幼儿教育应为幼儿的近期和终身发展奠定良好的素质基础。幼儿园应与家庭、社会密切配合,共同为幼儿创造一个良好的成长环境。幼儿园应为幼儿提供健康、丰富的生活和活动环境,满足他们多方面发展的需要,使他们度过快乐而有意义的童年。幼儿园教育应尊重幼儿身心发展的规律和学习特点,充分关注幼儿的经验,引导幼儿在生活和活动中生动、活泼、主动地学习。幼儿园教育应重视幼儿的个别差异,为每一个幼儿提供发挥潜能,并在已有水平上得到进一步发展的机会和条件。

第二部分教育目标与内容要求,是纲要的主要部分。我们不难看出《纲要》对教育内容关注点的巨大改变。《纲要》中将幼儿学习的范畴按学习领域的维度,相对划分为我们所熟悉的健康、语言、社会、科学和艺术五个领域。纵观整个《纲要》,每个领域中都没有列出单独的知识点或技能,而是从活动的角度附带提出知识或技能的要求。这应该是《纲要》遵循基础教育课程改革的精神,强调幼儿的主动学习,改革教学方式,希望教师不要把关注点过分集中在具体的知识或技能的教学上,仅仅以固定知识点的达成为目标来

设计教学活动,而是着力组织适合幼儿的活动,创造适宜的教育环境,从幼儿的实际生活中去发现教学赖以展开的资源,通过作用于幼儿的活动来对其发生影响,让他们获得一定的知识和技能。

第三部分教育活动的组织与实施,主要为幼儿教育在实践层面提出了一些指导与建议。在这部分内容中,值得我们注意的是,《纲要》特别提出了幼儿家长的作用,比如:家长是幼儿园教师的重要合作伙伴。应本着尊重、平等的原则,吸引家长主动参与幼儿园的教育工作。我们应该向家长介绍幼儿园的保育教育工作,争取家长的理解、支持和参与;应该了解幼儿的特点和家庭的需要,有针对性地开展教育工作;应该做到家园配合,使幼儿在园获得的学习经验能够在家庭中得到延续、巩固和发展,同时,使幼儿在家庭获得的经验能够在幼儿园的学习活动中得到应用。

第四部分教育活动评价,重点考察以下方面:教育活动是否建立在对本班幼儿的实际了解的基础上;教育活动的目标、内容、组织与实施方式、环境能否向幼儿提供有益的学习经验,有效地促进其符合目的的发展;教育内容、方式、环境条件是否能调动起幼儿学习的积极性,有利于他们主动学习;活动内容、方式是否能兼顾群体需要和个性差异,使每个幼儿都有进步和成功的体验;教师的指导是否有利于幼儿进一步探索与思考,有利于扩展、整理幼儿的经验。

评价教育活动时,凡涉及对幼儿发展状况的评估,应该注意:全面了解幼儿的发展状况,防止片面性,尤其要避免只重知识技能的掌握,忽略情感、社会性和实际能力的倾向;应在日常活动与教育教学过程中,通过对幼儿的观察、谈话、幼儿作品分析,以及与其他工作人员和家长的交流等方式了解幼儿的发展和需要;应承认和关注幼儿在经验、能力、兴趣、学习特点等方面的个体差异,避免用划一的标准评价不同的幼儿;应以发展的眼光看待幼儿,既要了解幼儿的现有水平,更要关注其最近发展状态。

案例 7-4

家长与幼儿园教师发生冲突的案例

某日,一位家长不满意班上 A 教师对自己孩子的态度,并怀疑该教师对孩子存在态度冷淡、故意不予表扬的情况,去找该教师说理,并与这位教师言语上起了冲突,而后家长又把 B 教师当成诉苦的对象,B 教师不知道从何入手化解矛盾,妥善解决问题。

分析:类似的情景,每位教师的成长过程中都会遇到,所以顺利解决这类问题,将帮助教师加强家园沟通能力,更好地实践教师的专业角色。把这类问题策划成情境表演,选派教师分别扮演情境中的 A 教师、家长和 B 教师,最后进行交流与讨论。A 教师要积极配合家长,做好对孩子的关注;B 教师要学会站在公正的立场上帮助家长分析;而家长如果认为 A、B 教师未能合理解释,则可以继续"讨要说法"。通过这种方式引导他们不断完善沟通方式、语言组织能力和情感渲染能力。通过情境表演,再现了当时的两难境况,让老师们感同身受。这一方面锻炼了教师对突发事件的处理能力;另一方面也提高了教师的语言表达能力,提升了教育智慧,使教师能够将不同的处理方式迁移到化解日常矛盾中,帮助教师提高处事能力。

知识拓展 7-3

澳大利亚《早期儿童教育和保育国家质量标准》简介[①]

《早期儿童教育和保育国家质量标准》(简称《国家质量标准》)主要由指导原则、正文和术语解释三部分组成。指导原则的目的在于监督优质的早期儿童教育和保育以及学龄保育实践,正文部分是《国家质量标准》的核心内容体系,术语解释则是对标准出现的重要名词的解释和说明。

1. 指导原则

标准规定,在履行《国家质量标准》和提升机构质量的过程中,澳大利亚所有服务机构应坚持以下六项原则:

(1) 坚持儿童的权利至高无上。

(2) 坚持儿童是成功的、胜任的、有能力的学习者。

(3) 坚持公平、包容与多样化。

(4) 坚持重视澳大利亚土著和托雷斯海峡岛民的文化。

(5) 坚持尊重和支持儿童的父母和家庭。

(6) 坚持对儿童、教师和服务部门给予高期望。

2. 正文

《国家质量标准》的正文部分则由三部分组成,即质量、标准和要素。标准共包含七项质量领域,分别是:教育项目与实践、儿童的健康和安全、物理环境、人员配置、与儿童的关系、与家庭和社区的合作关系以及领导和机构管理。每一项质量领域又包含2~6条属于高水平学习成果的标准,设置这些标准是为了检验早期儿童教育和保育机构是否达到了多项指标。整个《国家质量标准》共包含23条标准,每一标准下还包括诸多要素,要素比标准更具体化、情境化。

3. 术语解释

《国家质量标准》还对标准中的重要术语做了必要的界定和说明。如,批准生效、临时批准和"被视为符合"、评估等级评定等。了解这些,将有助于我们更精准、深入地分析和解读这一标准。

(1) 批准生效

标准规定,所有的服务机构都必须通过法律程序获得经营许可。对于中心机构,一

---

① 王芳.澳大利亚《早期儿童教育与保育国家质量标准》研究[D].重庆:西南大学,2012:57.

旦获得经营许可,服务提供者就可以跨多个地区经营多个服务机构。机构管理者和负责人连同机构的地点和运营都必须获得批准。只有服务机构达到了《国家质量标准》的要求,才可获准经营许可(固定期限许可除外)。同时,获得经营许可的机构将会获得国家资助的一笔经费。

(2)临时批准和"被视为符合"

在国家质量框架下,《国家质量标准》对"临时批准"和"被视为符合"提供一个逐步发展的过程。在此过程中,它们只适用于《国家质量标准》中的"人员编制"和"物理环境"两个质量领域。"临时批准"指的是,在服务机构尚未完全满足《国家质量标准》的所有要求时,管理者依然可以临时地接受它的经营申请。例如,当机构的室内空间正在装修时,可以申请获得临时批准,但要保证儿童不能远离服务机构。临时批准只被用于特殊情况或者在有限期限内能够达标的机构。允许机构申请并获"临时批准"是为了帮助机构建立"处理那些尚未符合标准的问题"的行动计划,并证明机构已经或正在采取行动(以达到各项标准)。依照临时批准的规定,获得临时批准的机构只能在临时批准所适用的质量领域获得"经营水平"。另一种做法是,若机构"被视为符合"质量标准,那么只要其设施符合标准,也可将走廊视为室内空间的一部分。"被视为符合"指的是认可机构达到了《国家质量标准》,相反,"临时批准"则意味着从当前来看,该机构尚未达到标准。

(3)评估等级评定

新的等级评定体系将会为家长和服务机构提供清晰和准确的信息。这一体系将《国家质量标准》规定的七项质量领域和五点评分量表结合在了一起。五点评分量表描述了澳大利亚所有家庭、服务机构和社区所期望的、适宜的儿童早期教育和保育以及校外时间保育等机构应具备的质量信息。

按照《国家质量标准》的规定,在对服务机构的质量进行评价时,要对每一项质量领域分别做出等级评定,并最终确定一个综合评分。这些评定等级意味着该机构是否达到或超过《国家质量标准》,其目的在于增进家长对服务机构质量的全面了解。等级评定体系允许机构突出它们表现较好的方面,甚至它们在某一质量领域尚未达到的特殊标准。

第五节 《托儿所幼儿园卫生保健管理办法》的解读

一、《托儿所幼儿园卫生保健管理办法》制定的背景

(一)与相继出台的上位法律法规不相适应

托儿所幼儿园卫生保健工作是公共卫生的一个领域,是我国儿童保健服务的一个重

要方面。《托儿所幼儿园卫生保健管理办法》(简称《管理办法》)于2010年3月1日经卫生部部务会议审议通过,并经教育部同意予以颁布,自2010年11月1日起施行。1994年12月1日卫生部与原国家教委联合颁布的《托儿所幼儿园卫生保健管理办法》同时废止。该办法及时规范了各地托幼机构卫生保健工作,为保护儿童的健康发挥了积极的作用。然而,随着社会的进步,托幼机构卫生保健工作也有了新的理念和发展。在《管理办法》实施的过程中,我国相继出台了一系列法律法规:《食品卫生法》《执业医师法》《学校食堂与学生集体用餐卫生管理规定》《关于幼儿教育改革与发展指导意见》《传染病防治法》《母婴保健法实施办法》等,而《管理办法》部分条款与上述法律法规的有关规定不相适应,影响了《管理办法》的进一步实施。

(二) 不能满足托幼机构卫生保健工作的实际需要

随着经济、社会的发展和法制的健全,在托幼机构的实际工作中,已经颁布十几年的原《管理办法》的部分规定已不能满足托幼机构卫生保健工作的需要,托幼机构卫生保健管理亟待进一步规范和完善。

因此,2003年7月至12月,卫生部与教育部联合对托幼机构卫生保健进行了监督检查,通过自查和抽查的方式,对全国31个省、自治区、直辖市进行调查,收集相关的配套规则、文件,了解各地贯彻实施《管理办法》情况、监督管理模式、实施覆盖面、实施效果以及存在的主要问题等,并以此为依据,修订成了新版的《托儿所幼儿园卫生保健管理办法》。2010年11月1日由卫生部与教育部共同签署的部长令《托儿所幼儿园卫生保健管理办法》正式实施,这对提高托儿所幼儿园卫生保健工作水平、预防和减少疾病发生、保障儿童身心健康起到了重要的促进作用。

二、《托儿所幼儿园卫生保健管理办法》的主要内容

为提高托儿所、幼儿园卫生保健工作水平,预防和减少疾病发生,保障儿童身心健康,托幼机构以及相关监督、行政部门在开展卫生保健工作时应遵循如下原则:

(一) 突出保教结合、预防为主的方针

《管理办法》突出了托幼机构在开展卫生保健工作时应贯彻保教结合、预防为主的方针,制定本办法的目的是预防和减少疾病发生,保障儿童身心健康。幼儿时期是最关键的时期,幼儿的免疫能力比较差,而幼儿园是幼儿集中学习和生活的场所,相互接触机会比较多,因而卫生保健工作在幼儿园显得尤为重要。为了预防传染病的发生,应做好如下几点:一是保护"易感人群"即保护幼儿,积极开展防病知识宣传,做好教育宣传工作。二是抓好晨、午检,做到早发现、早隔离、早治疗,把发病苗头消灭在萌芽之中。三是及时进行健康体检和各种计划免疫接种,让教育和保育紧密结合,更好地保障儿童身体和心理健康。

（二）明确各部门的职责

《管理办法》明确各部门的分工和职责能够使教师更好地完成幼儿园卫生保健工作。为明确各部门的职责，《管理办法》第五、六、七条规定详细说明了卫生行政部门、教育行政部门以及妇幼保健机构、疾病预防控制机构、卫生监督机构、食品药品监督管理部门的分工和职责，各部门职责分明、分工明确、相互配合，形成有效的分工协作监管机制。新的《管理办法》和《食品安全法》及实施条例相衔接，有利于主管卫生保健工作的教师明白各个部门的职责和分工，有利于幼儿园更好地开展卫生保健工作和配合其他部门的工作。

（三）卫生保障成为前置

想要保护幼儿的饮食健康，做到未雨绸缪是很有必要的。因此在幼儿入园前就对幼托机构的卫生保健工作质量进行评价，以确保幼儿饮食安全不失为一项有效之举。《管理办法》从保护儿童健康角度出发，将卫生保健状况是否合格作为新设立的托幼机构能否招生的标准。其中《管理办法》第八条规定，新设立的托幼机构招生前应当取得地方人民政府卫生行政部门指定的医疗卫生机构出具的符合《托儿所幼儿园保健工作规范》的卫生评价报告，各级教育行政部门应当将卫生保健工作质量纳入托幼机构的分级定类管理。

（四）托幼机构需设卫生室或保健室

我国的各级各类学校中一般都设有卫生室和保健室，卫生室和保健室的设立不仅方便在校学生看病就医，更能在学生发生伤害时给予及时的治疗。幼儿在身心发展上都不成熟，在园学习、活动时，由于饮食不卫生等多种原因很容易发生幼儿伤害事故，因此幼托机构设立卫生室显得更有必要。《管理办法》第十条规定，托幼机构应当根据机构规模、接受儿童数量等设立相应的卫生室或保健室，并分别规定卫生室或保健室的要求和职能。这样能够在一般传染疾病到来之前对幼儿活动场所进行消毒预防。卫生室应当符合医疗机构基本标准，取得卫生行政部门颁发的《医疗机构执业许可证》。此外，保健室不得开展诊疗活动，其配置应当符合保健室设置的基本要求。

（五）150名儿童设一名保健员

托幼所、幼儿园是孩子集中的地方，爱玩爱闹是孩子的天性，而孩子在玩耍时弄伤自己是经常发生的事情，这就需要幼儿保健员及时对幼儿伤口进行清理。由此，卫生保健人员在托幼机构显得尤其重要。《管理办法》第十二条规定，托幼机构聘用卫生保健人员应当按照收托150名儿童至少设一名专职卫生保健人员的比例配备卫生保健人员。收托150名以下儿童的，应当配备专职或者兼职卫生保健人员。所谓保健人员应当符合国家规定，类型包括医师、护士和保健员。在卫生室工作的医师应当取得医师执业证书，护士应当取得护士执业证书。在保健室工作的保健员应当具有高中以上学历，经过卫生保健专业知识培训，具有托幼机构卫生保健基础知识，掌握卫生消毒、传染病管理和营养膳食管理等技能。

案例 7-5

幼儿园隐瞒家长给幼儿服用抗病毒药物的案例

2014年3月,陕西省西安市宋庆龄基金会枫韵幼儿园被曝在未告知家长的情况下,长期给园内400多名幼儿集体服用成人抗病毒处方药"盐酸吗啉胍"(又称"病毒灵")。经查,该园保健医生黄某所持有的从医资质证明只是一张由广东省有关部门发放的医师资格证复印件,而且并未在当地卫生部门注册。事发后,西安市警方以涉嫌非法行医罪对涉事幼儿园的相关负责人和保健医生等予以刑事拘留。

分析: 根据《托儿所幼儿园卫生保健管理办法》规定,幼儿园卫生保健人员,需取得《医师执业许可证》或《护士执业许可证》,而黄某仅有一张医师资格证复印件。而且按照规定,幼儿园保健人员的工作内容主要是儿童体格锻炼、健康检查、卫生消毒等工作,并未包括任何诊疗工作;且按照卫生保健部门的要求,在对儿童实施服药活动时,服药幼儿家长需向幼儿所在班提供相关处方证明。

(六)幼托机构工作人员要进行健康检查

《管理办法》第十四条对幼托机构工作人员上岗资格做了明确规定,幼托机构工作人员上岗前必须经县级以上人民政府卫生行政部门指定的医疗卫生机构进行健康检查,取得《托幼机构工作人员健康合格证》后方可上岗。特别规定精神病患者、有精神病史者不得在托幼机构工作。托幼机构应当组织在岗工作人员每年进行一次健康检查;在岗人员患有传染性疾病的,应当立即离岗治疗,治愈后方可上岗工作,否则应当由卫生行政部门责令限期整改,通报批评,逾期不改的,给予警告,情节严重的,由教育行政部门依法给予行政处罚。

案例 7-6

广西梧州砍伤41名师生案

李小文案发前为苍梧县旺甫镇中心小学保安人员。据知情人了解,李小文脾气暴躁,在工作中,李小文因工作问题和生活琐事与同事黄某灿发生矛盾,并因休假事宜对该校副校长黎某强产生不满,从而对二人心存怨恨,进而萌生报复念头。2020年6月4日8时许,李小文拿着用布袋装着的四把菜刀,走到学校后门的门卫室,趁黄某灿不备,拿刀朝黄某灿头部猛砍了一刀。离开门卫室后,李小文听到校内幼儿园教学楼二楼学生的吵闹声,为泄私愤,便上到二楼,从布袋里再拿出一把菜刀先后进入幼儿园大一、大二两个班级教室。此时,幼儿园的学生全部都在一起吃完饭,为了照顾学生,老师也和他们在一起吃。正当大家都全心全意吃饭时,该名保安拿了两把刀光明正大的走近学生,鉴于他是保安,老师和学生都放松了警惕。可没想到,他一进来就开始持刀砍人,等老师反应过来时,他已经伤了好几个学生,并将对其进行阻止的老师吴某瑶砍伤。随后该保安看势头不妙,便跑出了教室。下楼后,李小文见到负伤路过的黄某灿,又继续对其进行追砍。随后,李小文走到学校操场,对前来劝阻的黎某强进行追砍,后被闻讯赶来的其他老师控制,并被到场的公安人员抓获。

分析: 根据《托儿所幼儿园卫生保健管理办法》规定,要建立卫生安全管理制度,落实各项卫生安全防护工作,预防伤害事故的发生。本案中,当保安进入幼儿园的教室时,老师鉴于他是保安,放松了警惕,没有做好相关预防伤害事故发生的措施。大多数情况下,学校人员只是防备外来人员,老师上课时,将门口安全事项交给保安人员,但对已进入校园人员或者本身就是校园内的老师或工作人员,如果有危害学生生命安全的突发现象,学校其他老师应该怎么做,基本没有系统处理预案,才导致了惨案的发生,该幼儿园园长要负主要责任。

(七)特别对传染病的预防和控制管理工作加以规定

《管理办法》第十六条规定:"托幼机构应当在疾病预防控制机构指导下,做好传染病预防和控制管理工作。托幼机构发现传染病患儿应当及时按照法律、法规和卫生部的规定进行报告,在疾病预防控制机构的指导下,对环境进行严格消毒处理。在传染病流行期间,托幼机构应当加强预防控制措施。"第十七条:"疾病预防控制机构应当收集、分析、调查、核实托幼机构的传染病疫情,发现问题及时通报托幼机构,并向卫生行政部门和教育行政部门报告。"《管理办法》特别对传染病的预防和控制管理工作加以规定,足以看出近几年来国家对于传染病防控工作的重视。

(八)体检合格后方可入园

《管理办法》第十八条规定,儿童入托幼机构前应当经医疗卫生机构进行健康检查,合格后方可进入托幼机构。托幼机构发现在园(所)的儿童患疑似传染病时应当及时通知其监护人离园(所)诊治。儿童离开托幼机构3个月以上应当进行健康检查后方可再次入托幼机构。这一项规定不仅可以有效地控制传染疾病在幼儿间的传播,同时也可以保障幼儿在园期间的健康发展,促使幼儿园成为幼儿健康成长的场所,保障幼儿身心健康。

(九)幼儿园餐饮安全有保障

过去,许多幼儿园食堂厨师是按照成人标准烹饪饭菜,这些厨师没有任何膳食营养知识,烹饪的饭菜不一定合孩子们的口味,也或多或少地存在一些食品安全问题。《管理办法》规定,卫生部门要加强对膳食营养、体格锻炼、健康检查、卫生消毒、疾病防预等的监督和指导。对托幼机构设有食堂提供餐饮服务的,应当按照《食品安全法》《食品安全法实施条例》以及有关规章的要求,认真落实各项食品安全要求,并根据儿童不同年龄特点建立科学、合理的一日生活制度,培养儿童良好的卫生习惯。科学制定食谱,保证膳食平衡,加强饮食卫生管理,保证食品安全。食品药品监督等部门应当依法加强指导与监督检查,为托幼机构食堂安全加上一道保险。

(十)相关罚则

《管理办法》用了较多篇幅规定了相关罚则,如第十九条规定:"托幼机构有下列情形之一的,由卫生行政部门责令限期改正,通报批评;逾期不改的,给予警告;情节严重的,由教育行政部门依法给予行政处罚:(一)未按照要求设立保健室、卫生室或者配备卫生保健人员的;(二)聘用未进行健康检查或者健康检查不合格的工作人员的;(三)未定期组织工作人员健康检查的;(四)招收未经健康检查或健康检查不合格的儿童入托幼机构的;(五)未严格按照《托儿所幼儿园卫生保健工作规范》开展卫生保健工作的。"

卫生行政部门应当及时将处理结果通报教育行政部门,教育行政部门将其作为托幼机构分级定类管理和质量评估的依据。

第二十条规定:"托幼机构未取得《医疗机构执业许可证》擅自设立卫生室,进行诊疗活动的,按照《医疗机构管理条例》的有关规定进行处罚。"也就是说,取得医疗机构执业许可的托幼机构可以设立卫生室,否则只能设立保健室。另外,《管理办法》对保健人员的配备比例也进行了调整。

三、《托儿所幼儿园卫生保健管理办法》的主要目标

(一)能更好地适应现阶段托幼机构卫生保健工作的发展,规范全国托幼机构卫生保健技术服务和管理工作,指明今后托幼机构卫生保健工作发展的趋势和方向。

(二)使托幼机构卫生保健工作常规化、制度化,提高各级妇幼保健机构对托幼机构卫生保健工作的指导水平,保障儿童的身心健康,促进儿童全面发展。

 知识拓展 7-4

托幼机构卫生保健十项基本制度[①]

一日生活制度

膳食制度

体格锻炼制度

健康检查制度

卫生与消毒制度

传染病预防与管理制度

常见疾病预防与管理制度

幼儿伤害事故预防制度

健康教育制度

卫生保健资料管理制度

---

① 《托儿所幼儿园卫生保健工作规范》修订说明[J].幼儿教育,2012(8):1-5.

第六节 《学前教育督导评估暂行办法》的解读

一、《学前教育督导评估暂行办法》制定的背景与意义

(一) 背景

学前教育是国民教育的重要组成部分,是一项重要的社会公益事业,关系到广大人民群众的切身利益及教育现代化的程度和水平,推进学前教育的快速发展已成为教育改革和发展的战略性任务。为了大力发展学前教育,切实解决当前学前教育发展存在的突出问题,党中央、国务院颁布的一系列教育纲要和文件中,都对学前教育的发展提出了明确的目标、任务和要求。地方政府是发展学前教育、解决"入园难"问题的责任主体,为了督促地方政府认真履行发展学前教育的职责,全面落实学前教育三年行动计划,满足适龄儿童入园需求,规范办园行为,教育部在深入调研和广泛征求意见的基础上,研究制定了《学前教育督导评估暂行办法》,建立了学前教育的督导评估制度和工作机制,决定从2012年开始开展学前教育的督导评估工作,并要求地方各省(区、市)结合本地实际,制定实施方案。

(二) 意义

自进入21世纪以来,联合国教科文组织以《儿童权利公约》《世界全民教育宣言》《达喀尔行动纲领》为依据,对世界学前教育状况进行监测评估,督促各国加快实现"扩大和改善幼儿、尤其是最脆弱和条件最差的幼儿的全面保育与教育"的承诺。2012年《学前教育督导评估暂行办法》的颁布正是对这一承诺的呼应和实践。它首次将教育督导政策引入中国学前教育领域,对于推动学前教育三年行动计划、切实解决"入园难"问题具有重要价值。

虽然《学前三年行动计划》(简称《行动计划》)颁布后,学前教育取得了一些阶段性的成果,但是在政策执行过程中的政策执行偏差导致《行动计划》的目标不能够充分实现。学前教育督导具有专门进行监督、检查、评估和指导的职能,它不仅可以监督、控制和保证《行动计划》的准确执行,防止出现偏差,还可以获得执行过程中的反馈信息,及时掌握情况,并以此为依据进行督促指导,为政府和教育行政部门提出建议,为决策者提供全面及时的反馈信息,从而改进教育工作,在《行动计划》的执行过程中及时发现问题,从而及时解决问题,保障《行动计划》的顺利实现。通过发挥学前教育督导的监督、指导、沟通职能,保障经费等政策落到实处,保障学前教育发展过程中经费提供到位、政策执行到位。

二、《学前教育督导评估暂行办法》的内容

《学前教育督导评估暂行办法》针对督导评估的对象、原则、内容和方式进行详细的规定，以下将一一介绍：

（一）督导评估对象

《学前教育督导评估暂行办法》的第一章第四条规定："督导评估对象为地方人民政府。"

（二）督导评估原则

为了保证学前教育的健康发展，切实督促地方政府科学、有效地履行发展学前教育的职责，要求在督导评估中，必须坚持以下四项原则：

1. 发展性原则。坚持运用发展性教育评估理念，对省域学前教育发展过程和进步程度实施监测和评估，主要关注学前教育在原有基础上的发展幅度及增值的大小。

2. 激励性原则。坚持以评促建、以评促改，切实调动地方人民政府落实学前教育三年行动计划的积极性、主动性和创造性。将学前教育发展作为评价地方政府工作成效的重要内容，及表彰学前教育成绩突出地区的重要依据。

3. 客观性原则。坚持教育督导评估的科学性和客观性，教育督导评估和监测结果必须反映学前教育发展的真实情况和努力程度，做到公开、公正、公平，突出教育督导评估的针对性和实效性。

4. 实效性原则。坚持从实际出发，着重检查各省级政府发展学前教育的努力程度、职责到位情况、工作落实成效及学前教育发展的实际效果。

（三）督导评估内容

督导评估对象为地方人民政府，主要对政府职责、经费投入、园所建设、队伍建设、规范管理和发展水平六个方面进行评估。具体如下：

（一）落实政府责任和部门职责，完善管理体制，健全工作机制，建立督促检查、考核奖惩和问责机制等方面的情况。

（二）加大学前教育经费投入，落实各项财政支持政策，构建学前教育公共服务体系等方面的情况。

（三）多种形式扩大学前教育资源，大力发展公办幼儿园，积极扶持民办幼儿园，扩大普惠性学前教育资源等方面的情况。

（四）加强幼儿教师队伍建设，核定并保证公办幼儿园教职工编制，落实并提高幼儿教师待遇，加强幼儿教师培养培训等方面的情况。

（五）规范学前教育管理，有效解决"小学化"的倾向和问题等方面的情况。

（六）提高学前教育发展水平，缓解"入园难"问题及社会公众对当地学前教育满意程度等方面的情况。

(四)督导评估方式

1. 省级要建立学前教育督导机构,每年开展自我评估,撰写《学前教育督导评估自评报告单》,填写《学前教育发展状况监测统计表》,报送国家教育督导团办公室。

2. 省级教育督导机构要依据本省制定的学前教育督导评估实施方案,组织对地(市)、县级政府落实学前教育三年行动计划的职责和任务等情况进行督导评估。督导评估结果要报送国家教育督导团办公室。

3. 国家教育督导团每年依据各省上报的《学前教育督导评估自评报告单》和《学前教育督导监测统计表》,进行综合分析,提出年度发展情况督导监测报告,对各省学前教育发展状况进行动态督导监测。

4. 国家教育督导团每年选择部分省份进行督导检查,结合每年督导监测结果,对各省学前教育发展状况进行综合分析,撰写学前教育督导评估报告。

通过《学前教育督导评估暂行办法》的具体内容,我们不难看出,学前教育督导评估注重"三个结合",即:坚持规范性评估与发展性评估相结合、坚持定性评估与定量评估相结合、坚持自我评估与督导评估相结合。

案例 7-7

吉林省学前教育督导团莅临安恕镇中心幼儿园检查指导

2012 年 4 月 17 日,吉林省学前教育督导检查团在市教育局有关领导和东辽县有关领导的陪同下,来到安恕镇中心幼儿园进行评估检查。首先省督导团听取了幼儿园领导关于幼儿园的工作汇报,然后省学前教育督导检查团按照"学前三年行动计划"的文件精神和评估细则要求,对安恕镇中心幼儿园几年来的建设以及幼儿园的常规管理进行了细致的实地查看、评估调研。

分析:案例中由省级评估团对安恕镇中心幼儿园进行评估,采用了自评(听取工作汇报)和他评(实地查看)两种评估方式,主要对幼儿园建设和常规管理两方面的内容进行了评估。

知识拓展 7-5

英国和新西兰的学前教育督导评估简介[①]

纵观国外,英国和新西兰的学前教育制度完备、管理科学,有效地促进了儿童的发展和成长,教育成果显著。究其原因,得益于两国完备的教育督导评估体系。其中,两国的教育督导评估指标设置全面、科学,对学前教育的监督和管理起到了积极的促进和激励作用。

---

① 曲玲.英国和新西兰学前教育督导评估指标比较研究[J].教育测量与评价(理论版),2010(10):34-36.

通过对两国教育督导评估指标的分析和探究，我们可以从中发现诸多值得借鉴之处。

1992年，英国政府根据《教育法案》成立了教育标准局（Office for Standards in Education, OFSTED），取代了早期的"女皇督学团"，直接负责全英国各阶段学校的教育督导工作。教育标准局直接对教育大臣和议会负责，促使督导活动更为客观、公正，其工作职责是通过定期督导、公开督导报告和提供办学建议等途径，提高学校的办公水平和教育质量。

在学前教育质量检测方面，英国制定了专门的督导评估指标及其体系。其最新的学前教育督导评估指标从2009年9月开始实施，该指标是从以下四个角度进行界定的：

1. 儿童的发展结果；
2. 保育机构的质量；
3. 保育机构的管理和领导；
4. 保育机构的整体效能。

新西兰的教育督导工作是由教育督导办公室（The Education Review Office，ERO）负责的。ERO是隶属于国会的政府部门，独立于教育部之外，专门评估全国除高等学校之外的其他学校和学前教育机构。其主要职能是监督学校和学前教育机构的教育教学和管理，旨在提高学生的学业成绩，并向公众发布督导报告。

新西兰重视学前教育，制定了诸多规范学前教育机构的法规和准则，而且还有专门督导学前教育机构的评估指标。新西兰学前教育督导的最新评估指标是从2004年开始实施的，包括健康、归属感、贡献、交流和探究五个方面。

英国和新西兰学前教育督导评估指标中的一些相似之处并非巧合，而是体现和反映了学前教育的主要教育目标和共同关注点。学前教育阶段的孩子正处于身体和心理快速发展的关键期，对其进行科学、积极的教育是至关重要的，而安全是开展一切教育活动的前提和保障，也是孩子健康成长的基本条件。健康习惯的养成有助于孩子的身心健康，是学前教育的重要教育目标，能为其以后的发展和成长做好准备；良好的学习技能的培养能为儿童以后的学习打下坚实的基础，使他们热爱学习，善于学习。

第七节 《关于加强幼儿园教师队伍建设的意见》的解读

一、《关于加强幼儿园教师队伍建设的意见》制定的背景与意义

（一）背景

教育大计，教师为本。高质量的幼儿园教师队伍是保证学前教育质量的核心，是学前教育事业健康发展的根本保障。为此，《国家中长期教育改革和发展规划纲要（2010—2020年）》（简称《教育规划纲要》）、《国务院关于当前发展学前教育的若干意见》（国发

〔2010〕41号)和《国务院关于加强教师队伍建设的意见》(国发〔2012〕41号)均将"加强教师队伍建设"作为我国未来10年教育发展战略的首要保障措施。

当前,学前教育是我国国民教育体系中最短的"短板",幼儿园教师队伍是整个教师队伍中最薄弱的环节。由于多方面因素的制约和影响,我国学前教育教师队伍仍然存在着突出问题,具体表现为以下五个方面:①幼儿教师编制数量少,教师缺口较大;②资格不达标、专业不对口现象比较普遍,整体质量偏低;③缺乏独立的职称晋升系列,专业发展动力不足;④培训教研机会不足,专业发展条件欠缺;⑤教师待遇偏低,职业吸引力下降。在国家空前重视学前教育的历史背景下提升幼儿园教师队伍建设水平,是当前提升学前教育质量最为关键的因素。

为了有针对性地解决当前幼儿教师队伍的困境,2012年9月20日教育部、中央编办、财政部、人力资源和社会保障部联合出台了《关于加强幼儿园教师队伍建设的意见》(国发〔2012〕11号)。

(二) 意义

《关于加强幼儿园教师队伍建设的意见》(简称《意见》)的出台标志着我国幼儿园教师队伍建设进入了一个新的历史时期,我国幼儿园教师队伍建设将走向高素质、专业化的新的征程。

1.《意见》明确提出了国家已经出台和将要出台的有关幼儿园教师队伍建设的两大类多个重要标准:一类是配备标准,包括《幼儿园教师配备标准》《公办幼儿园教职工编制标准》,目的在于保障幼儿园教师队伍数量的充足和够用,满足学前教育事业快速发展、幼儿园数量和规模迅速扩大的发展需求;另一类是资质和素质标准,包括《幼儿园教师资格考试标准》《幼儿园教师专业标准》《幼儿园园长专业标准和任职资格标准》,确保幼儿园园长和教师不仅学历合格,更要具有良好的专业素质,以保障幼儿园的办园质量、教育教学质量和幼儿的健康发展。

2.《意见》明确提出了幼儿园教师的准入制度,要求幼儿园教师须取得相应的教师资格证书。具有其他教学阶段教师资格证书的教师到幼儿园工作,应在上岗前接受教育部门组织的学前教育专业培训,从制度上严把教师质量关。幼儿园教师进入职场后,还要通过《幼儿园教师专业标准》的引领,尽快通过实践、学习和反思,提高和巩固专业理念与师德,不断丰富专业知识,全面提高专业能力,尽快达到合格教师的基本专业要求和基本行为规范。幼儿园教师在胜任工作之后,要按照骨干教师或优秀教师的要求,进一步丰富和深化专业知识,努力提高研究和改进自身实践的能力,不断提高自身专业化程度和水平,做师德高尚、业务精湛的幼儿园教师。

3. 为保障不同性质和类型幼儿园教师的待遇,《意见》提出了不同的要求和保障措施,以增强幼儿园教师的职业吸引力。《意见》还特别对农村幼儿园教师提出了具有倾斜性的保障要求,如改善农村幼儿园教师工作和生活条件;启动实施支持中西部农村边远地区开展学前教育巡回支教试点工作,吸引优秀人才到农村边远贫困地区幼儿园任教;对长期在农村基层和艰苦边远地区工作的幼儿园教师,在职务(职称)方面实行倾斜政策。

4. 为了使加强幼儿园教师队伍建设的目标任务和各项措施得以落实,《意见》指出,落实责任要加强多方统筹,充分发挥地方政府发展学前教育的主体责任,健全各级教育、编制、财政、人力资源社会保障等部门的联合工作机制,各部门各尽其职、通力合作,使幼儿园教师的数量、结构、编制、准入、职务(职称)评聘、培养培训和工资待遇等问题,能够在主管部门的领导和其他部门的协同配合下顺利得到落实。

二、《关于加强幼儿园教师队伍建设的意见》的主要内容

《意见》主要从八个方面提出了加强幼儿园教师队伍建设的具体措施:一是明确幼儿园教师队伍建设的目标;二是补足配齐幼儿园教师;三是完善幼儿园教师资格制度;四是建立幼儿园园长任职资格制度;五是完善幼儿园教师职务(职称)评聘制度;六是提高幼儿园教师培养培训质量;七是建立幼儿园教师待遇保障机制;八是确保各项政策措施落实到位。

(一)明确幼儿园教师队伍建设的目标

《意见》指出,各地要按照构建覆盖城乡、合理布局的学前教育公共服务体系的要求,结合本地实际,科学确定幼儿园教师队伍建设的目标。到2015年,幼儿园教师数量基本满足办园需要,专任教师达到国家学历标准要求,取得职务(职称)的教师比例明显提高。到2020年,形成一支热爱儿童、师德高尚、业务精良、结构合理的幼儿园教师队伍。

(二)补足配齐幼儿园教师

《意见》认为,国家应该尽快出台幼儿园教师配备标准,满足正常教育教学需求。各地结合实际,合理确定公办幼儿园教职工编制,具备条件的省(区、市)可制定公办幼儿园教职工编制标准,严禁挤占、挪用幼儿园教职工编制。企事业单位办、集体办、民办幼儿园按照配备标准,配足配齐教师。采用派驻公办教师等方式对企事业单位办、集体办幼儿园和普惠性民办幼儿园进行扶持。各地根据学前教育事业发展和幼儿园实际工作需要,建立幼儿园教师长效补充机制。公办幼儿园教师实行公开招聘制度。加强对各类幼儿园教职工配备情况的动态监管,把教职工资质及流动情况作为幼儿园保教质量评估监测的重要内容。启动实施支持中西部农村边远地区开展学前教育巡回支教试点工作,吸引优秀人才到农村边远贫困地区幼儿园任教。

(三)建立幼儿园园长任职资格制度

国家应该制定幼儿园园长专业标准和任职资格标准,提高园长专业化水平。省级教育行政部门制定幼儿园园长任职资格制度实施办法。教育部门办幼儿园园长由县级及以上教育行政部门聘任。企事业单位办、集体办、民办幼儿园园长由举办者按国家和地

方相关规定聘任,报当地教育行政部门审核。

(四) 完善幼儿园教师职务(职称)评聘制度

《意见》认为,应该合理确定幼儿园教师岗位结构比例。完善符合幼儿园教师工作特点的评价标准,重点突出幼儿园教师的师德、工作业绩和保教能力。结合事业发展和人才发展规划,合理确定幼儿园高级、中级、初级岗位之间的结构比例。对长期在农村基层和艰苦边远地区工作的幼儿园教师,在职务(职称)方面实行倾斜政策。确保民办和公办幼儿园教师公平参与职务(职称)评聘。

(五) 提高幼儿园教师培养训练质量

《意见》指出,国家应该全面落实幼儿园教师专业标准,提高教师专业化水平。办好中等幼儿师范学校,重点建设一批幼儿师范高等专科学校,办好高等师范院校学前教育专业,依托高等师范院校重点建设一批幼儿园教师培养培训基地。积极探索初中毕业起点5年制学前教育专科学历教师培养模式。实行幼儿园教师5年一周期不少于360学时的全员培训制度,培训经费纳入同级财政预算。幼儿园按照年度公用经费总额的5%安排教师培训经费。扩大实施幼儿园教师国家级培训计划。加大面向农村的幼儿园教师培养培训力度。

(六) 建立幼儿园教师待遇保障机制

在《意见》中,我们可以看到公办幼儿园教师应该执行统一的岗位绩效工资制度,享受规定的工资倾斜政策,企事业单位办、集体办、民办幼儿园教师工资和社会保险由举办者依法保障。幼儿园教师按国家有关规定参加社会保险并依法享受社会保险待遇。对长期在农村基层和艰苦边远地区工作的幼儿园教师,实行工资倾斜政策。鼓励地方政府将符合条件的农村幼儿园教师住房纳入保障性安居工程统筹予以解决,改善农村幼儿园教师工作和生活条件。

案例 7-8

成都市教育局在平衡非在编幼儿园教师与在编教师报酬中的创新

成都市教育局等四个部门联合下发《关于保障公办幼儿园非在编教师待遇的指导意见》(以下简称《意见》)。《意见》要求,公办幼儿园非在编教师工资待遇遵循按劳分配原则,由幼儿园与被聘教师平等协商、合同约定,实行同工同酬。幼儿园按规定为教师缴纳社会保险和住房公积金。非在编教师配备采取政府购买服务或由幼儿园面向社会公开招聘等方式予以解决。

分析:根据《关于加强幼儿园教师队伍建设的意见》的规定,公办幼儿园教师应该执行统一的岗位绩效工资制度。由于目前幼儿园教师入编的名额有限,成都市采取非在编教师与在编教师同工同酬的过渡政策,行之有效,有利于保障幼儿教师队伍的稳定性。

三、《关于加强幼儿园教师队伍建设的意见》的主要特点

《意见》呈现出以下五个特点：

（一）目标明确，措施针对性强

针对目前幼儿园教师队伍数量不足、整体素质有待提高、待遇较低等突出问题，提出相应的对策措施和分阶段的工作目标。

（二）制定标准，规范教师配备

根据国家出台的幼儿园教师配备标准，并要求各地结合实际合理确定公办幼儿园教职工编制，逐步配齐教职工，基本满足办园需要。

（三）严格准入，确保教师质量

要求幼儿园教师须取得相应教师资格证书。具有其他教育阶段教师资格证书的教师到幼儿园工作，应在上岗前接受教育部门组织的学前教育专业培训，从制度上严把教师质量关。

（四）保障待遇，增强职业吸引力

明确公办幼儿园教师执行统一的岗位绩效工资制度，享受规定的工资倾斜政策，社会保障待遇按照当地普通中小学同类人员政策执行。鼓励地方政府将符合条件的农村幼儿园教师住房纳入保障性安居工程统筹予以解决，改善农村幼儿园教师工作和生活条件。

（五）落实责任，加强多方统筹

充分发挥地方政府发展学前教育的主体责任，健全各级教育、编制、财政、人力资源、社会保障等部门的联合工作机制，建立督促检查、考核奖惩和问责机制，确保各项措施落到实处。

 知识拓展 7-6

幼儿园班级规模及专任教师和保育员配备标准①

年龄班	班级规模（人）	全日制		半日制	
		专任教师	保育员	专任教师	保育员
小班（3~4岁）	20~25	2	1	2	有条件的应配备1名保育员
中班（4~5岁）	25~30	2	1	2	
大班（5~6岁）	30~35	2	1	2	
混龄班	<30	2	1	2~3	

---

① 郭中然.农村幼儿园教师专业成长的困境与出路：以河北省沧州市为例[J].幼儿教育，2011(8)：78.

第八节 《3~6岁儿童学习与发展指南》的解读

一、《3~6岁儿童学习与发展指南》制定的背景和意义

(一) 背景

1. 《3~6岁儿童学习与发展指南》的制定是建设社会主义和谐社会的需要

幼儿教育关系着我国数千万幼儿的发展,寄托着数千万家庭对未来美好生活的期盼。许多研究表明,幼儿在身体、社会性、语言、认知等方面的良好发展,不仅造福于幼儿个人及其家庭,也造福于整个社会、国家和民族。缘此,我国幼儿教育受到了党和政府的高度重视和全社会的广泛关注,并让幼儿教育的质量问题成为关乎社会稳定、和谐、公平的大事,成为影响社会公共服务体系质量的大事,也让提高幼儿教育质量成为促进整个社会发展、建设社会主义社会的一个重大民生工程。幼儿教育质量的核心集中表现在每一个幼儿学习与发展的质量上,提高幼儿教育质量必须抓住这一最重要、最关键的问题。正是从这个意义上,可以说,以提高幼儿教育质量为宗旨、以促进每一个幼儿学习与发展质量为目标的《3~6岁儿童学习与发展指南》(简称《指南》)的制定与出台是对社会需要的积极回应。

2. 《3~6岁儿童学习与发展指南》的制定是我国教育发展的需要

《国家中长期教育改革和发展规划纲要(2010—2020)》(简称《教育规划纲要》)提出了"把提高质量作为教育改革发展的核心任务""树立以提高质量为核心的教育发展观,注重教育内涵发展"的战略目标。这不仅标志着我国教育步入了以质量为核心的新的发展时期,也指明了我国幼儿教育在今后一段时间内必须遵循的发展方向。据此,我国幼儿教育聚焦质量,狠抓内涵,以制定和出台《指南》的积极举措来落实《教育规划纲要》的精神,促进幼儿教育向着以提高质量为核心的方向科学地发展。

改革开放以来,我国幼儿教育取得了长足的进步。纵观这段历程,不难看到,《指南》是我国幼儿教育自身进一步深入改革和发展的需要。

从20世纪80年代末期开始实施《儿童权利公约》至今,我国幼儿教育领域先后实施了《幼儿园工作规程》《幼儿园教育指导纲要》等。十多年来,幼儿教育的变化是有目共睹的,以"幼儿为本"的教育理念正在成为所有幼儿教育工作者的共识。特别是《国务院关于当前发展学前教育的若干意见》(国发〔2010〕41号)颁布以来,各地幼儿教育的发展更是突飞猛进,形势喜人。为"保障适龄儿童接受基本的、有质量的学前教育",全国上下都在积极努力,投入的力度之大可谓前所未有。然而,必须看到的是与这些成就并存的问题。从现状来看,我国幼儿教育在满足幼儿、幼儿家庭和社会的需求上仍然面临着诸多

问题,突出地表现在城乡教育质量差距较大,教师专业水平偏低,幼儿教育小学化的倾向十分严重,家长的幼教观念与教育方式存在诸多误区,全社会的教育观、儿童观、发展观比较混乱,致使许多反科学、伪科学的做法大行其道,严重地损害了幼儿的身心健康。为解决这些问题,除了继续深入进行教育体制的改革之外,还必须加强正确观念、正确方向的引导,切实地提高教师的专业素质水平,提高家长和全社会的教育水平。为此,一个代表主流教育观、具体明确的、可操作的教育指引是非常需要的。《指南》正是一个这样的教育指引。

3.《3~6岁儿童学习与发展指南》的制定借助了联合国儿童基金会"遍及全球"项目的东风

2002年,联合国儿童基金会启动了名为"遍及全球(Going Global Project)"的项目,旨在从保护儿童的权利出发,通过帮助发展中国家制定明确的早期儿童学习与发展标准,来促进其学前教育质量的提高,帮助幼儿做好入小学的准备,进而推动教育的"起点公平"。由于该项目针对了发展中国家学前教育中普遍面临的问题与需要,不少发展中国家积极参与了这一项目,中国也是如此。

我国社会发展、教育发展的实际需求与国际项目的推动,促成了教育部与联合国儿童基金会在制定中国的《指南》项目上的合作。借助"遍及全球"项目的契机,教育部基础教育司从2005年起,组织我国幼儿发展与教育方面的专家,开始着手制定以家长和教师为主要使用对象的《指南》。

(二) 意义

《指南》从幼儿学习与发展目标、教育建议两大方面出发,将三观——儿童观、教育观、质量观渗透到幼儿教育的一日活动中。《指南》引导家庭、社会形成科学的幼教价值观和方法,尤其对于防止和克服当前的"小学化"倾向、提高广大幼儿园教师的专业素质以及家长的科学育儿能力具有重要的意义。

案例 7-9

幼儿园"小学化"的利弊

1."你家孩子真厉害,100以内的加减法都会了,我们家孩子不行,刚学两位数的加减法。"在长春市二道区某幼儿园门外,一位家长羡慕地说。而那位家长谦虚地说道:"我们这都不算啥,我家孩子的同学都有能用英语对话的了。"

2."现在幼儿园的小朋友作业都很全乎,数学都学到什么奇数偶数,语文还有组词呢。"家长刘晓红抱怨道:"上幼儿园大班的儿子,每天都会带作业回来,而且一写就是一两个小时,5岁的孩子每天都喊累,最近都不肯上幼儿园了。"

分析:从两位家长的话语中,可以看到当前中国幼儿园"小学化"倾向严重。幼儿园"小学化"会让幼儿产生巨大的压力,丧失对学习的兴趣,从人的终身发展角度来说,危害极大。《指南》的出台,可以为教师和家长提供指引和方向,促使他们了解幼儿的身心发展特点,掌握科学的育儿方法。

二、《3~6岁儿童学习与发展指南》的内容

(一) 关于《3~6岁儿童学习与发展指南》的内容结构与分析

《指南》的内容由"说明"与"正文"两部分构成。

"说明"简要指出了《指南》制定的背景与目的、目标与作用、内容与结构以及实施原则等。

"正文"从3~6岁儿童学习与发展的五个领域分别描述了幼儿的学习与发展。这五个领域是语言、科学、健康、社会、艺术。每个领域的概述部分简要说明了该领域对幼儿学习与发展的基本价值、教育要点和特别注意事项。每个领域按照幼儿学习与发展最基本、最重要的内容又划分为若干方面,即子领域。如:健康领域分为"身心状况""动作发展""生活习惯与生活能力"三个子领域,语言领域分为"倾听与表达""阅读与书写准备"两个子领域等。

每个子领域的目标部分都列出了若干目标,在每一个目标下都有"各年龄段典型表现"与相应的"教育建议",供教师和家长参考。

案例 7-10

怎样帮助幼儿提高警惕性?[①]

小刚妈妈看到《指南》中写着"3~4岁不吃陌生人给的东西,不跟陌生人走",心里顿时咯噔了一下,儿子已经3岁了,尽管时常提醒他不要吃不认识的人给的东西,可儿子看到好吃的,还是会情不自禁地跟着人家走的。《指南》中的要求我的孩子达不到,该怎么办啊?

分析:《指南》中提出的目标是使3~6岁儿童具有一定的辨别能力,供教师和家长作为参照,但并不是评判幼儿发展的"标尺",成人不应该用一把"尺子"来衡量所有幼儿,也不可能用一把"尺子"评判教育是否合格。

案例 7-11

责任在家长还是孩子?[②]

乐乐妈妈说,乐乐在家里太喜欢看动画片了,而且看起来根本没有节制。每次在重

---
① 本刊编辑部.孩子,你慢慢来:关注《3~6岁儿童学习与发展指南》[J].幼儿教育,2013(4):3-5.
② 本刊编辑部.孩子,你慢慢来:关注《3~6岁儿童学习与发展指南》[J].幼儿教育,2013(4):3-5.

重压力和强制干预下,他才会同意关掉电视机。《指南》里提到4～5岁幼儿要知道保护眼睛,连续看电视不超过20分钟,可他连续看电视时间不知道超过多少倍。《指南》中的部分教育目标是不是定得太高了?

分析:家长感觉孩子无法做到,其实是因为平时家长的教育方式跟不上。《指南》很强调良好的生活与卫生习惯的培养。一是从小生活作息要有规律,逐步养成良好的习惯;二是要培养幼儿自我保护意识和自控能力。拿看电视来说,家长要让幼儿明白连续看电视时间太长,对眼睛有损伤;如果按要求做,以后还有机会看;如果纠偏有困难,可以采用转移兴趣、做到就给予奖励等办法,让孩子明白耍赖是没有用的。家里所有成人对幼儿的要求一定要统一。

(二) 关于《3～6岁儿童学习与发展指南》中的五大领域

《指南》从幼儿园日常保育和教育的五大领域即语言、科学、健康、社会、艺术出发,把每个领域中3～4岁、4～5岁、5～6岁三个年龄段末期的幼儿应该达到的学习与发展目标单独列出,并在"教育建议"部分对当前幼儿教育中普遍存在的误区和困惑,提出具体的解决策略和可行措施。

1. 语言领域

幼儿语言是幼儿与外界交流的工具,幼儿在运用语言的同时也在提升其判断能力、思维能力,而且对其他领域的学习和发展有着至关重要的作用。《指南》强调幼儿的语言学习需要一个宽松的、自由的语言环境,家长和老师要鼓励和支持幼儿与成人、同伴交流,敢想、敢说,并且喜欢说;家长要经常和幼儿进行亲子共读。家长在和幼儿一起讲故事、看书的过程中,不仅培养了幼儿阅读的兴趣,提升了幼儿的语言表达能力,还能增进亲子关系。目前幼儿语言学习忽视了幼儿的日常语言交往经验,过于注重对幼儿的思维训练、智力开发和右脑开发,导致对幼儿语言教育的弱化。语言教育沦落为识字教育,语言故事沦落为识字教材,幼儿教室成为缺乏语言表达机会的教室。因此,我们应该采取一些措施来改善当前的现状:①用大量的经典童话丰富孩子的心灵,挖掘童话故事中的品格教育价值;②增加幼儿的语言表达机会;③系统地组织和引导家长在家庭中与幼儿共读;④传统经典诵读莫过头。

《指南》突出强调要为幼儿提供强有力的社会经验支持,在阅读活动和生活情境中来培养幼儿对文字的兴趣,这符合幼儿学习发展的规律,对于克服当前的死记硬背灌输式识字教学是很有必要的。

2. 科学领域

幼儿的科学学习主要包括科学探究和数学认知。在科学探究方面,《指南》强调应注重激发幼儿好奇、好问、好探究的欲望,让幼儿体验探究过程的乐趣。在数学学习方面,强调要让幼儿在真实的情境中感受数学的有趣和有用性,理解数学的基本概念,促进幼儿在日常生活情境中发现和解决问题能力的发展。儿童是学习的主体,儿童是在与外界积极主动地建构中学习的。因此《指南》建议家长及幼儿园老师要善于发现和保护幼的好奇心和求知欲；鼓励和引导幼儿在探究过程中通过观察、操作、实验等方法，积极动手、动脑，发现问题并解决问题，同时学会简单的记录，并跟他人分享交流。例如，《指南》鼓励孩子们观察动植物，探究物理现象，了解季节变化的周期。但《指南》对数学的要求并不高，只要求5～6岁的幼儿能够初步理解量的相对性，"加"和"减"的实际意义，能够通过实物操作或其他具体形象的方法进行10以内的加减运算等。但在幼儿园，不少家长会问幼儿园老师大班教不教100以内的加减法。其实这并不符合学前阶段幼儿的成长、认知规律。过多强调机械记忆，对孩子未来的逻辑思维能力、理解能力会有不利影响。

3. 健康领域

健康领域包括身体和心理两个方面。《指南》着重强调了三点：一是成人应为幼儿提供均衡合理的营养膳食，满足其成长发育需要；同时要为幼儿营造一个温馨的人际环境，使幼儿情绪安定愉快。二是锻炼幼儿动作协调、灵敏的能力，掌握一定的平衡能力。三是帮助幼儿养成良好的生活卫生习惯，提高自我保护能力。当前，许多教师和家长对幼儿保护过多，给幼儿的锻炼机会太少，重智力轻体育，对幼儿的身体素质、协调能力等关注不够。不少家长还在课余时间给幼儿报了很多兴趣班，挤占了幼儿玩的时间。很显然这些做法与《指南》的精神是相悖的。只有身体和心理和谐发展，幼儿才能有一个积极的、健康的精神风貌。现在，很多幼儿园会通过讲故事、情景表演等教育形式对幼儿进行安全方面的教育。例如，通过让幼儿自己表演儿歌《小兔子乖乖》，使幼儿明白除了熟悉的家人，不能跟陌生人走；幼儿园邀请警察叔叔穿便装扮成陌生人进入园所，用各种方式哄骗幼儿，以此考验幼儿的反映和表现。幼儿园认真领会《指南》的教育思想和参考《指南》的教育建议，对幼儿的身心健康发展具有重要的意义。

4. 社会领域

社会领域主要包括人际交往和社会适应两个方面。《指南》强调家庭、幼儿园和社会要为幼儿创设一个充满爱的、温馨的、平等的生活氛围。因为良好的亲子关系和师生关系会激发幼儿的交往意愿，使幼儿在潜移默化中树立正确的"自我"观念，学会如何与自己、与他人友好相处，为以后树立正确的人生观、世界观、价值观打下良好的基础。例如，在关心尊重他人章节中，《指南》要求3～4岁幼儿在身边人生病或不开心时能够表达同情；4～5岁幼儿能够知道父母的职业，能体会父母养育自己的辛苦；5～6岁幼儿能够尊重为大家提供服务的人，并且珍惜他们的劳动成果。《指南》强调对孩子的感恩教育一定要融合在日常生活中，让孩子能够参与其中并能够亲身感受到。

5. 艺术领域

艺术是人类感受美、表现美和创造美的重要形式，也是人类表达情感和意识的特有方式。《指南》强调幼儿艺术领域的学习关键在于为幼儿充分创造条件和机会，在大自然和社会的接触中，使幼儿学会用心去感受和发现美，并用自己的方式把美表现和创造出来。幼儿稚嫩的动作、语言和涂鸦往往孕育了丰富的情感和想象。因此成人应从幼儿的角度出发，充分尊重和理解幼儿表现美的方式，切勿用自己的审美标准折断了幼儿想象和表现美的翅膀。《指南》的出台为幼儿学习和发展指明了方向，为幼儿身心和谐发展制定了参考标准。《指南》坚持以人为本、以儿童为中心的理念，为幼儿学习和发展提出了32个目标和87条教育建议。这些目标和建议操作性、实用性和指向性都很强，适合广大幼儿家长和老师在日常生活和保教工作中实施。

 知识拓展 7-7 >>>

指南与标准的区别①

"指南"，即指向南方。基于此，"指南"被引申为"指导""导向"，比喻"辨别正确方向的依据"。"标准"一般被定义为衡量事物的依据或准则。"指南"与"标准"的内涵不同，用其命名的事物有完全不同的本质属性。基于对我国幼儿教育现状与问题的认真分析，同时也充分考虑到我国公众的文化心理和思维习惯等，本文件慎重地使用了"指南"这一名称，以突出与强调其指引、导向的功能。

本章政策研读

《县域学前教育普及普惠督导评估办法》

 **本章检测**

一、判断题

1. 托儿机构中每150名幼儿要配备一名医师。（   ）
2.《3～6岁儿童与发展指南》中的目标是衡量幼儿发展水平的一个标准。（   ）
3. 根据《托儿所幼儿园卫生保健管理办法》规定，3～6岁儿童平均每年健康检查的次数是2次。（   ）
4. 幼儿园创设物质环境时，首先应考虑的要求是卫生安全性。（   ）
5. 幼儿时期占优势的记忆类型是词语逻辑记忆。（   ）

---

① 高云霞.浅析《3～6岁儿童学习与发展指南》[J].科教导刊(中旬刊),2013(4):25.

6.《幼儿园工作规程》规定,新生入园时,幼儿园要进行幼儿健康检查。（   ）

7. 依据《幼儿园工作规程》,幼儿园的规模一般不超过 500 人。（   ）

8. 何老师发现班里的幼儿萌萌感冒了,于是在课间休息期间,喂萌萌服下了儿童感冒药。何老师的做法合法,有利于防止疾病传播扩散。（   ）

9. 艺术教育的目标是幼儿能用自己喜欢的方式进行艺术表现活动,在美术教育活动中,不建议老师出示范画让幼儿模仿,不利于幼儿创造性的发展。（   ）

10. 幼儿园的双重任务是保教幼儿和服务家长。（   ）

二、简答题

1. 目前我国各地区学前教育资源发展不均衡,学完本章你认为应如何均衡发展学前教育?

2. 简述举办幼儿园的基本条件和审批程序。

3. 简述《幼儿园教育指导纲要(试行)》的主要内容。

4. 为何要重新修订《托儿所幼儿园卫生保健管理办法》?

5. 托儿所幼儿园卫生保健应注意哪些方面?

6. 国家颁布《学前教育督导评估暂行办法》,建立学前教育督导评估制度的背景及意义有哪些?

7. 借鉴国外学前教育督导评估标准制定的先进经验,你认为我国在建立学前教育督导评估制度方面还有哪些不足,并提出可靠意见或建议。

8. 幼儿园教师队伍建设的目标是什么?

9. 结合自己的情况,谈谈你对《关于加强幼儿园教师队伍建设的意见》的认识。

10. 根据国家《3~6岁儿童学习与发展指南》,结合自己的理解,说说在实施的过程中,我们应该遵循哪些原则。

11. 举例说明当前我国在促进3~6岁儿童学习与发展的工作进程之中,还存在哪些问题与不足,并提出相关的改进措施。

三、案例分析

幼儿园食物中毒案

2015年3月7日,天津市一家私立幼儿园——东丽华夏之星幼儿园140余名儿童陆续出现高烧、腹痛、腹泻、呕吐等症状。经检测,该园晚餐中的蛋炒饭及洋白菜含有大量的沙门氏菌,从而引起了食物中毒。目前,该幼儿园已被区教育局责令停办。

分析:如何避免此类事故的发生?

第八章

我国学前教育政策与法规的未来发展趋势

- 掌握学前教育政策与法规的四个未来发展趋势
- 理解学前教育政策与法规四个未来发展趋势的背景
- 理解学前教育政策与法规四个未来发展趋势的具体表现

本章共分四个小节。第一节阐释学前教育政策法规愈受重视的时代背景和具体表现。第二节阐释学前教育政策法规体系不断完善的内在动因和具体表现。第三节阐释学前教育政策法规国际化内在动因和具体体现。第四节阐释通过对现有学前教育政策法规存在问题的分析,揭示学前教育立法成为必然的大趋势。

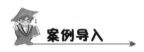

如何规范蓬勃发展的学前教育?

1. 2013年7月12日,由华东师范大学等承办的世界学前教育组织(OMEP)第65届国际学术研讨会在上海召开。1 200余名来自57个国家与地区的学前教育负责人、学前教育知名专家学者共聚一堂,就学前教育机会与质量这一核心话题展开探讨。本次OMEP会议上,各位专家还通过数百种的学术论文报告、专题报告、主题工作坊、大会宗旨发言等形式,将世界学前教育组织今年的成果与经验充分展示。我国的学者就上述专题同国际同行进行了充分、深入的交流与研讨,并为国际学前教育的改革与实践提供了宝贵的经验与财富。

2. 2015年两会期间,全国人大代表、辽宁省沈阳市人大常委会主任赵长义提出,解决"择园热"问题的关键是扩大优质教育资源,大力发展公办幼儿园,积极扶持普惠性民办幼儿园。"入园难、入园贵"背后是资源短缺、投入不足、教师待遇差等问题。当务之急是要明确政府主导责任,特别是在规划制定、财政投入、完善管理体制、加强管理和督导、加强教师队伍建设、优化资源配置等方面,要做出具体规定,出台有效措施,切实发挥好政府主导作用。他建议加快学前教育立法进程,推进解决影响学前教育事业发展的带有根本性的深层次问题,为学前教育事业发展提供法律保障。

思考:学前教育政策法规未来的走向和趋势如何?

第一节　学前教育政策法规愈受重视

习近平总书记在二十大报告中指出"坚持全面依法治国,推进法治中国建设""我们要坚持教育优先发展、科技自立自强、人才引领驱动,加快建设教育强国、科技强国、人才强国,坚持为党育人、为国育才";《中国教育现代化2035》也提出要坚定实施科教兴国战略、人才强国战略,加快推进教育现代化、建设教育强国、办好人民满意的教育。在此背景下,教育系统应当深入学习贯彻落实习近平法治思想和习近平总书记关于教育的重要论述,"更好发挥法治固根本、稳预期、利长远的保障作用"。这对于推进教育系统依法治教进程、加强学校依法治校能力、提高教育工作者依法执教意识及实现中国教育现代化具有重大意义。

一、依法治教为学前教育政策法规的建设提供了政策背景

在依法治国、依法治教的大背景下,可以预见,在未来几年内学前教育政策法规会愈来愈受到重视,主要原因在于:一是未来十年是学前教育大发展时期,学前教育领域的各个主体的行为规范需要政策法规的调整和约束;二是依法治教的时代要求,呼唤政府依靠法律治理学前教育,使学前教育领域真正做到有法可依、有法必依、违法必究、执法必严。

(一)快速发展的学前教育需要政策法规的约束

2009年,教育部颁布了《国家中长期教育改革和发展规划纲要(2010—2020年)》,提出"基本普及学前教育""明确政府职责""重点发展农村学前教育";2010年,教育部又发布了《国务院关于当前发展学前教育的若干意见》,提出"把发展学前教育摆在更加重要的位置""多种形式扩大学前教育资源"等发展学前教育的十条意见。这两项学前教育政策的颁布使发展学前教育事业成为国家教育近十年甚至更长时间发展的重点,学前教育受到了史无前例的关注和支持。

学前教育是国民体系的重要组成部分,是重要的社会公益事业。办好学前教育,关系亿万儿童的健康成长,关系千家万户的切身利益,关系国家和民族的未来。学前教育是我国教育体系的重要部分,发展学前教育,是提高国家整体教育质量的基本保障。学前儿童时期是一个人接受教育的开始阶段,是儿童发展和终身发展关键期。多项科学研究结果表明,学前教育具有基础性、普及性和难以补偿性的特点,学前教育是决定一个人能否全面和谐健全发展的重要条件,学前教育过程对儿童发展包括个体体验、将来行为习惯、品质、态度

等方面具有重要且持续的影响,是提高国民教育质量和效果的基础性保障,普及学前教育不仅能够帮助更多的学前儿童更好地适应小学教育,同时大量关于学前教育投入与回报教育的研究结果已经证实,幼儿教育是各阶段教育中投入回报率最高的教育,受过良好的学前阶段教育的儿童学习能力更强。所以,国家层面大力支持普及我国学前教育,有利于缩小贫富差距,实现社会公平,有效地降低因出生缺陷和家庭教育、成长环境不利带来的消极影响,对促进农村及贫困家庭融入国家教育体系、平衡教育资源具有重要的意义。

当前,在我国学前教育深化改革和发展时期,学前教育领域中经费投入不足、幼儿教师合法身份缺少、城乡学前教育存在巨大差距等许多亟待解决的棘手问题,都需要学前教育领域相关的政策法规来进行调整和规范。为进一步提高学前教育普及普惠水平,《"十四五"学前教育发展提升行动计划》提出到2025年,覆盖城乡、布局合理、公益普惠的学前教育公共服务体系将进一步健全;为促进幼儿身心健康发展,聚焦幼儿园保育教育过程质量,实现学前教育高质量发展,国务院出台了《幼儿园保育教育质量评估指南》,制定了新的评估内容、评估方式以及组织实施的相关规定,促进学前教育高质量发展。

案例 8-1

"十三五"期间学前教育发展成绩斐然

自2011年实施第一期学前教育三年行动计划以来,截至2013年底,广东省共有幼儿园13 793所,比2010年增加2 632所,增长23.58%;公办园(含公办性质幼儿园)比例达30%;规范化幼儿园比例达48.56%,建成1所以上规范化公办中心幼儿园的乡镇比例达81.51%,建成规范化村级幼儿园的行政村比例达61.98%;在园幼儿人数354.58万人,比2010年增加77.38万人,增长28.14%;学前教育毛入园率为95.5%,比2010年提高12.9%,较好地完成学前教育三年行动计划目标。

分析: 广东省学前教育的快速发展是中国学前教育大发展的一个缩影,在这样的大发展时期,各个主体的行为规范尤其需要政策法规的调整和约束。

(二)依法治教的时代要求呼唤政策法规提供法律依据

党的十五大提出了"依法治国,建设社会主义法治国家"的基本方略,在九届全国人大二次会议上,这一基本方略又被写入我国宪法,成为具有最高法律权威的宪法原则。依法治国是我们党领导和执政方式的重大转变和发展,它要求各行各业都要按照法治的基本原则,进行深入的观念更新与制度变革。这种新的形势,也对依法治教提出了更为深刻、更为紧迫的要求。

改革开放后,我国社会主义市场经济体制的逐步建立与完善,使学前教育领域的社会关系与管理范畴发生了重大变化。过去与计划经济体制相适应,权力高度集中的教育行政管理体制,正在向分级管理、中央与地方共同负责的管理体制转变;学校与教育行政部门,正在由单纯的隶属关系,转变为自主权与行政权相互协调、相互制约的关系;幼儿园与教师、幼儿以及其他社会组织之间,正在不断产生大量的民事关系和新型的权利义务关系。此外,社会力量办园的迅速发展、现代远程教育的发展和终身学习观念的形成、教育国际交流与合作的日益广泛等教育领域的新变化,带来的新情况、新问题,已经不是单纯靠行政手段可以解决的,只能在法治的基础上,综合运用法律的、行政的、经济的手段,予以调整和解决。

从1989年9月11日,国家教委发布新中国成立以来第一个经国务院批准颁发的有关学前教育的行政法规《幼儿园管理条例》开始,我国学前教育开始走向法制化建设的道路。此后,一系列相关法律法规开始颁布实施,如《中华人民共和国未成年人保护法》(1991年)、《中华人民共和国教师法》(1993年)、《中华人民共和国母婴保健法》(1994年)、《中华人民共和国教育法》(1995年)、《中华人民共和国民办教育促进法》(2003年)、《县域学前教育普及普惠督导评估办法》(2020年)、《"十四五"学前教育发展提升行动计划》(2021年)、《幼儿园保育教育质量评估指南》(2022年),从不同程度和不同层面对我国学前教育政策和法规做了进一步的规范。

二、学前教育政策法规建设受到重视的表现

(一) 近年来,政府相关部门密集出台了多项学前教育政策和法规

《国家中长期教育发展规划纲要(2010—2020)》和《国务院关于当前发展学前教育的若干意见》颁布以来,国家相继出台了一系列的法规,有针对性地解决学前教育发展中的难题。如,为了提高幼儿园教师专业素质,防止和纠正"小学化"现象,教育部出台了《3~6岁儿童学习与发展指南》;为了督促地方政府认真履行发展学前教育的职责,全面落实学前教育三年行动计划,满足适龄儿童入园需求,规范办园行为,教育部在深入调研和广泛征求意见的基础上,研究制定了《学前教育督导评估暂行办法》,建立了学前教育的督导评估制度和工作机制;为了贯彻国家的教育方针,按照保育与教育相结合的原则,遵循幼儿身心发展特点和规律,实施德、智、体、美等方面全面发展的教育,促进幼儿身心和谐发展,教育部颁布了《幼儿园工作规程》;为了实现2020年普惠性幼儿园覆盖(公办园和普惠性民办园在园幼儿占比)达到80%,到2035年,全面普及学前三年教育,建成覆盖城乡、布局合理的学前教育公共服务体系,形成完善的学前教育管理体制、办园体制和政策保障体系,为幼儿提供更加充裕,更加普惠,更加优质的学前教育,教育部出台了《关于学前教育深化改革规范发展的若干意见》;为了实现2035年建成服务全民终身学习的现代化教育体系,普及有质量的学前教育,以农村为重点提升学前教育普及水平,建立更为完善的学前教育管理体制、办园体制和投入体制,大力发展公办园,加快发展普惠性民办幼儿园,国务院出台了《中国教育现代化2035》;为了建设高质量教育体系,坚持教育公益性原则,深化教育改革,促进教育公平,推动义务教育均衡发展和城乡一体化,完善普惠性

学前教育保障机制,中共中央发布了《中共中央关于制定国民经济和社会发展第十四个五年规划和二〇三五年远景目标的建议》;为了促进学前教育高质量发展,教育部出台了《幼儿园保育教育质量评估指南》。

第一个三年行动计划后,学前教育"入园难"的问题得到了基本解决,学前教育取得了前所未有的发展。但是随着第二个三年行动计划的实施,学前教育改革发展的逐步深入,一些带有全局性、根本性、深层次的问题进一步显现,如目前我国学前教育资源仍严重短缺,公立幼儿园仍然是难求的资源;教师队伍建设困难较多,不稳定、素质不高问题突出。这些问题的根本性解决仍然有待于国家政府部门组织学前教育专家、法律专家等进行深入研究和调查,研制出具有针对性的学前教育政策法规。

(二)国家将加大各类学前教育政策与法规的执行力度

《国家中长期教育发展规划纲要(2010—2020)》和《国务院关于当前发展学前教育的若干意见》颁布以来,国家相继出台了一系列的法规。但是这些法规在具体的实施过程中,并没有达到政策法规制定者的目标,而是出现了执行偏差。随着教育行政部门经验教训的积累、教育行政人员素质的提高、政策法规实施办法和工作细则的优化,教育行政部门将更加重视依法治教,依法做出教育行政行为,保障已出台的各项政策法规真正贯彻落实。

 知识拓展 8-1 >>>

地方性学前教育法规简介[①]

《北京学前教育条例》(2001)

2001年6月22日北京市第十一届人民代表大会常务委员会第二十七次会议通过,规定了北京市学前教育人员和责任的相关条例。

第一章　总则

第二章　学前教育责任

第三章　学前教育机构和从业人员

第四章　学前教育保障

第五章　法律责任

第六章　附则

《上海市学前教育条例》(2011)

第一章　总则

第二章　学前儿童的保护

第三章　学前教育设施

---

① 来自各市《学前教育条例》摘要.

第四章　学前教育从业人员

第五章　学前教育经费

第六章　学前教育机构

第七章　学前教育的管理责任

第八章　法律责任

《江苏省学前教育条例》(2012)

第一章　总则

第二章　保育教育

第三章　教育机构

第四章　保育教育人员

第五章　保障监督

第六章　法律责任

第七章　附则

第二节　学前教育政策法规体系不断完善

可以预见,在未来几年推进学前教育普及提高的过程中,我国将会从高位入手,顶层设计学前教育政策法规,不断健全和完善与学前教育地位、性质、职能、任务相匹配的法律法规体系。

一、学前教育政策法规需不断完善的内在动因

改革开放以来,我国的学前教育政策法规建设取得了健康而迅速的发展,有力地促进了我国学前教育事业的发展和学前教育质量的提高。目前政策法律体系已经形成了一个相对完整的系统,基本上囊括了学前教育课程政策法规、学前教育制度政策法规、儿童保护与发展的政策法规以及针对学前教育发展过程中出现的问题制定的政策法规等类型,如学前教育课程政策法规包括《幼儿园教育指导纲要》《3～6岁儿童学习与发展指南》;学前教育制度政策法规包括《幼儿园管理条例》《幼儿园工作规程》。《关于学前教育深化改革规范发展的若干意见》《幼儿园责任督学挂牌督导办法》《中国教育现代化2035》《中华人民共和国学前教育法草案(征求意见稿)》《中共中央关于制定国民经济和社会发展第十四个五年规划和二〇三五年远景目标的建议》及《幼儿园保育教育质量评估指南》。在学前教育快速发展的时代背景中,现有的中国学前教育政策法规体系已不能满足学前教育需要,急需进一步补充和完善,主要基于以下两个

方面的原因：

（一）相关的政策法规已无法满足学前教育发展的要求

从当前我国学前教育政策系统的主体来看，由于政策文本施行的时间过长，我国社会在近些年发展过快，相当一部分条款已经跟不上形势的发展。如《幼儿园管理条例》出台于1989年，距今将近30多年；《幼儿园工作规程》于1989年试行，在1996年进行了修订，直到2016年才又做了修订。

再如，颁布于1997年的《三年制中等幼儿师范学校教学方案（试行）》对幼儿教师的培养方面的规定多为幼儿师范学校教学计划或方案，但是学前教育发展至今，幼儿园教师的培养已经基本上由师范学院或师范大学承担，有关于幼儿师范学校的教学计划或方案显然已经不能满足现实需要。此外，当今的幼儿教师培养已经进入了教师教育时代，强调的是幼儿教师的专业化发展，并要求对于教师的教育和培养向职后延伸，而这方面在政策法规文本中完全没有提及。

（二）某些重要政策法规存在缺失

目前学前教育政策法规中关于幼儿园教师待遇、培养方面存在很大缺失。虽然《中华人民共和国教师法》规定幼儿教师包含在"中小学教师"群体之内，享受与其他中小学教师相同的待遇，但是幼儿教师队伍建设没有单列编制，没有单独的职称评定系统，而且长期没有国家培训计划和经费保障，这致使幼儿教师长期身份编制不落实，待遇差，缺乏培训提高的机会，社会保障、职称评定更是严重缺失，严重导致幼儿教师职业缺乏吸引力、队伍不稳定、整体素质不高。数据显示，当前各地幼儿园教师短缺严重，专业素质整体偏低。无论是发达还是欠发达省份，东部还是中西部地区，城市还是农村，幼儿教师普遍严重短缺，远远不能满足学前教育发展的需要。

二、未来学前教育政策法规重点完善的内容

在我国现行学前教育政策制度体系中，针对当前的突出矛盾和长远的事业发展需要，特别要突破以下盲区，填补政策空白，建立健全相关的政策制度。

（一）明确学前教育的性质和地位

从观念上正确认识学前教育的性质、地位，明确学前教育具有显著的教育性和公益性。学前教育是基础教育的一个重要组成部分，确立其作为国民教育奠基阶段的地位，确实把学前教育纳入基础教育体系；同时，深刻认识学前教育是社会公益事业的重要组成部分，是直接关涉千家万户、具有突出普惠性的重要的民生工程。在此科学认识的战略指导下，主动、系统地组织我国学前教育发展政策需求的深度研究，整体规划我国学前教育国家政策，弥补当前国家政策盲区，从根本上改变我国在某些领域政策制度的滞后性，改变头痛医头、脚痛医脚的窘迫局面。

(二)单项列支学前教育投入并逐步加大投入力度

中央和地方各级政府财政性教育预算中,应单项列支学前教育投入,并明确逐步加大各级政府教育财政性投入中学前教育经费的比例。首先,明确将学前教育经费从中小学教育预算中独立,在国家财政性教育预算中单项列支学前教育投入,实行学前教育财政投入单列制度。其次,逐步提高对学前教育投入的比例,专题组织研究提出学前教育经费占GDP的比例和学前教育预算内事业性经费占教育预算内事业性经费的比例,从根本上解决并保障学前教育财政投入的稳定性与力度问题,使学前教育事业发展有长远可靠的制度化、稳定化的财政投入保障。

(三)建设高质量的学前教育体系

学前教育是国民教育体系的重要组成部分,是终身教育的开端。学前教育的质量对整个教育体系具有重要影响。将发展学前教育纳入高质量教育体系建设的重大任务之中,对于学前教育的稳步发展和高质量教育体系的建设都至关重要。第一,制定相关法律法规和政策文件,明确学前教育的发展目标和任务,提供政策支持和保障;第二,完善教育评估体系,建立科学评价机制,对学前教育进行全面的监测、评估和反馈,保证教育质量;第三,提升教师队伍素质,加强教育师资培训,建立完善的教师评价和激励机制,吸引和留住优秀教师;第四,推进教育信息化建设,提高信息技术应用水平,拓展教学资源,促进教育现代化;第五,继续增加对学前教育的投入,提高学前教育的普及率和公平性,确保每个孩子都能接受到优质的学前教育。

案例 8-2

大荔县成为学前教育经费统一拨付的楷模

今年以来,大荔县财政局组织对全县所有幼儿园按办园性质、办园类别,对在园人数以及享受免保教费人数、贫困幼儿生活费补助情况进行了详细的统计汇总,按政策计算出各镇所辖幼儿园的所需资金数额后,统一拨付到各镇中心幼儿园账户,由各镇中心幼儿园及财政所按照政策要求负责管理,确保了资金安全,杜绝了弄虚作假、套取资金、挤占、挪用等违规行为的发生。同时,积极落实政策,将学前一年公用经费标准提高为每生每学年450元,将学前教育中小班公用经费补助标准提高为每生每学年300元。

分析: 大荔县通过统一拨付和账户监督管理确保了学前教育经费落实到位,同时通过提升学前教育公用经费的标准,有力地促进了学前教育事业的健康发展。

(四)明确幼儿教师法律身份,建立幼儿教师的编制、职称及培训制度

教师是实施教育和教育改革的依托。有高素质、稳定化的教师队伍才可能有高质量

的教育。因此,鉴于目前我国学前教师队伍建设中出现的问题,特别是体制机制和制度中的深层次、根本性问题,考虑学前教育事业长远、健康发展的需要,急需着力研究和突破我国幼儿教师队伍建设中的体制机制问题,建立起基础的且根本性的制度,弥补重要的政策空白。建议尽早明确我国幼儿教师的法律身份,建立科学的适宜于我国学前教育事业长远发展的编制政策、职称政策和培训政策,抓紧确立幼儿教师的编制、职称系统,明确规定在国家级培训和地方各级培训中应制度化地包括幼儿教师培训。根据《中华人民共和国教育法》,我国学前教育是我国国民教育体系的奠基阶段,是基础教育的重要组成部分,因此,从事学前教育事业的幼儿教师,理应是基础教育教师的一部分,理应享有与中小学或基础教育教师同等的政治、经济和社会待遇。相关政府部门应抓紧研究明确我国幼儿教师编制标准,结合全国实际和中长期发展需要,合理确定教师编制的基本数额、比例,特别是建立适宜的城乡教师编制制度,以使我国学前教育教师的地位和待遇得以落实,使学前教育教师队伍建设特别是农村教师队伍建设得以保障和稳定。国家有关部门应明确将我国幼儿教师培训纳入基础教育教师培训规划中,切实保障幼儿教师的培训权利,加强幼儿教师培训;并建立单列的幼儿教师职称体系,以保障幼儿教师平等的职称评定权利。通过建立上述政策、制度,不仅有利于稳定现有教师队伍,而且有助于增强幼儿教师职业的吸引力。

 知识拓展 8-2 >>>

我国相关法律规范的效力层级①

我国相关法律规范的效力层级依制定机关、制定程序等不同而有所不同。

首先,宪法具有最高的法律效力,一切法律、行政法规、地方性法规、自治条例和单行条例、规章都不得同宪法相抵触。

其次,法律的效力高于行政法规、地方性法规、规章。

再次,行政法规的效力高于地方性法规、规章。

最后,地方性法规的效力高于本级和下级地方政府规章;省、自治区的人民政府制定的规章的效力高于本行政区域内的较大的市的人民政府制定的规章。部门规章之间、部门规章与地方政府规章之间具有同等效力,在各自的权限范围内施行。

---

① 苗道华.规范冲突法律适用问题研究:以《物权法》第178条为视角[J].牡丹江大学学报,2010(12):67.

第三节　学前教育政策法规国际化

一、学前教育政策法规国际化的内在动因

(一)全球化进程中的时代要求

全球化时代和社会的发展要求我们不能封闭起来发展教育,必须与国际教育发展的潮流接轨,适应世界范围内的变化,而实行对外开放政策又为我们接受国际先进的教育思想并进行一系列改革提供了可能。当前,我国学前教育的国际交流非常频繁,联合国及一些相关组织召开的一系列国际儿童会议、公布的许多相关文件都极大地影响了我国的学前教育,使得我国制定的学前教育政策法规更加符合世界教育发展的潮流。

(二)保障政策法规科学合理的重要手段

在当今全球化进程中,只有充分了解其他国家早期教育发展的现状和规律,才能真正认识本国早期教育发展的情况,发现自己的问题,找准本国早期教育发展方向,保障早期教育政策制定的合理性和实施的有效性。当然,在制定教育政策时也必须考虑我国的国情和民族特点,毕竟我国的教育要在立足于本土的基础上才能面向世界。总之,在今后制定学前教育的相关政策时,我们必须与时俱进,综合考虑各种相关因素,才能使制定出来的政策更加科学、合理。

二、学前教育政策法规国际化的具体表现

(一)价值取向的国际化

1. 高度重视学前教育

联合国教科文组织近20年来努力推动的全民教育,首要目标就是推广幼儿保育和早期教育。国际社会认识到,学前教育是全民教育的基石,它可以改善儿童特别是发展中国家儿童的生活质量;有助于联合国千年发展会议关于消除贫困、教育、医疗等国际目标与共识的实现;有利于改善小学及以后阶段的儿童的入学和表现情况,有助于更多的儿童特别是女童入学;符合成本效益,通过早期干预可以塑造儿童的优良品质;给在职父母特别是母亲提供了必要的帮助;投资经济回报率高;对女性劳动力和年长女性的教育有积极影响;通过消除贫富之间的不平等力图促进公平,从而对打破代际贫穷怪圈起到关键作用。

我国学前教育政策法规也充分认识到了学前教育的基础性作用。如《国务院关于当前发展学前教育的若干意见》明确提出"学前教育是终身学习的开端,是国民教育体系的

重要组成部分,是重要的社会公益事业""办好学前教育,关系亿万儿童的健康成长,关系千家万户的切身利益,关系国家和民族的未来"。

2. 以儿童的全面和谐发展为本

在过去相当长的一段时期内,不论是我国还是世界其他国家,对儿童发展的关注更多地集中在了智育上,对非智力因素的培养有所忽视。从20世纪后期开始,"世界各国为了迎接21世纪的挑战,纷纷调整培养目标,把实现儿童的整体发展作为学前教育的基本目标,以提高受教育者的综合素质"。

我国也不例外,这在上述的学前教育政策文件中均有明显体现。如《幼儿园管理条例》的第一章第三条规定,幼儿园的保育和教育工作应当促进幼儿在体、智、德、美诸方面和谐发展。同样,《幼儿园工作规程》第一章第三条规定,幼儿园的任务是对幼儿实施体、智、德、美诸方面全面发展的教育,促进其身心和谐发展。《幼儿园教育指导纲要》更是进一步扩展和深化了这一思想,从其总则、教育内容与要求,到组织与实施教育评价等部分,处处都贯穿着促进儿童全面和谐发展这一主线,引领着学前教育的各个环节。可以说,当今社会所倡导的"以人为本"的价值取向在这些政策中得到了充分的展现与诠释。

3. 坚持公益性和普惠性

所谓公益性是指学前教育能为受教育的适龄儿童(及其直系亲属)之外的其他社会成员带来经济和非经济的收益,而且这种学前教育的收益为大多数甚至全体公民无排他性地享有。所谓普惠性是指普遍惠及更多幼儿,保证适龄儿童接受基本的、有质量的学前教育。自世界上第一所托幼机构诞生的那一天起,学前教育的公益性就是毋庸置疑的。近几十年,随着一系列有关学前教育效果的研究成果的出现,世界各国更是将它视为一项关系到国计民生和未来的社会公益事业加以重视。

学前教育的公益性是通过国家和地方政府对学前教育的财政投入体现的。国际经验揭示,加大对学前教育的公共经费投入,有利于将公立或者私立的学前教育机构纳入公共政府的管理之下,使之得到更有效的管理、更好的员工培训和更合适的评估机会,因而保证学前教育机构具有更统一的质量,提供更多儿童入园的机会。

我国也逐渐认识到学前教育的公益性,在《国务院关于当前发展学前教育的若干意见》中明确指出,"发展学前教育,必须坚持公益性和普惠性"。三年来,中央财政不断加大投入,2011—2013年中央财政共安排资金422.4亿元支持学前教育发展,包括中央财政投入304.2亿元支持校舍建设,主要支持中西部地区和东部困难地区利用农村闲置校舍改建幼儿园和增设小学附属幼儿园;中央财政投入91亿元,实施综合奖补,对各地扶持城市企事业单位、集体办园,解决进城务工人员随迁子女入园和扶持普惠性民办园进行奖补;中央财政投入16.2亿元推动幼儿资助,对各地制定学前教育资助政策,加大资助力度;中央财政投入11亿元提升教师素质,主要培训农村幼儿园教师,大幅提高了农村幼儿园教师队伍整体素质,为学前教育快速发展提供了坚实的师资保障。三年间,在中央财政的引导下,地方各级政府也不断加大投入力度,学前教育经费大幅增加,地方各级财政投入达到1 600多亿元,学前教育投入不足的问题逐渐得到扭转。

(二) 政策导向的国际化

1. 处境不利地区或处境不利儿童的教育倾斜政策

教育公平作为现代教育的基本价值,已经成为国际教育改革与发展不懈追求的主要目标之一。在推进学前教育公平的进程中,世界主要国家和地区,包括经济合作与发展组织(OECD)成员国,印度、巴西和古巴等发展中国家以及我国港澳台地区等,均非常关注各类弱势儿童的教育公平问题,积极采取多种扶助政策和举措切实保障弱势儿童享有平等的学前教育,有效地维护了弱势儿童学前教育权利。很多国家都开展了针对处境不利学前儿童的国家特殊计划,如美国的"开端计划"、英国的"确保开端"、印度的"整合性早期儿童服务中心"和巴西的"普及学前教育运动"等。

在我国,中西部农村学前一年教育普及率低、质量差,是需要重点投入和发展的区域。《国务院关于当前发展学前教育的若干意见》中明确提出:"努力扩大农村学前教育资源。各地要把发展学前教育作为社会主义新农村建设的重要内容,将幼儿园作为新农村公共服务设施统一规划,优先建设,加快发展。各级政府要加大对农村学前教育的投入,从今年开始,国家实施推进农村学前教育项目,重点支持中西部地区;地方各级政府要安排专门资金,重点建设农村幼儿园。乡镇和大村独立建园,小村设分园或联合办园,人口分散地区举办流动幼儿园、季节班等,配备专职巡回指导教师,逐步完善县、乡、村学前教育网络。改善农村幼儿园保教条件,配备基本的保教设施、玩教具、幼儿读物等。创造更多条件,着力保障留守儿童入园。发展农村学前教育要充分考虑农村人口分布和流动趋势,合理布局,有效使用资源。"

2. 优先普及学前一年教育政策

在普及学前教育的政策方面,世界各国普遍采纳分步走的策略,即首先将政策关注点和资源聚焦在学前最后一年,其次从普及学前最后一年向低龄延伸。例如,墨西哥在法律中明确了普及学前教育的三步走目标:在率先实现5岁普及学前教育目标的基础上,分步完成普及4岁和3岁的目标。法国等国家率先实现了3岁至义务教育阶段入园率普及的目标,近年来将目标锁定3岁以下的幼儿,并且采纳了一系列措施努力实现0~3岁学前教育普及的目标。这种渐进主义的政策路径一方面反映出政府、家庭对于学前最后一年重要性的普遍认同,另一方面也反映出政策制定时的现实主义态度。由于各国都将普及学前教育聚焦在学前最后一年,因此,学前最后一年的入园率普遍高于低龄婴幼儿。例如,义务教育年龄始于5岁的匈牙利、法国、荷兰和英格兰等国,其4岁儿童入园率均在90%左右。一些已实现3~6岁普及学前教育的国家,近年来也出现3岁前婴幼儿入园率上升的趋势。

我国的三年行动计划中也将关注点聚焦在学前最后一年中,优先普及学前一年教育,然后再普及学前三年教育。

(三) 具体条目或目标的国际化

1. 学前教育入园率不断提升

世界各国的学前教育普及率均呈现逐渐上升趋势。联合国教科文组织 2006 年的数据显示,全世界学前教育入学率不断提高,接受学前教育的儿童人数比 30 年前增加了两倍。截至 2005 年,全球学前教育阶段毛入学率为 40%。欧洲是世界学前教育普及率最高的地区,全欧洲的毛在园率为 90.8%以上。

学前三年行动计划期间,我国学前三年毛入园率达到 67.5%,提高了 10.9%;结合中国的具体国情以及参考"金砖四国"学前三年毛入园率,《学前三年二期行动计划》中计划将入园率提升到 75%。

2. 幼儿园教师配置比例不断提升

提高幼儿园教师配置比例已经成为大部分国家和地区学前教育发展的趋势。2001 年以来,OECD 成员国学前教育阶段的师幼比基本保持在 1∶14.4～1∶15.3,总体趋势没有太大变化。近年来,巴西和智利的师幼比也维持在 1∶18～1∶20,韩国、新加坡、越南、印度尼西亚的师幼比也在 1∶15～1∶25。2011 年,OECD 国家平均的师幼比约为 1∶14.3,其中爱沙尼亚、冰岛、新西兰、斯洛文尼亚和瑞典的师幼比均高于 1∶10;智利、中国、法国、以色列、墨西哥和土耳其的师幼比则低于 1∶20。

我国师幼比长期以来较低,为了进一步规范各类幼儿园用人行为,提升保教质量,教育部 2013 年颁布了《幼儿园教职工配备标准(试行)》,提出全日制幼儿园保教人员与幼儿比应达 1∶7～1∶9;半日制幼儿园保教人员与幼儿比应达 1∶11～1∶13。

 知识拓展 8-3 >>>

美国的"开端计划"[①]

美国有若干个全国性的学前儿童保育与教育计划。其中,持续时间最长、影响最大的是"开端计划"。该计划旨在向贫困家庭的 3～5 岁儿童(以三四岁为主)与残疾幼儿免费提供学前教育、营养与保健,从 1965 年起由联邦政府与地方当局合作实施,延续至今。国会批准的"开端计划"拨款 1965 年为 9 640 万美元,1975 年为 4.04 亿美元,1985 年为 10.7 亿美元,1993 年为 27.7 亿美元。由于认识到 3 岁前孩子发展与教育的重要性,1994 年又提出了"早期开端计划",把教育服务对象延伸到贫困家庭 2 岁孩子。1997 年"开端计划"共拨款 39.8 亿美元,比 1965 年增长 40 倍。30 多年里,"开端计划"累计培育了约 2 000 万幼儿,帮助了广大家长提高教养水平,训练了大量的教师与助手,开展了一

---

① 柳倩. 普及学前教育政策的国际发展趋势述评[J]. 外国教育研究,2011(1):20.

系列科学研究,制定了一系列教育标准,成效显著,对美国学前教育事业的发展起到了重要的作用。

第四节　学前教育立法成为必然

"中华人民共和国教育法"早在2009年初就开始起草,并纳入《国家中长期教育改革与发展规划纲要(2010—2020年)》,经过多年的调研和广泛听取意见,2023年6月2日,国务院常务会议讨论并原则上通过了《中华人民共和国学前教育法(草案)》,决定将其提请全国人大常委会审议。

一、我国现行学前教育政策法规存在的问题

首先,我国现有的全国性的学前教育法规、教育法律中涉及学前教育的相应规定已不能较好地规范学前教育事业发展中出现的新关系,解决出现的新问题。随着社会主义市场经济体制改革与教育体制改革的不断深入,我国出现了大量平等主体间的横向型教育法律关系和纵向型教育行政关系并存的新格局。在学前教育事业发展的过程中,形成了许多新的关系,或者在旧有关系中出现了许多新问题,如学前教育与政府各职能部门间的关系、学前教育与社会各界的关系、学前教育机构与儿童家长的关系、学前教育机构与社区间的关系。学前教育机构的形式与主办者也更加多样化,因而各类学前教育机构部门的关系、行为更加复杂化。而我国现有的学前教育法规已不能很好地适应这些新变化,从而造成当前学前教育领域中的许多法律关系不明确、无法可依,导致无谓的纠纷或执法障碍,阻碍了新形势下学前教育事业的顺利发展。

其次,我国现有的学前教育法规、教育法律中涉及学前教育的相应规定本身具有疏漏和不完善之处。一方面,一些原本就很重要的问题未得到规范、落实,如:忽视了幼儿园的权利;未对幼儿园教师的待遇、培训进修、医疗保险等予以切实保障;规定了幼儿园注册和审批的程序,但对幼儿园注销、转向等程序未做规定;对幼儿园稳定的经费来源未给予清晰的规定;对幼儿园事故的责任与处理未予以合适的规范等。另一方面,对某些问题的规定与约束不到位、不明确或不妥当,不能真正有效地发挥其规范作用。另外,我国现有的学前教育法律法规表现出零散、不系统的特点,除《幼儿园管理条例》和《幼儿园工作规程》之外,涉及学前教育的法律法规大量地散见在其他法律法规中,这十分不利于有效地依法开展学前教育工作,保证学前教育发展。

再者,我国当前学前教育立法层次偏低,其较低的法制地位不能很好地保障其发展。我国现有的学前教育立法尚无全国性的法律,其最高层次仅处于教育法律体系中的第四个层次,和《义务教育法》《高等教育法》《职业教育法》均存在一定差距。这样的学前教育

立法格局对提高全社会对学前教育事业的真正重视、有效地协调学前教育发展与社会各方面的法律关系,以及规范各主体的行为都是十分不利的。例如,由于缺乏有力的、全国性的学前教育法律的规范,在学前教育领导体制、管理体制、办园体制、经费投入、教师待遇和办园条件改善等方面,存在许多难以解决的问题,严重制约了学前教育事业的健康发展。因此,当前很有必要对我国学前教育法规及其实施经验重新审视,提高学前教育立法的层次,赋予学前教育应有的法制地位,给学前教育发展提供强有力的法律保障。

二、学前教育立法是国际趋势

当今,世界各国尤其是一些发达国家,为了迎接 21 世纪的挑战,都非常重视发展本国的学前教育。比如美国,1994 年,克林顿总统上台后即将原有的六项全国教育目标增加到八项,提出了《美国 2000 年教育目标法》,并获国会通过成为正式法律,其中第一项便是"所有美国儿童都要有良好的学前准备"。美国教育家指出,美国政府之所以把"所有美国儿童都要有良好的学前准备"列在国家教育目标的首位,是因为其是基础,对实现其他目标具有密切的关系。

纵观世界各国学前教育发展史,不难发现学前教育立法是一个不可阻挡的国际趋势。美国联邦政府早在 1979 年就颁发了《儿童保育法案》(Child Care Act),1990 年通过了《儿童早期教育法案》(Early Childhood and Education Act),1990 年又颁布了《儿童保育和发展基金法案》(Child Care and Development Block Grant Act),并在 1995 年对其进行了修改(Child Care and Development Block Grant Amendments Act)。此外,英国于 1989 年颁布了《儿童法案》(Children Act),澳大利亚在 1972 年颁发了《儿童保育法案》(Child Care Act),葡萄牙于 1997 年制定了《学前教育法》(Pre-school Education Law),等等。

以上国家不约而同地采取政府立法的形式来保证和促进本国学前教育的发展。在一些国家,除了联邦政府加强学前教育立法,从法律的角度对学前教育机构设置条件、经费投入、教师资格、教师待遇和培训等进行规定和约束外,许多州(省)也制定了相应的学前教育条例规范本州的学前教育。

三、学前教育立法的重点

我国学前教育立法抓住影响我国学前教育事业发展的根本性、深层次的核心问题,特别是学前教育性质、政府职责、投入体制、管理体制、办园体制、幼儿教师的身份与待遇等,转变观念,突破思路,重点就这些问题做出如下规定:

(一) 明确规定学前教育的性质与地位

不仅要明确学前教育是国家基础教育的基础,是国民教育的重要组成部分,而且应明确其是一项重要的社会公益事业,是公共教育服务的重要组成部分。在学前教育立法中,要强调学前教育的公益性,明确将学前教育纳入我国基本公共服务体系,这是规定学前教育事业发展方针、政府责任及其与社会关系、投入与保障机制等的前提与基础。

(二)明确规定我国学前教育事业发展的方针与机制

结合我国国情与学前教育发展需求,确定"政府主导,社会广泛参与,公办、民办共同发展"是我国学前教育事业发展的基本方针;坚持以政府为主导发展学前教育,同时广泛引导社会各方面力量共同投入发展学前教育;反对将作为国家基础教育的基础、具有显著的公益性的学前教育社会化或市场化;同时反对将"政府主导"的职责功能等同于"政府主办"。政府职责的充分彰显和引导、激励社会力量的充分发挥,是保障公办、民办幼儿园尽可能充分发展的前提。

(三)明确政府主导学前教育发展的责任及相关部门职责与分工协调机制

当前和中长期学前教育的健康、可持续发展,迫切需要进一步明确并强化中央和地方各级政府发展学前教育事业、提供学前教育公共服务的主导责任;明确规定教育、发展改革、财政、建设、人事、编制、劳动保障、卫生、民政和公安等相关部门的职责,确立分工合作的机制。

(四)明确建立健全学前教育的管理体制与机构

明确规定中央、省、地市级部门设立学前教育的专门行政管理机构,县级应有专门机构或专职干部,并明确中央、省、地市、县级学前教育行政主管部门的主要职责,这是落实学前教育事业发展规划、教育资源优化扩大、教师队伍建设等的重要组织保障和人力保障。

(五)确立政府财政投入、社会投入与家长合理分担相结合的投入体制和保障机制

明确政府要加大公共财政投入,并明确规定将学前教育经费纳入中央和地方各级政府财政预算之中,在各级财政性教育预算中应单项列支学前教育投入;明确规定逐步加大各级政府教育财政性投入中学前教育经费的比例;中央和地方各级财政每年新增教育经费要向学前教育倾斜,特别是要优先投向农村学前教育。中央和地方各级财政要设立学前教育专项经费,重点支持中西部农村地区、少数民族地区和贫困边远地区发展学前教育。同时,要积极研究制定优惠政策,鼓励和吸引多方面社会力量积极办园和捐资助园。抓紧研究出台对民办园的土地优惠、税费减免、租金减免、以奖代补、教师培训等创新、灵活的鼓励和支持机制,引导并支持民办园提供面向大众、收费较低、办园规范并具有一定质量的普惠性服务。应明确建立政府和家长共同承担的学前教育成本分担机制,并抓紧研究建立和完善对城乡困难弱势人群的学前教育扶助机制。

(六)确立公办为主,公办、民办共同发展的办园体制

办园体制既要充分体现政府的主导作用和办园导向,又要有利于最广泛地动员与

利用社会多方面力量共同投入举办幼儿园。要大力发展公办幼儿园,同时积极发展民办幼儿园。坚决反对所谓的"公进民退"或"民进公退",明确公办、民办并举,促进公办、民办幼儿园皆充分发展,共同繁荣。同时,基于我国国情,城乡差距显著,城乡应实行有所不同的办园体制:在农村地区,以政府投入、政府办园为主,同时鼓励和支持社会力量到农村举办幼儿园;在城市、县城地区则应多种形式办园,在加大政府投入的同时,广泛发动和引导社会各方面力量多渠道投入,形成公办、民办共荣互促、有序发展的格局。

(七)明确幼儿教师的身份地位、待遇、培训和职称等权利

明确学前教育从业人员特别是幼儿教师的法律身份与地位,明确指出幼儿教师是基础教育教师的一部分,享有与中小学教师同等的政治、经济待遇;民办幼儿教师享有与公办幼儿教师同等待遇。要切实保障幼儿教师与中小学教师拥有同等的工资待遇;健全教师社会保险制度。实行幼儿教师资格标准,建立健全幼儿教师的编制、职称及培训制度。

(八)建立学前教育的督导评估与问责制度

明确建立学前教育事业发展与质量评估制度,建立健全学前教育发展的督导和问责制度。将各级政府发展学前教育的责任及其落实、规划、实施、经费投入及教师队伍建设等情况,作为考核各级政府、教育行政及相关主管部门及其领导的重要内容,并将结果向社会公示。

(九)建立优先保障农村和弱势群体学前教育、保障教育公平的机制与制度

明确以政府办园为主、财政投入为主、公办教师为主发展农村和中西部贫困地区的学前教育,建立政府投入为主、集体经济支持、社会力量参与和家庭适当分担教育成本的投入与保障机制。对地方财政不足的地区,中央和省级政府应加大统筹和转移支付力度。对农村贫困地区、少数民族等欠发达地区,以及城乡家庭经济困难儿童、孤儿和残疾儿童等弱势群体,实施减、免、补等多种形式的资助。

(十)保障我国学前教育高质量发展

政府主体要明确学前教育的发展目标和任务,并提供必要的政策保障和支持,以及加强家庭与园所的合作机制,加强地方政府和社会各界的支持和参与,形成多元化、协同发展的学前教育格局;建立科学的教育评价体系,对学前教育进行全面的监测、评估和反馈,保证教育质量;推进教育信息化建设,提高信息技术应用水平,拓展教学资源,完善学前教育课程体系和教材体系,注重启发式教学,培养幼儿的创新思维和动手能力;增加对学前教育的投入,扩大教育资源覆盖面,提高普及率和公平性,确保每个孩子都能接受到优质的学前教育。

本章政策研读

《中华人民共和国学前教育法草案(征求意见稿)》
《"十四五"学前教育发展提升行动计划》

本章检测

一、判断题

1. 中国学前教育政策法规应具特色,无需和国际接轨。（　）
2. 目前中国现有的学前教育政策法规层级不高,急需颁布专门的学前教育法律。（　）
3. 学前教育政策是制定教育法规的依据,学前教育法规是学前教育政策得到实施的保障。（　）
4. 学前教育政策不仅指导着学前教育立法的过程,而且指导着学前教育法规的运行和实施,是学前教育法规的灵魂。（　）
5. 学前政策与学前教育法规的区别:制定者不同、约束力不同、表现形式不同、执行方式不同、稳定程度不同、调整范围不同。（　）
6. 《幼儿园工作规程》属于教育政策。（　）
7. 改革开放之后的学前教育方针规定在《中华人民共和国教育法》中。（　）
8. 《中华人民共和国教师法》是我国的教育基本法。（　）
9. 我国教育法律、法规体系中横向层次主要有义务教育法、职业教育法、高等教育法、教师法、成人教育法、民办教育促进法等六大部门法律。（　）
10. 目前我国涉及教育法律、法规渊源的规范性文件主要有宪法、教育法律、教育行政法规、地方性教育法规、自治性教育法规、教育行政规章、教育法律解释和国际教育条约。（　）

二、简答题

1. 简述学前教育政策法规愈受重视的时代背景。
2. 学前教育政策法规愈受重视的具体表现有哪些方面?
3. 简述学前教育政策法规体系完善的内在动因。
4. 简述未来学前教育政策法规重点完善的内容。
5. 简述学前教育政策法规国际化的内在动因。

6. 学前教育政策法规国际化的具体表现有哪些方面?

7. 当前我国学前教育政策法规存在哪些问题?

8. 学前教育立法要解决的关键问题有哪些?

三、案例分析题

早教机构乱象如何整治?

目前,社会上各种从事0~3岁早期教育的机构如雨后春笋般出现,但是现行学前教育法规仍旧将传统幼儿园教育视为调整对象,面对新出现的早期教育机构良莠不齐的现象,政府职能部门在管理上往往会出现无法可依的尴尬局面。

分析:如何改善这样的尴尬局面?